DROEMER

PHILIP HÄUSSER

NATÜRLICH
ALLES
KÜNSTLICH

Was künstliche Intelligenz kann
und was (noch) nicht –
KI erklärt für alle

DROEMER ✴

Besuchen Sie uns im Internet:
www.droemer.de

Aus Verantwortung für die Umwelt hat sich die Verlagsgruppe Droemer Knaur zu einer nachhaltigen Buchproduktion verpflichtet. Der bewusste Umgang mit unseren Ressourcen, der Schutz unseres Klimas und der Natur gehören zu unseren obersten Unternehmenszielen. Gemeinsam mit unseren Partnern und Lieferanten setzen wir uns für eine klimaneutrale Buchproduktion ein, die den Erwerb von Klimazertifikaten zur Kompensation des CO_2-Ausstoßes einschließt. Weitere Informationen finden Sie unter: www.klimaneutralerverlag.de

Originalausgabe November 2021
© Droemer Verlag
Ein Imprint der Verlagsgruppe
Droemer Knaur GmbH & Co. KG, München
Alle Rechte vorbehalten. Das Werk darf – auch teilweise – nur mit Genehmigung des Verlags wiedergegeben werden.
Redaktion: Dr. Caroline Draeger / Björn Rustemeyer
Fachlektorat: Dr. Wieland Brendel
Covergestaltung: ZERO Werbeagentur, München
Coverabbildung: Christian Kaufmann
Satz: Daniela Schulz, Gilching
Druck und Bindung: CPI books GmbH, Leck
ISBN 978-3-426-27851-2

2 4 5 3 1

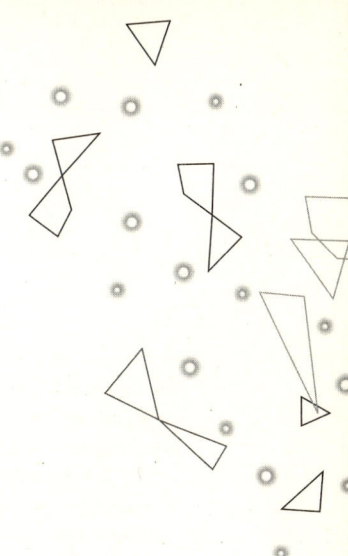

Für meinen Opa,
der nie aufgehört hat,
neugierig zu sein.

INHALT

Vorwort	9
Vom Sehen zum Lernen	13
Die Anfänge der KI	31
Modelle erklären die Welt	51
Künstliche Intelligenz trainieren	63
Daten sind die halbe Miete	79
Lernen ohne Labels	103
Die (Fast-)Alleskönner: Convolutional Neural Networks	121
Was hat meine KI gelernt? Oder: KI austricksen leicht gemacht!	139
Kann eine KI kreativ sein?	159
Eine Welt voller Fakes	179
Auf dem Weg zum selbstfahrenden Auto	193
Sprache – der Schlüssel zur künstlichen allgemeinen Intelligenz?	209
Natürlich alles künstlich	235
Dank	259
Literatur	261
Glossar	265

VORWORT

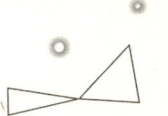

Meine persönliche Reise in die Welt der künstlichen Intelligenz begann 2013. Damals steckte ich mitten in meiner Masterarbeit an einer kalifornischen Universität. Ich arbeitete mit einem interdisziplinären Team von Forschern an Netzhautimplantaten. Die Vision war es, Chips zu bauen, die ins Auge implantiert werden können, um blinden Menschen wieder zum Sehen zu verhelfen. Genauer gesagt ging es um Menschen mit Makuladegeneration oder Retinitis Pigmentosa. Das sind Erkrankungen, bei denen die Fotorezeptoren in der Netzhaut nicht mehr richtig funktionieren, während der restliche Sehapparat noch intakt ist. Sollte es tatsächlich gelingen, die Funktion dieser kaputten Zellen durch einen Chip zu ersetzen, könnten Millionen Menschen weltweit vielleicht eines Tages wieder sehen.

Um diese enorm schwierige Aufgabe anzugehen, war der erste Schritt, ein Verständnis dafür zu entwickeln, wie das Auge eigentlich mit dem Gehirn kommuniziert. Wie genau wandeln die Zellen in der Netzhaut Bildinformationen so um, dass unser Sehzentrum damit etwas anfangen kann? Zu diesem Zweck untersuchten wir die neuronalen Reaktionen einer Netzhaut auf visuelle Reize. Mein Job war es, schwarz-weiße Balken und andere Muster zu programmieren, die sich auf bestimmte Art und Weise über einen Bildschirm bewegten.

Anschließend haben wir gemessen, welche Signale die Netzhaut beim Betrachten der entsprechenden Bilder produzierte. Nun galt es, die Muster in unserer neuronalen Ausgabe der Netzhaut zu analysieren und mit den Bildern abzugleichen, um so Zusammenhänge zu finden. Es war faszinierend, gemeinsam mit Medizinern, Biophysikern und Neurowissenschaftlern

Schritt für Schritt zu entschlüsseln, welche Zellen in der Netzhaut wie reagieren und welche genialen Bildverarbeitungsalgorithmen die Natur selbst erfunden hat. Leider stießen wir schnell an unsere Grenzen, weil es eine große Herausforderung war, die Daten zu interpretieren. Stellt euch vor, ihr schmeißt eine Party mit fünfzig Gästen und hängt zehn Mikrofone von der Decke. Dann wollt ihr aus dem Kauderwelsch, das jedes Mikrofon aufnimmt, die einzelnen Stimmen herausfiltern. So ähnlich ging es uns mit unseren Messdaten. Wir mussten uns neue Tricks überlegen, um den Daten möglichst viele Informationen zu entlocken.

Zugegebenermaßen gegen den Rat meines Professors wagte ich mich ins Informatik-Department, um mich mit den Experten dort auszutauschen. Es sollte sich als die vielleicht beste Dickköpfigkeit meines Lebens erweisen. Denn schnell kam ich mit den Informatikern überein, dass wir mit den traditionelleren Methoden der Datenverarbeitung nicht sehr weit kommen würden. Sie erzählten mir von Algorithmen, die mir bis dahin völlig unbekannt waren. Und ich lernte eine Forschungsdisziplin kennen, die in mir ein Feuer der Begeisterung ausgelöst hat, das bis heute brennt: **maschinelles Lernen** – ein Teilbereich der **künstlichen Intelligenz** (KI). Besonders angetan war ich von sogenannten künstlichen neuronalen Netzen. Die Idee, Algorithmen im Computer nicht fest einzuprogrammieren, sondern sie so zu gestalten, dass sie aus Daten lernen können, fand ich wahnsinnig faszinierend, und ich wusste sofort: Darüber willst du mehr erfahren.

Um es kurz zu machen: Nach meinem Master in Physik – für den ich leider nur wenig künstliche Intelligenz zustande brachte – bekam ich die Chance, mich auf eine Doktorandenstelle in Informatik an der TU München zu bewerben. In einem tollen Team durfte ich dann selbst erforschen, wie neuronale Netze funktionieren und wie man sie noch besser trainieren kann. Heute leite ich die Softwareentwicklung bei einer Medizintechnikfirma, wo wir mit Verfahren des maschinellen Lernens elektrische Signale aus dem Herzen analysieren, um Ärzten zu helfen, Herzrhythmusstörungen besser zu verstehen und zu behandeln. Zugegeben, das ist noch nicht alles, ich moderiere Wissenssendungen im TV und auf YouTube, um komplexe Sachverhalte zu vermitteln. Mir macht das Spaß, zu überlegen, wie sich etwas erklären lässt.

Falls du jetzt denkst, dass ich das ja alles geschickt eingefädelt habe – es waren meist Zufälle, die mir die entscheidenden Weggabelungen offenbarten. Und weil ich das alles nicht von langer Hand geplant habe, liegt mir nichts ferner, als zu behaupten, ich sei ein wandelndes Lexikon der künstlichen Intelligenz. Auf meinem Weg durfte ich viele inspirierende und ziemlich schlaue Menschen kennenlernen. Einige davon haben mir unermüdlich Fragen beantwortet und damit geholfen, dass dieses Buch entstehen konnte. Ich habe aber auch beobachtet, dass sich um das Thema KI viele Mythen und Fehlvorstellungen ranken. Daher ist es mir ein Anliegen, meine persönlichen Erkenntnisse rund um künstliche Intelligenz zu teilen.

Es gibt schon eine Menge Bücher über KI. Tutorials, philosophische Abhandlungen, dystopische Romane und Sachbücher, die verschiedene Aspekte von künstlicher Intelligenz beleuchten. Sie alle haben ihre Berechtigung. Was mir bisher gefehlt hat, war ein Buch, das ohne Formeln mehr Licht ins Dunkel bringt und erklärt, was genau denn nun künstliche Intelligenz konkret ist. Klar, ich hätte nie gedacht, dass ich das dann selbst mal schreiben würde. Aber viele Interessierte reden heute davon, welche Auswirkungen KI auf uns Menschen aktuell hat und zukünftig haben wird. Die Frage ist, wie wir uns ethisch aufstellen müssen, um mit den neuen technischen Möglichkeiten umzugehen. Oder was das für unsere Jobs bedeutet, wenn mehr KIs ins Arbeitsleben Einzug halten. Dabei wird leider auch viel auflagenstarkes Unwissen verbreitet. Wer ein bisschen tiefer einsteigen will, findet sich schnell in Programmier-

Tutorials wieder: auch nicht jedermanns Sache. Ziel meines Buches ist es daher, einen tiefgründigen, aber nicht so trockenen Einstieg in das Thema KI anzubieten, der euch fit macht, sodass ihr euch eure eigene Meinung bilden und basierend auf diesem Wissensfundament aktiv mitdiskutieren könnt, statt Mysterien, Fantasien und Fiktionen hinterherzulaufen. Ich hoffe, dass euch dieses Buch stark macht und »diese ominöse KI« ein Stück weit entmystifiziert. Denn nur wenn wir Fakten von Fiktion trennen, haben wir eine Grundlage, auf der wir als Gesellschaft mündig mitdiskutieren können. Und es gibt viel zu diskutieren. KI betrifft uns alle, schon heute, in fast allen Lebensbereichen. In Zukunft wird KI eine immer größere Rolle spielen. Wer das nicht wahrhaben will, missinterpretiert möglicherweise die Zeichen der Zeit. Wer das gar ignoriert, überlässt die technologische Mündigkeit anderen. Wir alle sind ein großes Team. Wenn wir diese Technologie verstehen, die unser Leben im Sturm erobert, haben wir eine Chance, sie zu kontrollieren und bei künftigen Entwicklungen unsere Werte einzubringen.

Für alle, die nach der Lektüre dieses Buches erst recht heiß auf KI sind, habe ich ans Ende meine persönlichen Literaturhinweise gepackt. Damit das Lesen leichter fällt, haben wir auf Fußnoten verzichtet. Dafür gibt es ein Glossar mit den wichtigsten Begriffen rund um KIs zum schnellen Nachschlagen. Begriffe, die dort auftauchen, sind fett gedruckt (wie zum Beispiel hier: **Gradientenabstieg**).

Ich wünsche dir eine spannende Lektüre – es lebe die Wissenschaft!

Philip

VOM SEHEN ZUM LERNEN

Wir Menschen sind die Krone der Schöpfung, jedenfalls glauben das manche. Und wir sind anders als alles, was wir sonst auf der Erde kennen, weil wir auf unsere ganz eigene Art denken können. Was genau passiert aber in uns Menschen, wenn wir denken? Das sollten wir klären, bevor wir uns auf die Frage stürzen, wie Maschinen das von uns beigebracht bekommen können. Wir erwarten, dass Maschinen eines Tages – oder am besten sofort – automatisch aus Fotos von Gesichtern treffgenau das Alter eines Menschen schätzen. Oder dass sie auf Röntgenaufnahmen selbstständig Knochenbrüche erkennen. Am liebsten wäre es uns, sie könnten das dann auf Knopfdruck auch heilen, aber so weit geht unsere Vorstellung von den Fähigkeiten künstlicher Intelligenz gegenwärtig meist nur im Science-Fiction-Film. Was aber ist das eigentlich: der Denkprozess?

Denken ist ein ziemlich weit gefasster Begriff. Geniale Geistesblitze wie die Relativitätstheorie oder eine virtuose Klavierkomposition sind sicherlich Ergebnisse besonders herausragender Denkprozesse. Aber auch der genialste Gedanke beruht auf einer einfachen sensorischen Verarbeitungsleistung. Ja, ganz nüchtern betrachtet ist der Mensch letztendlich eine Art Signalverarbeitungsmaschine. Daher fangen wir am besten mit den Basics an.

Wir haben Inputs beziehungsweise Sensoren. Nur nennen wir sie normalerweise nicht so, sondern Augen, Ohren, Geruchs- und Geschmackssinn. Und in der Haut haben wir taktile Sensoren, die die Stärke eines Händedrucks messen können. Die Signale, die wir mit all diesen Sensoren empfangen, bewegen sich als elektrischer Impuls auf Nervenbahnen weiter durch den Körper, werden verarbeitet, verschaltet, gespeichert oder sofort wieder verworfen, kopiert, getrennt und dann zusammengefügt. Dabei muss das Gehirn nicht einmal automatisch involviert sein. Es gibt Signale, die besonders wichtig sind und eine schnelle Reaktion erfordern: Schmerz, Stolpern, unerwartete Bewegungen in unserer Umgebung.

Wenn unsere Sensoren solche Signale aufnehmen, kommen gar nicht alle im Gehirn an. Das ist gut so, denn unser Körper kann eine Entscheidung treffen, bevor die Reize zum Gehirn weitergeleitet wurden. Das ist zum Beispiel so, wenn man eine heiße Herdplatte berührt. Die Sensoren in der Haut nehmen den Reiz »Hitze« wahr. Dieser Reiz wandert über Nervenbahnen in Richtung Gehirn. Aber schon im Rückenmark lösen sie einen Schutzreflex aus, genauer gesagt im Hinterhorn. So bezeichnen wir einen Teil der grauen Masse im Rückenmark, der zuständig ist für Signale, die durch den Körper Richtung Gehirn laufen (man nennt sie: »afferente« Reize). Das Hinterhorn wandelt den sensorischen Reiz, der uns alarmiert – Achtung, Hitze! – in einen »efferenten«, also motorischen um, der sozusagen auf der »Gegenspur« gleich wieder zurück zur Hand eilt. Wie in einem Umschaltwerk bekommen die Nervenbahnen diesen gegenläufigen Impuls und schicken das Reaktionssignal vom Gehirn weg (»efferent«). Der Impuls wandert zu den Muskeln im Arm und sorgt dafür, dass der Arm zurückzuckt und wir die Hand von der Herdplatte wegbewegen. Erst einige Sekundenbruchteile später checkt das Gehirn, was gerade los ist – und das wäre zu spät, um größeren Schaden zu verhindern.

Das ist ein Beispiel dafür, wie so eine Kette von Signalen ganz ohne Beteiligung des Gehirns funktioniert. Solche Reflexe sind für uns alle überlebenswichtig, und daher sind sie uns angeboren. Schon ein Baby ist mit diesen Grundfunktionen ausgestattet, es muss sie nicht erst lernen.

Wollen wir unseren zentralen Computer – unser Gehirn – verstehen, vermitteln uns diese automatisierten Reaktionen wichtige Lernerfahrungen. Unser Nervensystem bildet Verknüpfungen: Herdplatte – heiß – Schmerz. So also lernt unser körpereigener zentraler Computer, im Zusammenspiel mit unseren Sensoren, den Nervenbahnen, Neurotransmittern und Muskeln, die komplexesten Aufgaben zu übernehmen. Besonders gelungen ist diese Art Reizweiterleitung im Bereich des Sehens. Hast du dich schon einmal gefragt, wie es eigentlich sein kann, dass wir trotz Gegenlicht und aus großer Entfernung unsere Mutter von anderen Personen unterscheiden können? Oder wie wir in Sekundenbruchteilen Automarken erkennen – zumindest manche von uns?

Um einen Computer das Denken zu lehren, bietet es sich an, erst einmal zu beobachten, wie so ein gelungener Prozess für eine Reizweiterleitung im Körper eigentlich abläuft. Und beim Sehen wird nicht nur ein Reiz brav von Zelle zu Zelle weitergegeben, sondern es läuft eine regelrechte Informationskaskade ab. Inzwischen haben wir uns das abgeguckt und gehen beim Bau von KI-Anwendungen dazu über, die körpereigene »visuelle Signalverarbeitungs-Pipeline« nachzubauen.

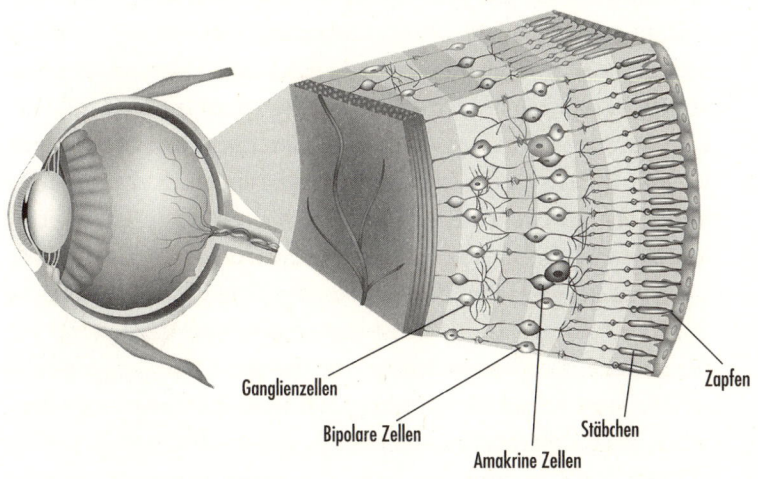

Die Schichten der Netzhaut: geniale Signalverarbeitung.

Im Grunde fängt ja auch das Sehen mit der Eingabe von Rohdaten an, in diesem Fall mit dem Licht. Licht besteht aus elektromagnetischen Wellen einer bestimmten Frequenz und Amplitude.

Trifft so eine Welle in unser Auge, passiert sie erst verschiedene optische Systeme (Iris, Linse, Glaskörper), bevor sie auf eine Art Sandwich voll gebündelter Hightech-Sensoren prallt: die Netzhaut, bei der jede Schicht eine besondere Aufgabe hat.

Die Netzhaut verfügt über Stäbchen und Zapfen, die wie Fotorezeptoren in einer Kamera als Erstes mithilfe spezialisierter Nervenzellen (Neuronen) das Licht in Signale umwandeln, mit denen der Körper etwas anfangen kann. Genau genommen haben wir das schon in der Digitalkamera übernommen, denn deren Chip rastert durch ein feines Netz von Bauteilen das einfallende Licht und wandelt es in digitale Signale um, die Helligkeit oder Farbe erfassen. Wir Menschen haben da im Grunde unsere eigene Netzhaut nachgebaut. Allerdings ist selbst die neuste Digitalkamera im Vergleich zu unserem Auge relativ plump.

Die Stäbchen und Zapfen registrieren jeweils eine Art von Lichtwellen, wandeln sie in elektrische Impulse um – und je moderner eine Kamera ist, umso mehr »Stäbchen und Zapfen« haben wir eingebaut. Denn was bei der Kamera **Pixel** sind, entspricht in unserem Auge grob gesagt den Stäbchen und Zapfen.

Um eine Lichtwelle in elektrische Impulse umzuwandeln, bedient sich die Natur bestimmter Moleküle, die ihre Form verändern, sobald Licht auf eine Nervenzelle (Neuron) trifft. Das löst in der Zelle zunächst eine chemische Reaktion aus, die dann eine Spannung erzeugt. Ist die Spannung groß genug (also der Reiz ausreichend stark), lösen die Neuronen ein sogenanntes Aktionspotenzial aus. Genau wie ein Staudamm nur dann überfließt, wenn ein bestimmter Wasserstand erreicht ist, leitet die Zelle den elektrischen Impuls in dem Moment weiter, wenn die durch das Licht erzeugte Energiemenge dazu ausreicht.

Eigentlich sonnenklar: Ein Rezeptor – im Falle des Auges Stäbchen oder Zelle – reagiert chemisch auf die Lichtwelle und erzeugt eine gewisse Spannung. Und sobald ein Schwellwert überschritten ist, pflanzt sich dieses elektrische Signal fort. Oder anders gesagt: Eine Lichtwelle wandelt sich durch eine chemische Reaktion in einen elektrischen Reiz um. Unbemerkt bleibt das nicht, denn die Neuronen warten gleichsam darauf, dass mal wieder ein Aktionspotenzial ausgelöst wird. Die Grafik zeigt das sehr schön, wie die Neuronen durch ihre Eingänge oder Fühler Input bekommen. Und da auch Biologen gerne Fachvokabular benutzen, haben sie diese Fühler umbenannt in Dendriten. Jedes Neuron hat eine ganze Reihe solcher Dendriten.

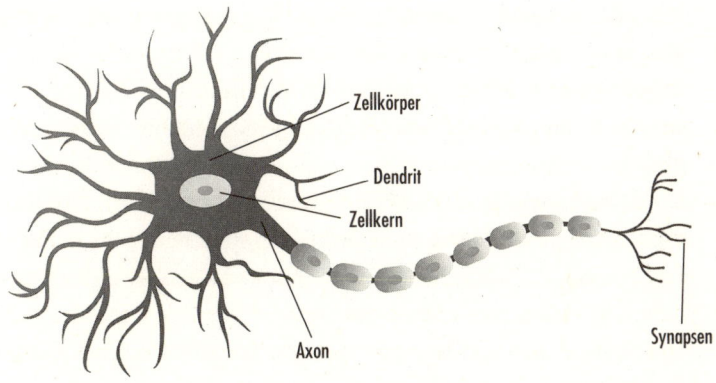

Über die Dendriten empfängt ein Neuron seinen Input. Kommt genug an, leitet es einen Impuls weiter zu den Synapsen.

Das Neuron »feuert«, indem es seinerseits ein Aktionspotenzial auslöst und über das Axon weiterleitet. Da steckt natürlich Achse drin, und man kann sich diese Hauptverkehrsachse bildlich vorstellen, diesen Fortsatz namens Axon, durch den Nervenimpulse über ganz unterschiedliche Distanzen transportiert werden können, von wenigen Mikrometern bis zu immerhin rund einem Meter.

Auch das längste Axon hat einmal ein Ende: Wo ein Neuron mit dem anderen kommuniziert, befindet sich jeweils eine der berühmten Synapsen – wer rühmt sich nicht seiner guten Verschaltung im Hirn mit Hinweis auf die Synapsen? Dort bewirkt der weitergeleitete elektronische Reiz, dass ein Botenstoff ausgeschüttet wird. Ein chemischer Prozess wandelt den Impuls jetzt in einen Botenstoff um. Und der Botenstoff heißt auf Fachdeutsch Neurotransmitter.

Wer die Funktionsweise von Neuronen versteht, kann sich tatsächlich auch eher etwas unter »künstlichen neuronalen Netzen« vorstellen, um die es später noch ausführlich gehen wird. Es lohnt sich also ein zweiter Blick aufs Auge und die Netzhaut. Denn das Signal ist ja bei der Synapse hängen geblieben – unser Gehirn hat es noch lange nicht erreicht.

So ein Signal wird nicht einfach direkt an das Gehirn weitergeleitet, um es über Lichteinfall, Farbe oder Stärke zu informieren. Nein, die Natur hat sich einen smarten nächsten Schritt ausgedacht. Und der Effekt ist eindrucksvoll. Da muss nur einmal eine Spinne über den Boden rennen, schon haben wir reagiert. Ähnlich wie bei der Hand auf der Herdplatte zucken wir zusammen, noch ehe uns das Gehirn die erlösende Botschaft schickt: »Ist doch nur ein ungefährlicher Weberknecht!«

Noch in der Netzhaut werden die Signale gefiltert, komprimiert und aufs Wesentliche reduziert. Auffällige (kontrastreiche) Signale werden blitzschnell herausgerechnet und mit größerer Priorität weitergeschickt.

Eine weiße Wand bietet wenig Kontraste. Hier wäre es total ineffizient, die Information von jedem einzelnen Stäbchen und Zapfen direkt an das Gehirn weiterzuleiten. Was für eine Energieverschwendung über lange Nervenbahnen und von Synapse zu Synapse immer wieder den Impuls »Weiß«, »Weiß«, »Weiß«

ans Gehirn zu schicken. Das brächte ja keinen Erkenntnisgewinn. Wenn aber auf der weißen Wand ein einziger schwarzer Fleck ist, dann ist dort an dieser Stelle der Kontrast hoch. Diese Anomalie könnte wichtig sein, von dort könnte eine Gefahr drohen. Es lohnt sich auf jeden Fall, das Gehirn darüber zu informieren – so hat es die Natur bewertet: Wer Gefahren erkennt, der lebt länger – und pflanzt sich kontrastreich fort.

Bei uns im Auge übernehmen diese wichtige arterhaltende Funktion eben die verschiedenen spezialisierten Zellen in der Netzhaut, die so verschaltet sind, dass sie den einen wichtigen Impuls weiterleiten: »Achtung, schwarzer Fleck.« Und der Rest der Wand wird mit nur wenigen Signalen enkodiert. Die beruhigende Botschaft »Weiß – von hier bis auch noch hier« kostet nur einen Bruchteil der Energie. Verglichen mit manchen Digitalkameras, die im Rohformat jedem **Bildpunkt** gleich viel Speicherplatz einräumen, arbeitet das Auge effizienter. Im menschlichen Körper werden möglichst wenig Ressourcen für redundante, uninteressante Informationen verschwendet. Eine wichtige Lehre – auch für jeden, der eine künstliche Intelligenz bauen will.

Ein Blick ins Auge ist also ausgesprochen lehrreich, weshalb wir gleich noch einmal hinschauen. Die Spinne ist der schwarze Fleck, aber der huscht ja schnell weiter. Wie gut, dass es neben den Zapfen und Stäbchen und Horizontalzellen auch noch die Bipolarzellen gibt. Denn sie reagieren auf zeitliche Änderungen der Lichtreize mit erhöhter Empfindlichkeit. Ist der Fleck auf der Wand ein Nagel, der festsitzt, ist das zwar interessant, aber noch nicht potenziell gefährlich.

Bewegt die kontrastreiche Stelle sich dagegen, könnte es sich um ein Insekt handeln, dem der Betrachter vielleicht Aufmerksamkeit schenken sollte. Die Bipolarzelle sendet sofort Nachrichtenimpulse ans Gehirn. Aber halt, da fehlt doch noch eine Information: In welche Richtung ist denn der schwarze Fleck unterwegs? Kommt uns die Spinne etwa zu nah? Der Output der Bipolarzellen wird verschaltet: Amakrinzellen bündeln die Informationen und leiten wichtige Richtungsinformationen ans Hirn weiter.

Der direkte Draht ins Hirn ist dann noch einmal energiesparender: Die Netzhaut verpackt allen wichtigen Input in einem Code, den schließlich die Ganglienzellen über den Sehnerv ins Gehirn schicken. Siehst du, wie die Netzhaut hier schon richtiggehend »mitdenkt« und wesentliche Informationen aus der Flut von Licht-Daten herausfiltert? Das spart Energie und Verarbeitungszeit – ein evolutionärer Vorteil.

Kleiner Exkurs für alle Fans von Netflix & Co: Mit einem ähnlichen Prinzip werden heutzutage Videostreams effizient enkodiert. Statt 30 Bilder pro Sekunde à 4096 x 2160 Pixel zu übertragen, können Algorithmen ganze Bildfolgen so komprimieren, dass sie nur die Änderungen zwischen aufeinanderfolgenden Bildern übertragen müssen. Bei Übertragungsfehlern kann man das manchmal beobachten, weil dann die Ränder von bewegten Personen oder Gegenständen verpixelt erscheinen, während der unbewegte Hintergrund scharf bleibt. Oder es kommen nur die Änderungen zwischen den Einzelbildern an, und der Hintergrund erscheint grau. Erst der nächste »Keyframe« überträgt dann wieder alle Pixel, und das Bild ist gleichmäßig scharf.

Der Sehnerv ist unser neuronaler Bilddaten-Highway. Über ihn wird der komprimierte Stream von Daten aus der Netzhaut direkt ans Gehirn gemeldet. Dort verarbeitet zunächst der Thalamus die Daten, er ist unser »Tor zum Bewusstsein« und steuert, welchen Eingangssignalen das Hirn Vorrang einräumt. Was für wichtig befunden wird, dem widmen wir unsere volle Aufmerksamkeit. Aber auch im Thalamus gibt es Verschaltungen, und es wird nach Dringlichkeit sortiert. Zusätzlich strömen Impulse auch aus anderen Hirnrealen dort zusammen. Sie geben Informationen, in welcher Verfassung wir uns gerade befinden. Das ist wichtig, um zu entscheiden, was Priorität erhält. Ein Schrei kann in einer vollen Bar total belanglos sein –, aber nachts im Park ist er möglicherweise ein Notsignal.

Die Signale wandern weiter in den primären visuellen Kortex im hinteren Teil des Gehirns, der für die Verarbeitung von Seheindrücken zuständig ist. Die verschiedenen Daten werden weiter gefiltert. Reize von benachbarten Stellen auf der Netzhaut landen hier zum Teil in benachbarten Zellen. Gleichzeitig sorgen verschiedene Abzweigungen der Nervenbahnen dafür, dass Reize, die die beiden Augen liefern, abgeglichen werden und so komplexe Strukturen erkannt werden.

Das alles sieht man ja nicht von außen, deshalb schauen Wissenschaftler mithilfe von bildgebenden Verfahren dem Gehirn bei der Arbeit zu. Um genauer herauszukriegen, was die Schichten des visuellen Kortex denn nun eigentlich tun, helfen Untersuchungen unter Magnetresonanztomographie (fMRT), die zeigen, welche Hirnareale gerade aktiv sind.

Wenn ein Proband während einer Untersuchung verschiedene Bilder gezeigt bekommt, sieht man, welche Neuronen im Hirn gleichzeitig feuern. Aus den verschiedenen Bildern lässt sich eine Art Landkarte des Gehirns erstellen. Durch geschickte Bildauswahl kann man dann Rückschlüsse ziehen, was für ein Seheindruck genau welches Hirnareal aktiviert: alte und junge Menschen, streitende Menschen, süße Katzenbabys, Schlangen in Angriffspose und so weiter. Die Forscher haben die Bilder vorher genau katalogisiert und die Auswahl so verfeinert, dass sie durch geschickte Kombinationen und per Ausschlussverfahren ziemlich genau beschreiben konnten, welche Gemeinsamkeiten Bilder haben, die ein scharf abgegrenztes Hirnareal aktivieren.

So konnten sie beispielsweise zeigen, dass das Gehirn den Datenstrom aus den Augen erst nach Richtungen im Raum (»hoch«, »runter« etc.) filtert. Welche Ecken und Kanten sieht das Auge? Wie sind die harten Linien orientiert?

Auch Farben spielen früh eine Rolle. Und je weiter das Gehirn dann die Signale verarbeitet, desto spezialisierter werden die Hirnareale. Es gibt dabei einen »Was«-Strang, der vor allem für die Erkennung von Objekten oder Gesichtern zuständig ist, und einen »Wo«-Strang, der bei der Bewegungserkennung und Orientierung hilft. Wird sich all dies auf die Arbeit mit KI übertragen lassen? Je mehr die Grundlagenforschung uns über das Gehirn verrät, umso eher werden wir es nachbilden können.

Wir erkennen: Unser Gehirn macht die Daten immer abstrakter. Von so etwas wie »rohen Pixeln« zu einfachsten Bausteinen (Ecken, Kanten, Farben) über Muster und Formen bis hin zu abstrakten Konzepten wie »Mensch«, »Freude« oder »gehen« werden die Daten gecheckt.

Tatsächlich haben Wissenschaftler von der Uni Leicester vor einigen Jahren vermeldet, das »Jennifer-Aniston-Neuron« identifiziert zu haben: ein Neuron, das speziell auf Bilder der Schauspielerin Jennifer Aniston reagiert. Die Forscher haben diesen Zusammenhang erkannt, als sie acht Epilepsiepatienten untersuchten, denen sie aus medizinischen Gründen Elektroden ins Hirn gepflanzt hatten. Jennifer Aniston war nur eine von vielen Personen oder Gegenständen, die die Forscher den Patienten zeigten. Und zu ihrem Erstaunen erwies sich, dass das Gehirn unterschiedlichste Bilder von derselben Person immer wieder mit den gleichen Neuronen darstellt. Dabei ist besonders interessant, dass diese Neuronen nicht eins zu eins nur für das Gesicht stehen, sondern auch mit dem gesamten semantischen Kontext assoziiert sind. Im Falle von Jennifer Aniston also etwa mit dem Gedanken an die Serie »Friends«.

Die Abbildung zeigt, dass besondere Gesichter, zum Beispiel das der Mutter, oft eine bestimmte Stelle im Gehirn »aktivieren«.

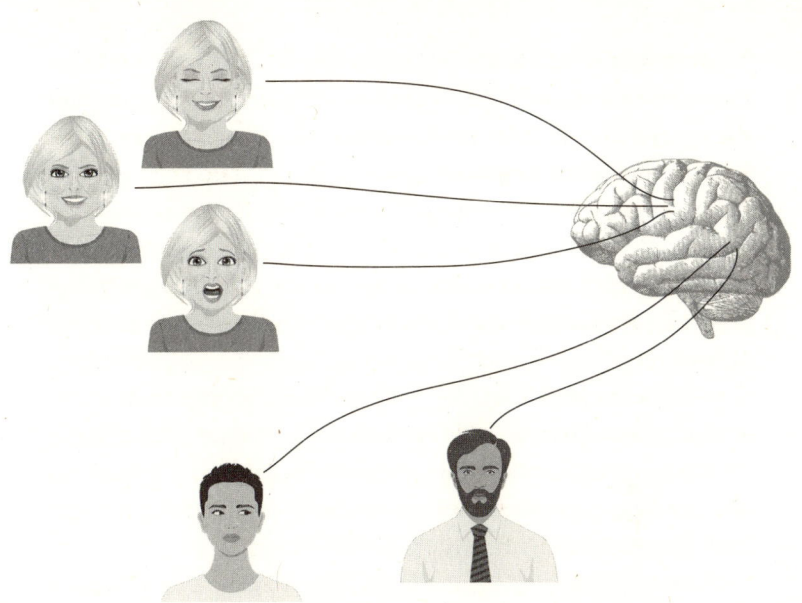

*Verschiedene Bilder von Personen, die uns wichtig sind,
aktivieren dieselbe Stelle im Gehirn.*

Diese Verknüpfung ist natürlich nicht angeboren. Woher sollte
ein Baby auch Jennifer Aniston kennen? Dabei muss es sich um
eine erlernte Verbindung handeln – und das spielt sich genauso
ab, wie wir im Frühkindstadium das Gesicht unserer Mutter
erkennen und entsprechend an einem ganz bestimmten Platz
im Gehirn abspeichern. Das Konzept, komplexe Eingabedaten
(»Pixel«, bzw. das semantische Konzept dahinter) höchst effizient im Gehirn durch Vernetzung abzubilden, ist nicht nur
ein enormer evolutionärer Vorteil, sondern auch die Kernidee
hinter vielen KI-Modellen im Computer.

Aber was bedeutet »lernen« eigentlich? Was passiert in unserem Gehirn, wenn wir zum Beispiel Vokabeln lernen? Und hier
denke ich gerade nicht an die oft unkreative Karteikarten-Ler-
nerei, sondern an den Moment, wenn du im Frühling auf einer
Parkbank in Paris sitzt, die Sonne scheint dir auf die Jeans, ein

Schmetterling landet auf deinem Knie, du hältst gespannt den Atem an und hörst ein Kind neben dir voller Glück sagen: »Un papillon!« Wie könnte man danach jemals das Wort »papillon« für Schmetterling vergessen?

Lernen, das sind im Ergebnis Verknüpfungen im Gehirn, doch sie sind nicht eins zu eins austauschbar: Das Gehirn schafft Assoziationen durch die Verbindung der verschiedensten Eingangssignale wie Bilder, Geräusche oder Gefühle, und das Ganze funktioniert noch besser, wenn es getrieben ist von Emotionen. Lernen kann daher auch ein Effekt sein, wenn unsere Erwartungen sich plötzlich nicht erfüllen: Wenn wir glauben, dass man auf Glatteis gut rennen kann, wir also loslaufen und schmerzvoll ausrutschen. Der Lerneffekt wird im Hirn vermerkt: Glatteis hat Eigenschaften, die zum Rennen nicht geeignet sind.

Diese Beispiele stehen für eher zufälliges Lernen. Der Mensch ist nun aber faszinierenderweise auch in der Lage, gezielt zu lernen. Lernpsychologen unterscheiden etwa das Lernen mit dem Ziel, Wissen zu erwerben (hier wären wir jetzt bei den Karteikarten) oder wir lernen, um Fähigkeiten und Fertigkeiten automatisiert zu beherrschen (etwa Autofahren).

Ob wir alt sind oder jung: Lernen ist enorm vielfältig und komplex. Versucht man, den kleinsten gemeinsamen Nenner zu finden, landet man wieder bei den Neuronen. Sie bilden die Grundlage dafür, wie wir Informationen verarbeiten, speichern und assoziieren. Man spricht in diesem Zusammenhang vom sogenannten Hebb'schen Lernen. Dahinter steckt die Idee: »Cells that fire together, wire together« oder »Zellen, die gemeinsam feuern, sind miteinander verbunden«. Wiederholt man etwas regelmäßig, so wird dieser Verbindungsdraht zwischen den Zellen, wie man sich das bildlich vorstellt, immer dicker. Wissenschaftlich haltbar ist: Werden verschiedene Neuronen gleichzeitig aktiviert, wachsen zwischen ihnen Verbindungen. So können wir verschiedene Eindrücke miteinander assoziieren.

Die Forscher, die das Jennifer-Aniston-Neuron entdeckten, verfeinerten ihr Experiment weiter. In einem neuen Versuch kombinierten sie Personen mit Orten, etwa Jennifer Aniston und den Eiffelturm. Als der Proband später nur den Eiffelturm zu Gesicht bekam, konnte man auf den fMRT-Bildern nachweisen, dass auch das Jennifer-Aniston-Neuron aktiviert war. Eine Assoziation war nachgewiesen, und das nach nur einem einzigen »Trainingsbeispiel«. Natürlich ist die betreffende Assoziation noch schwach, aber geht man von der Hebb'schen Regel aus, ist das ja nur eine Frage der Zeit: Je öfter beide Neuronen gleichzeitig aktiviert werden, umso eher müsste die Assoziation ausgelöst werden. Es können sich so regelrechte Nervenautobahnen im Gehirn bilden.

Das Gleiche passiert etwa, wenn wir eine Rose sehen und an ihr riechen. Dabei assoziieren wir ganz unterschiedliche Arten von Sinneseindrücken miteinander und speichern sie unter einem Konzept ab: Rose. Doch eine Verbindung oder Assoziation kann sich auch wieder zurückbilden, wenn sie nicht gebraucht wird – von der Autobahn zum Trampelpfad, bis wir sie schließlich vergessen.

Den Vorgang, dass sich unser Gehirn umbauen kann, bezeichnet man als Neuroplastizität. Während du gerade diesen Text liest, baut sich dein Gehirn um. Selbst, wenn du alles, was hier steht, schon wusstest. Unsere hundert Milliarden Neuronen im Gehirn optimieren ständig ihre Verbindungen und passen sich an unsere Umgebung an. Egal, was wir gerade machen. Ob Ballerspiel oder Geigenunterricht.

Besonders viel tut sich natürlich im Gehirn von Babys und kleinen Kindern. Sie haben schon eine Menge Veranlagungen, müssen aber noch einiges lernen: Laufen, Sprechen, Schuhe binden. Manchmal sieht man kleine Kinder mit Augenklappe. Wer dann denkt: Oh, das arme Kind, da stimmt wohl was nicht mit dem abgeklebten Auge, dem sei gesagt: Das ist das gesunde Auge! Denn wenn bei Babys ein Auge unterentwickelt ist und immer nur unscharfe Bilder liefert, lernt der visuelle Kortex, dass die Signale von diesem Auge nicht so gut zu gebrauchen sind wie jene des anderen. Also werden die Nervenbahnen vom gesunden Auge stärker und die vom kranken schwächer. Unternimmt man nichts, kann das Kind auf dem schlechteren Auge völlig erblinden. Deckt man aber das gesunde Auge ab, wird das Gehirn gezwungen, die Nervenbahnen vom schlechteren Auge zu festigen (Seheindrücke hängen also nicht mehr am seidenen Faden) und damit zu retten.

Die Fähigkeit, Assoziationen zu bilden, ist ein wesentlicher Bestandteil unseres Lernvermögens. Assoziationen können aber nicht nur zwischen verschiedenen Arten von Eingangssignalen bestehen, so wie bei dem Beispiel mit der Rose: Haptik, Farbe und Geruch. Wir können Bilder mit Gefühlen assoziieren, unsere Emotionen mit einbinden. Du erinnerst dich an den Schmetterling? Vielleicht ist beim Lesen des obigen Abschnitts ja auch dein Dopaminspiegel ein bisschen angestiegen. Das Glückshormon Dopamin kann die Bildung neuer Nervenverbindungen begünstigen. Eine geniale Erfindung der Natur! Wenn wir neue Erfahrungen machen, egal ob positiv oder negativ, werden Botenstoffe ausgeschüttet, die die entsprechenden Assoziationen stärken. Sonst würden wir hundertmal auf Glatteis ausrutschen. Gleichermaßen sorgt die Freude beim Erlernen eines Instruments dafür, dass sich mit jeder Wiederholung genau wie mit jeder neuen Melodie die Nervenbahnen festigen und wir immer besser werden. Das heißt: Gefühle können steuern, wie wir lernen.

Hast du dich schon einmal gefragt, was auf neuronaler Ebene passiert, wenn ein Baby laufen lernt? Trial and error. Aufstehen, hinfallen. Autsch. Das Gehirn versteht: Diese Abfolge von Bewegungen verursacht Schmerz. Nicht gut. Nicht noch mal machen. Wenn der erste Schritt geschafft ist, erzeugt diese neue Erfahrung, dieses Erfolgserlebnis einen kleinen Rausch von Glückshormonen (ja, lernen kann süchtig machen!). Die neuronalen Muster, die zu dieser Bewegungsabfolge geführt haben, werden verstärkt. Dieses Muster kann man wieder und wieder beobachten. Und es läuft nach demselben Schema, egal ob beim Laufen, Sprechen, Musizieren oder beim Leistungssport (wo noch ein paar Endorphine mehr den Runner auf seinem High beglücken). Immer sind es Feedback-Zyklen, die das Belohnungssystem aktivieren, wenn wir etwas geschafft haben, oder entsprechend negative Feedback-Ketten, die uns hindern, eine nicht zielführende Verbindung im Gehirn zu festigen. Wie lässt sich eine KI belohnen? Können KIs überrascht werden? Emotionale Bindung aufbauen? All diesen Fragen werden wir nachgehen.

Sicherlich hast du schon einmal von »Belohnungsexperimenten« gehört, bei denen Mäuse lernen, auf einen Schalter zu drücken, damit ihnen Futter spendiert wird. Man nennt das Konditionierung. Das gezielte Belohnen von gewünschtem Verhalten ist ein Trick, mit dem man Hunde trainieren oder Smartphone-Nutzer süchtig machen kann. Bei Babys kommt die Konditionierung automatisch, von selbst, durch die eigene Neugier. Glückshormone werden ausgeschüttet, wenn es fühlt, schmeckt, sich bewegt und neue Eindrücke gewinnt. Das Ausprobieren und Erkunden ohne externe Aufforderung ist ein genialer Mechanismus der Evolution, um unser Gehirn mit Input zu versorgen. Wenn ein Kind unbewusst eine Vorhersage macht (»das Spielzeugauto kann fliegen«) und dann enttäuscht wird von einer Beobachtung in seinem Experiment (»das Spielzeugauto fällt runter und geht kaputt«), dann lernt es die fundamentalen Gesetze unserer Welt (hier: Schwerkraft – und: Holzspielzeug geht nicht so schnell kaputt).

So werden Verbindungen im Gehirn verknüpft, Automatismen bilden sich heraus. Es muss für ein Baby unendlich schwer erscheinen, einen Fuß vor den anderen zu setzen, ohne umzufallen. Aber ist es einmal gelernt, sind die Nervenmuster einmal gefestigt, kann sich das Gehirn auf neue Herausforderungen konzentrieren (und das Baby kann die Treppe in Angriff nehmen).

Besonders erstaunlich am Gehirn ist, dass wir rein theoretisch (und zum Glück auch meist praktisch) unser ganzes Leben lang lernen können. Im Gegensatz zu einem Computer kann im Gehirn der Speicher nicht voll werden oder überlaufen. Im Gegenteil: Je mehr wir schon können oder wissen, desto mehr bekommen wir in unser Gehirn. Klingt paradox? Keineswegs. Es gibt Menschen, die zig Sprachen beherrschen und sich neue in kürzester Zeit aneignen können. Denn durch die Assoziationen und die Neuroplastizität muss nicht für jede neue Vokabel eine neue Nervenbahn wachsen. Wenn ich schon viel in meinem »Wissensnetz« habe, kann ich Neues leichter einfangen und buchstäblich »vernetzen«, denn es gibt mehr Bekanntes, das zu Assoziationen einlädt.

Der Mensch scheint hier eine besondere Fähigkeit zu haben, Wissen regelrecht aufzusaugen. Schließlich lernen auch Tiere, aber nur wir beherrschen Fremdsprachen. Forscher wie Richard Wrangham gehen daher davon aus, dass der Mensch sich einen evolutionären Vorteil verschafft hat, auf den andere Lebewesen nicht so einfach zurückgreifen können: die Erfindung des Kochens. Gekochte Nahrung versorgt uns mit hochwertiger Energie, Nahrungsaufnahme wird effizienter. Karina Fonseca-Azevedo und Suzana Herculano-Houze von der Universidade Federal do Rio de Janeiro haben ausgerechnet, dass wir täglich neun Stunden damit beschäftigt wären, Nahrung zu suchen und aufzunehmen, wenn wir unser heutiges Gehirn basierend auf der Rohkostdiät eines Menschenaffen versorgen wollten. Denn allein die etwa 100 Milliarden Nervenzellen in unserem Gehirn brauchen etwa 300 bis 500 Kilokalorien pro Tag!

Nur durch den Trick mit dem Kochen konnten wir ein Gehirn entwickeln, das mehr Neuronen und Synapsen hat als fast alle anderen bekannten Lebensformen. Natürlich war das auch ein Stück weit Zufall. Die Evolution ist ein ständiger

Anpassungsvorgang. »Survival of the fittest«, schloss Charles Darwin – wer sich am besten anpasst, überlebt. Und eins verrate ich dir: Intelligenz macht es leichter, sich anzupassen.

Und diese »Anpassung« (Englisch: »fitting«, woraus die Fitness entstand, aber auch das Überleben des Angepasstesten – und eben nicht des in Sachen Fitness Erfolgreichsten) ist ein wesentliches Element bei der Konstruktion künstlicher Intelligenz, die heutzutage Schachweltmeister in den Schatten stellt oder Drohnen selbstständig durch Wälder fliegt.

DIE ANFÄNGE DER KI

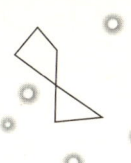

Die Geschichte der KI reicht weit zurück – hier eine kurze Zusammenfassung: Die Voraussetzung künstlicher Intelligenz ist menschlich: Viele der modernen Entwicklungen sind nur deshalb entstanden, weil kreative Köpfe vor langer Zeit verrückte Ideen hatten und entweder die klugen Geister selbst oder andere Talentierte ihre Einfälle später tatsächlich umgesetzt haben.

Ich fange hier relativ einfach an und steige ein bisschen tiefer ins Detail ein, wenn es um das erste künstliche neuronale Netz geht. Aber ich versuche, den eher mathematischen Teil so intuitiv wie möglich zu halten – versprochen. Ich glaube, es lohnt sich, zumindest eine grobe Vorstellung davon zu entwickeln, wie die neurobiologischen Konzepte aus dem ersten Kapitel im Computer aussehen können. Denn wenn man das erst einmal verstanden hat, kann man einordnen, was die Möglichkeiten, aber auch die Schwierigkeiten von künstlicher Intelligenz jetzt und in der Zukunft sind.

Die Idee, der Mensch könne etwas erschaffen, was eine Form von Intelligenz darstellt, ist schon ziemlich alt. Bereits in der Antike rankten sich Mythen um so etwas wie intelligente Roboter. Ein Beispiel ist Talos, ein Riese aus Bronze, der mittels einer Art Blutsystem funktioniert und dank seiner künstlichen Kraft die griechische Insel Kreta beschützen sollte. Die Grenzen zum Fantastischen und zur Zauberei verschwimmen hier. Auch bei den vielen anderen Erzählungen von Wesen, Orakeln oder Robotern, die es sonst noch gibt, fiel die Beschreibung, wie das wohl technisch umzusetzen wäre, gleich ganz unter den Tisch. In »De natura rerum« hat Paracelsus 1538 erläutert, wie sich wohl ein »Homunculus« herstellen ließe, ein menschenähnliches Wesen. Dieses sei – vereinfacht gesagt – durch Ausbrüten von Sperma in Pferdemist zu züchten. Auch wenn das heutzutage völlig abstrus klingt, ist es doch faszinierend, wie die Menschen schon immer versucht haben, mit den ihnen bekannten technologischen Mitteln etwas zu schaffen, das so ähnlich ist wie der Mensch selbst.

Der Arzt und Philosoph Julien Offray de La Mettrie hat 1748 die Perspektive umgedreht und in seinem Essay »L'Homme Machine« postuliert, der Mensch sei eine Maschine – damals, im Zeitalter der Aufklärung, war das eine Provokation. Organische Vorgänge, so de La Mettrie, seien letztendlich das Getriebe, das uns Menschen bewegt, und Krankheiten nichts als Störungen unserer Maschine. Was man damals (womöglich mehr aus kirchlich-politischen Gründen) für einen Affront hielt, hat in seinen Grundzügen erstaunlich viele Ähnlichkeiten mit dem, was heutige Neurowissenschaften über unseren Körper und Geist herausfinden. Der Ansatz, etwas »künstlich Intelligentes« zu schaffen, indem man sich durch die Funktionsweise des Menschen inspirieren lässt, ist letztendlich gar nicht so abwegig.

Aber kommen wir von den visionären alten Schriften zu ersten Schritten auf dem Weg zur Erschaffung von künstlicher Intelligenz. Auf die Frage, was genau eigentlich (künstliche) Intelligenz ist, werde ich dann später genauer eingehen. Hier geht es ja erst einmal darum, einzuordnen, »was bisher geschah«.

Stellt man sich vor, der antike Bronze-Riese Talos mit seinem Blutsystem hätte sich damals bauen lassen, so fehlte es ihm immer noch an einer Steuerung – einer Einheit, welche die Eingangssignale aufnehmen, verarbeiten und in Ausgangssignale umwandeln könnte. Mit einer rein mechanischen Verschaltung ist das, zugegeben, schwierig. Daher überrascht es nicht, dass es eine Art »Medium« gebraucht hat, mit dem man – und jetzt geht es in die Neuzeit – mehr oder weniger intelligente Vorschriften beschreiben, speichern und ausführen kann. Gemeint ist natürlich: der Computer.

Alan Turing wurde im 20. Jahrhundert zu einem der Stars in der Entwicklungsgeschichte der künstlichen Intelligenz. Der britische Mathematiker und Informatiker war vielleicht der erste Hacker der Welt. So war er beispielsweise maßgeblich an der Entzifferung der Enigma beteiligt, jener Verschlüsselungs-Schreibmaschine, die die Deutschen im Zweiten Weltkrieg verwendeten, um geheime Nachrichten zu übertragen. Der Enigma-Hersteller hatte damit geworben, dass die maschinell verschlüsselten Texte aufgrund der schier unendlichen Kombinationsmöglichkeiten niemals von Hand decodiert werden könnten. Womit er nicht gerechnet hatte: dass jemand eine *Maschine* bauen könnte, um die Codes zu knacken. Doch Alan Turing entwickelte mathematische Methoden, die er dann in Dechiffrier-Automaten umsetzte.

Mit nur 24 Jahren schrieb Turing den Aufsatz »Über berechenbare Zahlen«, ein Meilenstein auf dem Weg zum Computer. Er formulierte die Idee einer universellen Maschine, mit der man alles berechnen könne. Die Maschine sollte ein unendlich langes Band haben und darauf Symbole schreiben, lesen oder verändern können: die Turingmaschine. Heute wissen wir: Die Turingmaschine ist der abstrakte Prototyp des modernen universellen Computers. Aber tatsächlich erdacht wurde sie 1936.

Dazu passte ganz gut, dass in den 1930er-Jahren immer mehr Maschinen erfunden wurden, mit denen Turing & Co. diese Vision in der Praxis ausprobieren konnten: Lochkartenmaschinen, programmierbare mechanische Rechner und Relaisbasierte Apparate.

Auch wenn diese Gerätschaften nach heutigen Maßstäben unfassbar langsam waren (eine Multiplikation dauerte eine ganze Sekunde!), legten sie den Grundstein für alles, was wir heutzutage mit dem Wort »Computer« bezeichnen. Insbesondere die theoretischen Arbeiten Turings halfen dabei zu erkennen, welche Rechnerarchitektur sinnvoll ist. Gemeint ist: Wie universell einsetzbar ist ein Rechner? Kann er »nur« die

Grundrechenarten ausführen? Oder hat er ausreichend viele Funktionen, um jeden beliebigen **Algorithmus** abzuarbeiten?

Hier bitte einen Schritt zurück, ich möchte erst eine wichtige Frage klären: Was ist ein Algorithmus? Die schlichte Antwort: Ein Algorithmus ist eine Art Rezept. Wie beim Kochen. Oder Backen.

- Definiere *Inputs:* Mehl, Wasser, Hefe.
- Definiere eine Abfolge von *Schritten* mit *Regeln:* mischen, umrühren, backen, wenn braun: fertig.
- Definiere *Outputs:* Brot (in diesem Fall vermutlich ziemlich fade).

Im Computer geht das mit Symbolen als Zutaten oder *Inputs:* Zahlen, Buchstaben, oder Operatoren wie »mal« oder »plus« und noch ein paar andere. Algorithmen sind die Bausteine all unserer Computerprogramme. Auch die komplizierteste Software ist aus solchen Bausteinen zusammengesetzt.

Dank Turing gab es eine sinnvolle Rechnerarchitektur und in der Folge erste sogenannte Computer, die die Kriterien Turings erfüllten und sich dazu eigneten, zumindest theoretisch eine unbegrenzte Anzahl von Aufgaben zu lösen. Allerdings brauchten sie damals noch eine ziemlich lange Zeit dafür.

Der erste Schritt also war getan auf dem Weg zur KI. Dann schrieb Turing 1950 eine entscheidende Arbeit mit dem Namen »Computing Machinery and Intelligence«. Und schon ging es direkt um Rechenmaschinen und künstliche Intelligenz. In diesem unter dem deutschen Titel »Können Maschinen denken?« erschienenen Aufsatz widmete sich Turing, ja, genau, der Frage, inwiefern Maschinen denken können. Weil das eine ziemlich schwammige Frage ist (was heißt schon »denken«?), hat Turing darin gemacht, was er am besten konnte: Er hat ein komplexes Problem so umformuliert, dass er es mit den Regeln der Logik auseinandernehmen konnte. Turings Trick war es, das Problem folgendermaßen zu beschreiben: Statt direkt zu fragen, ob eine Maschine denken kann, untersuchte er, ob eine Maschine das »Imitations-Spiel« gewinnen kann.

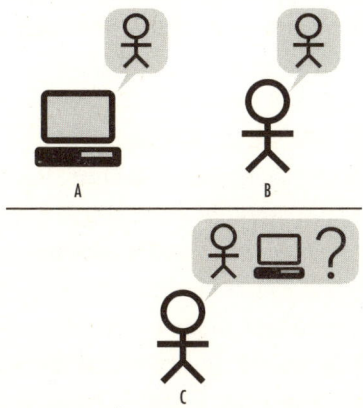

Turing-Test: Kann ein Mensch (C) feststellen, ob er mit einem Menschen (B) oder einer Maschine (A) interagiert?

Das Imitations-Spiel geht so: Stell dir vor, du kommunizierst über ein Chatprogramm mit einem Gesprächspartner. Du kannst ihn nicht direkt sehen oder hören, sondern nur per Chat interagieren. Dafür darfst du alles schreiben, was du willst. Könntest du entscheiden, ob am anderen Ende ein Mensch sitzt oder vielleicht ein Computer? Genau das ist der berühmte »Turing-Test«: Eine Maschine besteht den Turing-Test, wenn ein Mensch ihr Verhalten nicht von dem eines anderen Menschen unterscheiden kann. Natürlich kann man das »Spielfeld« beliebig einschränken: Die Chat-Teilnehmer dürfen nur zehn vorher festgelegte Worte verwenden. Oder sie dürfen nur Ja/Nein-Fragen stellen. Aufs Brotbacken bezogen: Wenn ein Testesser nicht mehr sagen kann, ob ein Bäckermeister oder ein Backroboter am Werk war, hat der Roboter den Test bestanden.

Ein kurzer Zeitsprung: 2011 ist eine Chat-KI namens »Cleverbot« bei einem Turing-Test angetreten. Über mehrere Jahrzehnte hatte ihr Entwickler Rollo Carpenter das Programm mit immer mehr Daten gefüttert. Über eintausend Menschen nahmen als »Entscheider« an diesem Turing-Test teil. Sie sollten Chats beobachten und bestimmen, ob am anderen Ende ein Mensch oder die Chat-KI »Cleverbot« war. Echte menschliche Gesprächspartner wurden in 63,3 Prozent der Fälle als solche erkannt (was ich übrigens erstaunlich wenig finde – vielleicht waren die Gespräche nicht so spannend). Wenn »Cleverbot« am anderen Ende der Leitung war, glaubten immerhin 59,3 Prozent, es habe sich um einen Menschen gehandelt! Die Chat-Software war also fast so »gut« wie die menschliche Konkurrenz!

Ähnliche Tests gab es mit von KI gemalten Bildern oder von KI durchgeführten Telefonanrufen, mit denen beim Friseur ein Termin ausgemacht wurde. Aber um Aufgaben, die Sprache erfordern, geht es in einem der späteren Kapitel.

Zurück in die 1950er-Jahre und zur Geburtsstunde der künstlichen Intelligenz als Forschungsdisziplin. Zumindest bezeichnen so viele das »Summer Research Project on Artificial Intelligence« 1956 am Dartmouth College in New Hampshire – kurz »die Dartmouth Conference«. Dort sollte es in jenem Sommer beim »Forschungsprojekt zu künstlicher Intelligenz« um etwa die Frage gehen: »Wie kann ein Computer programmiert werden, um Sprache zu nutzen?« Weitere Themen waren Selbstverbesserung oder Kreativität von Computerprogrammen. Zu dem zweimonatigen Brainstorming trafen sich 20 Top-Wissenschaftler aus Bereichen wie Informatik, Mathematik und Informationstheorie und lieferten eine Reihe von bahnbrechenden Ideen, die sie im Anschluss in teils atemberaubende Forscherkarrieren auf dem Gebiet der künstlichen Intelligenz katapultieren sollten.

Den Forschern schien klar gewesen zu sein, dass ein grundlegender Schritt auf dem vielversprechenden Weg zur künstlichen Intelligenz darin besteht, die Funktionsweise unseres Gehirns in Teilen nachzubauen. Im letzten Kapitel haben wir ja schon über die Wirkung von Neuronen und Aktionspotenzialen gesprochen. Wem es gelingt, diese elementaren Bausteine der menschlichen Intelligenz im Computer nachzubauen (also zu modellieren), der kann eines Tages vielleicht sogar Computer selbstständig lernen lassen (damals natürlich Zukunftsmusik, heute haben wir schon ein paar Töne davon gehört).

Schon in den 1940er-Jahren hatten Warren McCulloch und Walter Pitts vorgeschlagen, einzelne Neuronen im Computer zu simulieren. Die dabei entstandene »McCulloch-Pitts-Zelle« ist das einfachste **Modell** eines Neurons für eine Verwendung im Computer. Und das Beste: Man kann sie mit einem Algorithmus beschreiben. Hier ein Beispiel.

Inputs:
- 3 Zahlen (jeweils 0 oder 1).
- Ein Schwellenwert.
Rezept:
- Summiere die 3 Eingangszahlen.
- Vergleiche diese Summe mit dem Schwellenwert.
- Wenn die Summe kleiner als der Schwellenwert ist, gib 0 aus.
- Wenn die Summe größer oder gleich dem Schwellenwert ist, gib 1 aus.
Output:
- 0 oder 1.

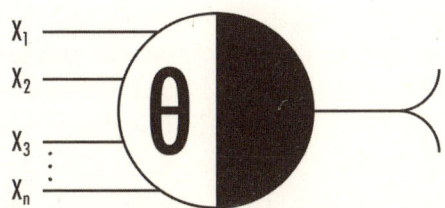

Die McCulloch-Pitts-Zelle ist das einfachste Modell eines Neurons für die Verwendung im Computer.

Was bei einem echten Neuron an den Dendriten passiert, den »Fühlern« des Neurons, dem entsprechen hier vereinfacht die Eingabewerte (»Inputs« – wie Backzutaten). Dem komplexen chemischen Vorgang, der im echten Vorbild ein Aktionspotenzial auslöst, dem entspricht an dieser Stelle ein simpler Schwellenwert (ähnlich wie bei einer mechanischen Balkenwaage, die ab einem bestimmten Gewicht kippt). Und statt dem Aktionspotenzial, das dann das Axon entlangläuft, hat das künstliche Neuron einen einzigen Ausgabewert, der 1 ist, wenn das Neuron feuert, und ansonsten 0 ist.

Schon mit nur einem einzigen künstlichen Neuron dieser Art kann man spannende Sachen veranstalten. Zum Beispiel eine logische »UND-Schaltung« bauen. Was das ist? Hier ein kleiner Logik-Exkurs:

WAHR UND WAHR = WAHR
WAHR UND FALSCH = FALSCH
FALSCH UND FALSCH = FALSCH

Klingt zu abstrakt? Das kann man ändern. Wenn ich es an einem Beispiel erkläre, ist es gleich viel offensichtlicher. Angenommen, wir wollen ein Programm schreiben, das zu Krankheitssymptomen die passende Diagnose stellt, dann könnte eine der Regeln sein:

GRIPPE = (HUSTEN?) UND (FIEBER?)

Wenn jemand HUSTEN UND FIEBER hat, würde gelten:

GRIPPE = HUSTEN UND FIEBER = WAHR UND
WAHR = WAHR.

Angenommen, jemand hat nur Husten, aber kein Fieber. Dann würde gelten:

GRIPPE = HUSTEN UND FIEBER = WAHR UND FALSCH = FALSCH

Wenn ich jetzt WAHR mit 1 und FALSCH mit 0 bezeichne, kann ich mir ein künstliches Neuron bauen, das für »UND« steht. Ich muss nur den Schwellenwert (an dem die Waage kippt) auf 2 setzen:

Ein künstliches Neuron mit Schwellenwert 2 – nicht nur eine nette Spielerei.

Spielen wir es durch: Wenn meine beiden Eingangssignale jeweils WAHR sind (also 1), der Patient also eindeutig hustet und fiebert, dann ergibt das die Summe 2. Der Schwellenwert ist laut Definition ja auch 2, das bedeutet: Grippe (Alarm, den Arzt rufen)! Wenn aber nur eine der beiden Eingaben WAHR ist (Husten oder Fieber), dann ist die Summe auch nur 1, der Schwellenwert wird nicht erreicht, und das Neuron gibt FALSCH (0) aus. Klar, der Patient ist zwar vielleicht nicht gesund, aber Grippe hat er nicht. Krankschreibung? Kannst du vergessen.

Eine nette Spielerei, meinst du vielleicht. Okay, stimmt. Damit habe ich noch kein selbstfahrendes Auto. Aber nach dem gleichen Prinzip könntest du noch viele weitere logische Schaltungen (»ODER«, »NICHT« und so weiter) basteln. Und aus mehreren solcher Schaltungen, die man hintereinander baut, ergeben sich schon kompliziertere Anwendungen auf der Basis solcher Funktionen, die wiederum erste rudimentäre Modelle ermöglichen. Eine Kombination solch künstlicher Neuronen könnte etwa einen Entscheidungsbaum abbilden, der hilft, aus den verschiedensten Symptomen die entsprechenden Diagnosen abzuleiten. Und wenn dieses Konstrukt dann noch selbstständig lernen kann, dann sind wir doch schon auf einem guten Weg!

Entscheidend ist es, mehrere der künstlichen Neuronen dieser Bauart miteinander zu vernetzen. Der Output des einen ist der Input eines anderen. Schon bei der Dartmouth-Konferenz 1956 waren deshalb künstliche neuronale Netze ein großes Thema. Einer der Teilnehmer, Marvin Minsky, hatte fünf Jahre zuvor in seiner Dissertationsarbeit einen Neurocomputer namens Snarc entwickelt – das vermutlich erste künstliche neuronale Netz. Es bestand aus stolzen 40 künstlichen Neuronen und war so groß wie ein Konzertflügel. Obwohl Minsky nur einfachste elektronische Bauteile wie Kondensatoren, Widerstände oder Potenziometer und einiges an Mechanik zur Verfügung hatte, konnte sein **neuronales Netz** lernen, ein vorher festgelegtes Labyrinth zu durchlaufen – allerdings mit einem menschlichen Bediener, der der Maschine mitteilte, wenn sie etwas richtig gemacht hatte.

Diese Erfindung beflügelte die Kreativität der Forscher. Sie spannen herum: Was wäre, wenn die Maschine sich selbst Feedback geben und so ohne externe Hilfe lernen könnte? Oder was, wenn all die mechanischen und elektronischen Bauteile platzsparend im Computer digital zusammengesetzt würden? Was, wenn der Mensch nicht einzelne Verbindungen löten oder programmieren müsste, sondern das künstliche Netzwerk lernte, sich selbst zu organisieren?

Im letzten Kapitel hatten wir kurz die Hebb'sche Lernregel angesprochen: »Cells that fire together, wire together«. Auch die kam auf der Konferenz zur Sprache: Wenn immer wieder dieselben Neuronen gemeinsam aktiviert werden, wächst eine Verbindung zwischen ihnen. Was aber im Gehirn funktioniert, könnte im Computer doch auch klappen! Wie wäre es, wenn nicht der Mensch bis ins letzte Detail vorgeben müsste, wie die einzelnen Neuronen verbunden sind, sondern die Verbindungen entwickelten sich von selbst und stellten die Zusammenhänge zwischen Eingabe und gewünschter Ausgabe her.

Im Falle einer Bilderkennung wäre so eine Eingabe etwa ein Foto der handgeschriebenen Zahl »drei« und der gewünschte numerische Ausgabewert: »3«. Damals war das noch Stoff zum Träumen.

Doch schon 1957/58 entwickelten Frank Rosenblatt und Charles Wightman ein lernendes Netzwerk von Neuronen: das Perceptron. Es ist der Urtyp vieler erfolgreicher neuronaler Netze. Deshalb schauen wir uns das hier einmal etwas genauer an.

In seiner einfachsten Form ist ein Perceptron ein einziges künstliches Neuron mit einer bestimmten Anzahl von Eingängen, genau wie die oben beschriebene McCulloch-Pitts-Zelle. Die Eingänge haben aber jeweils eine Gewichtung, mit anderen Worten: einen Multiplikationsfaktor. Ist dieser 0, spielt der Eingang keine Rolle. Ist das Gewicht aber viel größer als die anderen Gewichte (um eben einen Faktor x), ist der Eingang von besonders entscheidender Bedeutung. Übertragen auf das Kochrezept wäre das die Gewichtung der Zutaten: von manchen mehr, von anderen weniger.

Wie kann so ein Perceptron jetzt lernen? Indem wir es trainieren! Trainieren bedeutet: Ein Mensch zeigt dem Perceptron Trainingsdaten und lässt es eine Vorhersage machen und diese dann selbst korrigieren. Das geht, indem die Gewichte angepasst werden, damit die Vorhersagen besser werden.

Erinnerst du dich an die Vorstellung von Neuronen in unserem Gehirn, die zusammenwachsen oder auch wieder Verbindungen kappen? Für die Schaltung übersetzen wir das probeweise in Gewichtungen der Eingabewerte eines künstlichen Neurons. Zusammenwachsen bedeutet, das Gewicht für den entsprechenden Eingang ist zu erhöhen. Vergessen heißt, dass sich das Gewicht in Richtung Null bewegt.

Ist gar nicht so schwierig, wenn man das Schritt für Schritt durchgeht – und nichts anderes soll ja der Computer tun. Wir wollen ein Perceptron mit einem Neuron trainieren, sodass es die »UND-Regel« von oben lernt. Dazu müssen wir uns entsprechend ein Perceptron ausdenken, das zwei Eingabewerte annimmt. Um es zu trainieren, definieren wir folgende Trainingsbeispiele (unsere sogenannten Trainingsdaten):

- Eingabe: 0 und 0 => Ausgabe: 0
  (FALSCH UND FALSCH = FALSCH)
- Eingabe: 0 und 1 => Ausgabe: 0
  (FALSCH UND WAHR = FALSCH)
- Eingabe: 1 und 0 => Ausgabe: 0
  (WAHR UND FALSCH = FALSCH)
- Eingabe: 1 und 1 => Ausgabe: 1
  (WAHR UND WAHR = WAHR)

Die Trainingsdaten bestehen aus vier Beispielen, von denen jedes zwei Eingabewerte und einen Soll-Ausgabewert besitzt.

Die Perceptron-Lernregel funktioniert jetzt so: Wir fangen mit zufälligen Zahlen als Gewichte für die beiden Eingänge an. Das Perceptron bekommt dann die Trainingsbeispiele präsentiert. Eines nach dem anderen. Wenn der Ausgabewert korrekt ist, wird nichts verändert. Wenn er falsch ist, ändern wir die Gewichte jeweils so, dass der Ausgabewert sich näher in Richtung des gewünschten Werts bewegt. Diese Veränderung kann man relativ einfach berechnen, die Formel erspare ich dir an dieser Stelle. Dann kommt das nächste Trainingsbeispiel. So passen sich nach und nach die Gewichte an, bis die Vorhersagen richtig werden. Dieser Trainingsvorgang lässt sich in einen Algorithmus verpacken und damit automatisieren. Der Mensch muss nur die Trainingsbeispiele definieren und das sogenannte »Modell«: also *ein* Neuron mit *zwei* Eingängen (und daran gekoppelte Gewichte). Das Training spielt sich dann automatisch ab. Wenn alles richtig läuft, schießt sich das Modell am Ende ein auf »1« für die beiden Gewichte und »2« als Schwellenwert so, wie wir uns das oben schon theoretisch – sozusagen von Hand – überlegt hatten. Mehr zum Thema »Modellieren und Optimieren« folgt im nächsten Kapitel. Das Ganze ist aber auch nur auf den ersten Blick kompliziert, eigentlich kennen wir das ja tatsächlich vom Kochen und Backen: Wenn die Zutatenmenge nicht stimmt, dann müssen wir ja auch beim nächsten Mal etwas ändern. Das macht man so lange, bis es schmeckt. Dem Computer muss das Ganze nicht schmecken, aber auch er braucht Zeit, bis er trainiert ist. Das ist doch ein irgendwie beruhigender Gedanke.

Ein Perceptron mit nur einem Neuron ist natürlich ziemlich eingeschränkt in dem, was es lernen kann. Eine Regel wie »UND« oder »ODER« kriegt es noch hin. Aber sobald es etwas komplizierter wird, scheitert das Modell. Trotzdem war diese erste Idee wirklich genial.

Als Nächstes hat Herr Rosenblatt – wir erinnern uns, er war einer der beiden Erdenker des Perceptrons – mehrere künstliche Neuronen miteinander verbunden und somit das »Multilayer Perceptron« erfunden. Es besteht aus mehreren Lagen von untereinander verbundenen Neuronen. Das Prinzip bleibt gleich: Mit einem definierten Satz von Trainingsdaten justiert der Trainingsalgorithmus die Gewichte nach und nach, bis die Vorhersagen besser werden. Dadurch, dass plötzlich mehrere Neuronen miteinander kommunizieren, kann so ein Modell aber schon etwas komplexere Aufgaben lösen.

Die ersten Experimente führte Rosenblatt auf einem IBM 704 durch. Du erinnerst dich vielleicht, das war einer dieser frühen Computer, die noch einen ganzen Raum ausfüllten. Angeschlossen war eine Art erste Digitalkamera mit einem quadratischen Gitter von 20 x 20 Photozellen. Die Aufgabe: Der Computer sollte Bilder erkennen!

Damit ein Computer etwas mit Bildern anfangen kann, müssen diese erst in Zahlen übersetzt werden. Im Falle von Schwarz-Weiß-Aufnahmen ist das relativ einfach. Ein schwarzer Bildpunkt entspricht einer 0, ein weißer einer 1. Auf 20 x 20 schwarz-weißen Bildpunkten ist es jedoch relativ schwierig, eine Katze oder ein Gesicht darzustellen. Deshalb hat man sich damals mit Ziffern und Buchstaben zufriedengegeben. Wenn der Computer lernen könnte, diese richtig zu erkennen! Was für eine Sensation!

Rosenblatt selbst war sehr optimistisch und glaubte, dass solche neuronalen Netzwerke irgendwann sogar Sprache übersetzen und Entscheidungen treffen könnten. Tatsächlich sollte er recht behalten. Damals erntete er aber nur massenhaft Gegenwind. Tatsächlich kritisierte das Buch »Perceptrons« von Marvin Minsky und Seymour Papert 1969 generell die zugrundeliegende Idee des »Konnektionismus«, also den Ansatz, Informationen mittels vernetzter Systeme zu verarbeiten. Minsky und Papert war es gelungen, mathematisch nachzuweisen, dass ein Konstrukt wie das von Rosenblatt mit seiner Perceptron-Lernregel viel zu begrenzt war. Es für schwierigere Aufgaben zu trainieren, sei entweder unmöglich oder es werde unendlich lange dauern. Das Problem sei, dass für jedes Trainingsbeispiel die Updates der Gewichte direkt ausgerechnet werden müssten. Je verschachtelter das Netz, desto komplexere Aufgaben könnte es zwar lösen, umso länger würde das Training aber auch dauern.

Diese Kritiker hatten jedoch eine eigene Theorie. Sie stellten dem Konnektionismus die Idee der symbolischen künstlichen Intelligenz gegenüber. Was man darunter zu verstehen hat? Das ist in etwa ein regelbasiertes Expertensystem, das versucht, menschliche Intelligenz durch eine Vielzahl von Wenn-dann-Regeln nachzubauen.

Das Buch von Minsky und Papert läutete vorerst das Ende der neuronalen Netze ein. Forschungsgelder wurden gestrichen, Projekte eingedampft. Es war vor allem die noch stark beschränkte Rechenleistung, die die Forscher zwang, einfachere Modelle zu entwickeln. »Handgemachte« KI sozusagen, mit vom Menschen vordefinierten Regeln, die der Computer »einfach nur« abarbeiten musste, ohne irgendwas Neues zu lernen (und schon sind wir wieder bei der Backmischung, die einfach nur abgearbeitet werden muss, und – keine Zauberei – am Ende kommt ein Brot aus dem Ofen). So feierten Schachcomputer Erfolge, einfache Mustererkennungssysteme erkannten vorab definierte Muster, und Industrieroboter übernahmen Aufgaben, die sich immer gleich wiederholten.

All das war eher »Automatisierung« und noch weit weg von den Vorstellungen von künstlicher Intelligenz aus dem Jahr 1968, wie sie etwa im Science-Fiction-Film »2001: Space Odyssey« mit dem empfindsamen Computer Hal so eindrucksvoll daherkamen.

Hoffnung machte allerdings Moore's Law. 1965 postulierte der Ingenieur und Geschäftsmann (und Mitgründer von Intel) Gordon Moore die Beobachtung, dass sich die Anzahl von Transistoren in Microchips gleicher Größe etwa alle zwei Jahre verdoppelt. Wir alle haben uns heute im 21. Jahrhundert schon daran gewöhnt, dass jedes Jahr ein schnelleres Smartphone auf den Markt kommt, das noch dünner ist. Damals, kurz nach der Erfindung der Mikrochips, war das eine gewagte These, die Moore aufstellte. Tatsächlich sollte er recht behalten. Die exponentiell wachsenden Rechenkapazitäten waren maßgeblich verantwortlich dafür, dass es tatsächlich nur etwa bis zur Jahrtausendwende dauern sollte, bis neuronale Netze endgültig ihren Siegeszug antraten.

Eine andere entscheidende Erfindung war die des **Backpropagation**-Algorithmus. Wir erinnern uns: In der ursprünglichen Perceptron-Lernregel war es nötig, die Anpassung der Gewichte nach jedem Trainingsbeispiel auszurechnen. Da jedes Neuron mehrfach vernetzt war, nahm das rasch Ausmaße an, die die Macher überforderten. In den 1960er- und 1970er-Jahren hatten mehrere Forscher die Idee, den Fehler, den ein neuronales Netz bei seiner Vorhersage macht, Schritt für Schritt zurückzuverfolgen und somit Schicht für Schicht rückwärts Updates für die Gewichte auszurechnen. Genauer schauen wir uns das im nächsten Kapitel an. An dieser Stelle sei nur verraten: Erst durch diese Idee schöpften die Konnektivisten wieder Mut, dass sie ihre Idee von den neuronalen Netzen doch nicht gänzlich aufgeben mussten. Ein paar dieser Konnektivisten möchte ich hier zumindest namentlich erwähnen: allen voran Paul Werbos, David Rumelhard, Geoffrey Hinton und Ronald Williams. Ihre theoretischen Überlegungen zur Backpropagation legten den Grundstein für das Training moderner neuronaler Netze.

In den 1980ern nahm die KI-Forschung dann wieder Fahrt auf. Es standen mehr Algorithmen zur Verfügung und auch Fördergelder flossen großzügiger. Expertensysteme beispielsweise erfreuten sich wachsender Beliebtheit. Mehr und mehr Varianten von künstlichen neuronalen Netzen erreichten dank der Backpropagation vielversprechende Ergebnisse. Und 1986 fuhr das erste autonome Fahrzeug durch die Straßen rund um die Carnegie Mellon University in Pittsburgh – ein Kleintransporter voller Computer mit stolzen 32 Stundenkilometern.

Gleichzeitig kamen PCs auf – Computer für einzelne Anwender. IBM und Apple etwa machten den einstigen Supercomputern, auf denen Expertensysteme liefen, Konkurrenz. Natürlich verlagerten sich viele Anstrengungen darauf, die Kunden in diesem Bereich zufriedenzustellen, und dies sorgte einerseits für Disruption, andererseits beflügelte es die Entwicklung von KI-Systemen in vielen verschiedenen Wirtschaftsbereichen.

1997 besiegte der IBM-Schachcomputer Deep Blue den damals amtierenden Schachweltmeister Garry Kasparov. Obwohl das weltweit Aufsehen erregte, lag die Stärke dieser KI eigentlich nur darin, mit brachialer Rechengewalt 200 Millionen Züge pro Sekunde durchzuspielen und den vielversprechendsten auszusuchen. Da Schach extrem klare Regeln hat und nur eine begrenzte Anzahl von Möglichkeiten bietet, konnte dies gelingen. Hätte man Deep Blue gebeten, statt Schach das auf den ersten Blick überschaubarere Mühle zu spielen, wäre die KI ohne neue Anpassungen kläglich gescheitert. Doch dieser Grenzen waren sich viele glückliche Anwender von Schachcomputern nicht bewusst.

Gleichermaßen waren die Erfolge des Stanford-Autos, das 2005 gut 200 Kilometer unbeschadet zurücklegte, oder der digitale Quizshow-Gewinner »Watson« von IBM (2011) mehr Ergebnisse akribischer Ingenieurskunst als wirklicher künstlicher Intelligenz.

Wo liegt das Problem, fragst du dich vielleicht? Wenn ein Computer Schach spielen und Quizfragen beantworten kann, ist er doch intelligenter als mancher Mensch? Ich will die Diskussion um die Frage »Was ist intelligent?« nicht vorwegnehmen. Aber der grundlegende Unterschied zwischen den oben beschriebenen Automaten und einem echten selbstlernenden System ist: Inwiefern haben die Menschen, die die KI gebaut haben, schon Regeln vorgegeben? Je starrere Regeln (»Wenn die Windschutzscheibenkamera ein rotes Licht erkennt, halte an«) die Logik befolgt, die ich zugrunde lege, umso eingeschränkter ist das KI-Modell in seinen Möglichkeiten. Den vorgesehenen Zweck kann es vielleicht sehr gut erfüllen. Aber es kann eben nicht über den Tellerrand hinausschauen (ein rotes Licht kann auch etwa auf einer Leuchtreklame sein).

Große Hoffnung ruhte daher auf der Entwicklung künstlicher neuronaler Netze. Sofern Rechen- und Speicherkapazität es zulassen, könnten diese Netze deutlich abstraktere Probleme lernen, bei denen der Mensch weniger Regeln vorgeben muss. Anfang der 2000er-Jahre gab es tatsächlich einige Durchbrüche. Das Forschungsfeld **»Deep Learning«** wurde geboren. Auf Deutsch übersetzt klingt »tiefes Lernen« zunächst relativ nichtssagend, daher bleibe ich für den Rest des Buches bei dem Ursprungsbegriff »Deep Learning«. Die ersten neuronalen

Netze bestanden aus nur wenigen Schichten von künstlichen Neuronen.

Deep Learning bezeichnet die Disziplin, bei der neuronale Netze viele (»tiefe«) Schichten haben, in denen sie lernen können, etwa Bilder immer feiner in ihre Bestandteile zu zerlegen und die Bedeutung ganzer Gruppen von Pixeln in ihrer Nachbarschaft zu erkennen.

2012 etwa schnitt ein künstliches neuronales Netz mit sieben Schichten und insgesamt 650 000 künstlichen Neuronen bei einem Bilderkennungswettbewerb mit Abstand besser ab als je eine künstliche Intelligenz zuvor. 2015 wurde die menschliche Kontrollgruppe von einem neuronalen Netz mit 34 Schichten sogar übertroffen.

An dieser Stelle lohnt es sich, eine erste Untersuchung des Begriffs »künstliche Intelligenz« vorzunehmen. Er ist nämlich nicht klar definiert. Letztendlich ist mehr oder weniger jedes Computerprogramm, das Eingaben nach Regeln verarbeitet, eine Art künstliche Intelligenz.

Spannend ist dann die Frage, woher die Regeln kommen. Hat der Mensch sie vollständig programmiert? Oder hat sich das Computerprogramm vielleicht manche oder alle Regeln selbst erarbeitet? Im Rahmen des Wissenschaftsjahres »Künstliche Intelligenz« 2019 hat das Fraunhofer Institut für das Project »SmartAIwork« definiert: »KI bezeichnet IT-Lösungen und Methoden, die selbstständig Aufgaben erledigen, wobei die der Verarbeitung zugrundeliegenden Regeln nicht explizit durch den Menschen vorgegeben sind.« Und in einem Positionspapier aus dem Jahr 2017 legten der Branchenverband Bitkom und das Deutsche Forschungszentrum für Künstliche Intelligenz fest: »Künstliche Intelligenz beschreibt Informatik-Anwendungen, deren Ziel es ist, intelligentes Verhalten zu zeigen. Dazu sind in unterschiedlichen Anteilen bestimmte Kernfähigkeiten notwendig: Wahrnehmen, Verstehen, Handeln und Lernen.«

Doch es gibt ja auch noch Alan Turings Definition einer

künstlichen Intelligenz, deren Tätigkeit in einem möglicherweise strikt eingeschränkten Aufgabenbereich nicht mehr von der eines Menschen unterschieden werden kann.

Du merkst schon: Es ist echt schwer, den Begriff »künstliche Intelligenz« genau zu definieren. Daher hat es sich etabliert, spezifische Unterbereiche abzustecken, damit wir ein bisschen genauer eingrenzen können, was wir meinen.

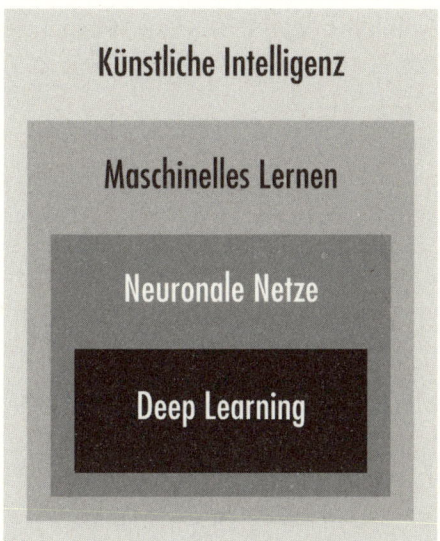

KI ist ein ziemlich schwammiger Sammelbegriff und beinhaltet mehrere Unterdisziplinen.

Künstliche Intelligenz wird hierbei als Oberbegriff gesehen. Darunter fällt die Disziplin »Maschinelles Lernen«. Sie bezeichnet alle Arten von Programmen, die sich durch Trainingsvorgänge die Fähigkeit aneignen können, Vorhersagen für neue Situationen zu machen. Dabei kann so ein Training darin bestehen, dass das Programm Trainingsdaten durcharbeitet – etwa Bilder von handgeschriebenen Ziffern zusammen mit dem numerischen Wert, den das Programm im Idealfall ausgeben soll, um dann Vorhersagen für neue, nie gesehene Daten zu machen. Eine andere Form von Training wäre, dass das Programm Abläufe durchspielt, etwa ein Schachspiel, und mit einem geeigneten Trainingsverfahren lernt, welche Aktionen zielführend sind. Weitere Beispiele illustriere ich noch ausführlicher, aber bleiben wir erst einmal in der Chronologie der Entwicklungen. Auch gibt es viele verschiedene Arten, solche lernenden Systeme zu gestalten. Im nächsten Kapitel beschreibe ich einige davon. Hier besonders erwähnt seien die neuronalen Netze mit ihrer speziell leistungsfähigen (da komplexen) Untergattung »Deep Learning«.

Da künstliche neuronale Netze eine wesentliche Rolle bei der Entwicklung von künstlicher Intelligenz spielen, schauen wir uns im nächsten Kapitel genauer an, wie die modernen Varianten aufgebaut sind und wie sie trainiert werden.

MODELLE ERKLÄREN DIE WELT

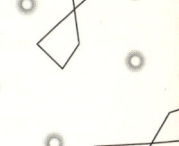

Das Perceptron hast du nun bereits kennengelernt. Es ist das erste »KI-Modell« hier im Buch. Die abgefahrenen KI-Anwendungen rund um selbstfahrende Autos, Sprachsynthese oder Tumorerkennung wären nicht möglich, wenn es nicht solche Modelle geben würde. Das ist einer der ganz entscheidenden Faktoren für den Erfolg von künstlicher Intelligenz. In diesem Kapitel soll es daher um die Frage gehen, was genau »Modelle« eigentlich sind und wofür sie gut sind.

Stell dir einmal die folgende Situation vor: Du bist zum Abendessen bei Freunden eingeladen. Draußen ist es schon dunkel, du drückst die Klingel und aus der Gegensprechanlage krächzt es »Wir sind im vierten Stock – es gibt leider keinen Aufzug«. Du machst dich (mehr oder weniger fluchend) auf den Weg nach oben, und als du den dritten Stock passierst, geht das Licht im Treppenhaus aus. Obwohl es komplett dunkel ist, findest du sicher die Stufen im Dunkeln bis zum nur glimmenden Lichtschalter. Konntest du plötzlich im Dunkeln sehen? Natürlich nicht. Aber dein Gehirn hat in der kurzen Zeit ein Modell des Treppenhauses gelernt! Wie breit und wie hoch sind die Stufen? Wo stellen die Hausbewohner ihre Schuhe ab (Stolpergefahr)? Wie eng ist der Radius um die Kurve zwischen den Treppenabschnitten?

Dadurch, dass das Gehirn diese Beobachtungen und Erfahrungen gemacht hat, sie gespeichert und zu einem Modell im Kopf verarbeitet hat, konntest du vorhersagen, wie der Rest des Treppenhauses beschaffen sein dürfte – und dich so, ohne zu stolpern, sogar »blind« zurechtfinden.

Das war jetzt, ich gebe es gerne zu, ein etwas konstruiertes Beispiel für ein Modell. Ein anderes Modell wäre das eines Fahrrads. Radfahren ist meine bevorzugte Art, von A nach B zu kommen. Und obwohl ich kein Fahrradmechaniker bin oder jemals ein Fahrrad komplett auseinander- oder zusammengeschraubt habe, gibt es in meinem Kopf ein Modell meines Fahrrads. Ich weiß, welches Teil grob wofür verantwortlich ist. Ich habe eine Ahnung davon, wie in etwa die Bremsen verschaltet sind und was unter dem Reifen versteckt ist. Wenn etwas mit dem Rad nicht stimmt, merke ich das ziemlich schnell. Beispielsweise, wenn der Reifendruck über Nacht abgenommen hat. Mein Gehirn hat unbewusst gespeichert, wie es sich anfühlt, wenn ich mich auf den Sattel schwinge, wie weit ungefähr sich das Rad dann nach unten bewegt und wie viel ich vom Kopfsteinpflaster spüre. Das Fahrradmodell in meinem Kopf sorgt dafür, dass ich sofort bemerke, wenn eine Beobachtung oder ein Sinneseindruck nicht dazu passt. Gleichzeitig kann ich das Fahrradmodell auch auf das Fahrrad eines Freundes übertragen. Obwohl ich sein Rad vielleicht noch nie genau angeschaut habe, weiß ich, wo der Lenker ist und wie man den Sattel verstellt.

Modelle können konkret sein – man denke an die Modelle von Autos oder Schiffen, die in Verpackungen mit Tausenden von Einzelteilen im Handel sind und in akribischer Kleinstarbeit mit Sekundenkleber zusammengesetzt werden müssen. Modelle können aber auch abstrakter sein. Vielleicht erinnerst du dich noch an das Schalenmodell des Atoms aus dem Chemieunterricht. Da gab es den kleinen, aber schweren Atomkern in der Mitte und dann verschiedene zwiebelartige Schalen von Elektronen drum herum. Keine Angst, ich hör schon auf mit Schulstoff – ich wollte nur zeigen, wie wir Modelle nutzen können, um uns Sachverhalte, Konzepte und Zusammenhänge vorzustellen, damit wir Hypothesen formulieren, Vorhersagen machen und Beobachtungen erklären können.

Im Prinzip sind Modelle also Abbilder der Wirklichkeit. Sie müssen nicht zwingend vollständig oder gar korrekt sein (die Chemiker werden sich schon über das viel zu unrealistische Schalenmodell geärgert haben). Sie erfüllen in der Regel einen Zweck. Im Falle des Atommodells zum Beispiel hat die Chemielehrerin nur durch das Modell überhaupt eine Chance, den abgelenkten Achtklässlern ein Konzept zu vermitteln, das ohne bildliche Anschauung vielleicht komplett unverständlich wäre.

Wir Menschen machen so etwas schon sehr lange. Für den Höhlenmenschen konnte es um Leben und Tod gehen, wenn er sich ein Modell seiner Umgebung erstellte, indem er herumlief und erkundete: Wo gibt es Wasser, wo Beeren, wo sind die wilden Tiere? Wenn mich der Löwe jagt, wie komme ich am schnellsten zu einem rettenden Baum? Er lernte eine Art Landkarte im Kopf.

Tatsächlich sind Landkarten – jedenfalls die zum Auseinanderfalten – besonders gute Beispiele für Modelle. Sie haben ein bestimmtes Koordinatensystem (etwa Längen- und Breitengrade, Quadranten oder so) und sie vereinfachen die Realität. Nicht jeder Mülleimer oder Trampelpfad ist eingezeichnet (außer auf speziellen Landkarten für die Müllabfuhr oder Geocaching-Fans). Und sie sind beschränkt: Die Landkarte meiner schönen Heimatstadt Tübingen bringt mir in München herzlich wenig.

All diese **Merkmale** von Modellen werden im Laufe dieses Buches noch eine sehr wichtige Rolle spielen. Denn Modelle sind entscheidend bei der Frage nach Intelligenz. Manche Leute, etwa der Philosoph Andy Clark, gehen sogar so weit und sagen: »Intelligenz ist es, ein adäquates Modell der Welt zu haben.«

Stell dir vor, du hättest im Kopf ein Modell von allem, was du so beobachten kannst: Maschinen, Umwelt, aber auch Menschen mit ihren Gefühlsmustern, Vorlieben und Macken. Dann könntest du nahezu perfekte Vorhersagen zu beliebigen Fragen treffen und mit Unwägbarkeiten souverän umgehen. Vielleicht kannst du das ja tatsächlich! Und möglicherweise liegt das daran, dass du ein ziemlich gutes Modell von der Welt mit dir herumträgst.

Mit guten Modellen können wir vorhersagen, planen, uns effizient erinnern und Neues und Ungewohntes bemerken und an unser Bewusstsein weiterleiten. Wer eine richtig gute künstliche Intelligenz bauen will, wird all dies auch einer Maschine beibringen wollen. Dafür muss man aber eins verstehen: Wie funktioniert das genau im Menschen? Wie bilden wir unsere Modelle im Kopf und wie speichern wir sie?

Das ist ein heiß diskutiertes Thema unter Forschern. Trotz der bahnbrechenden Erkenntnisse im Bereich der Neurowissenschaften in den vergangenen Jahrzehnten, wissen wir heute immer noch erstaunlich wenig über unser Gehirn und die Prozesse, die darin ablaufen. Mit anderen Worten: Unser Modell von der »natürlichen« Intelligenz hat noch viele Lücken.

Babys beim Lernen zu beobachten ist faszinierend. Ein Neugeborenes kann in der Regel noch nicht viel. Es hat eine Grundausstattung an Reflexen und Instinkten. Ich stelle mir das immer ein bisschen wie ein »Betriebssystem« im Computer vor: Als Nutzer kann ich mit Windows, Ubuntu oder macOS allein noch nicht viel anfangen. Erst wenn ich Programme installiere, beginnt der Zauber.

Im Gehirn eines Babys werden natürlich keine Programme installiert. Stattdessen entwickelt das junge Gehirn seine eigenen Modelle von der Welt, und das ist ja nichts anderes als erste Programme. Dank »Betriebssystem« muss es nicht bei null anfangen. So können die Fingerchen zum Beispiel schon tasten und fühlen. Die Muskeln können kontrahieren –, aber noch nicht wirklich zielgerichtet oder gelenkt. In der ganz frühen Phase lernt das Baby, sich zu strecken. Ganz einfache motorische Fertigkeiten. Und warum tut es das? Aus Neugier.

Forscher konnten zeigen, dass Neugier ein wesentlicher Treiber des Lernens ist. Klar, Eltern ermutigen Kinder natürlich auch, »Mama« zu sagen oder gehen zu lernen. Mit dem Lob kommt ein Glücksgefühl, das auf neuronaler Ebene das Wachstum von Nerven und Nervenbahnen anregt, die zu diesem Erfolg geführt haben. Aber zum Glück müssen Eltern nicht jeden Entwicklungsschritt der Kinder steuern. Wenn die kleinen Hände Gegenstände ertasten, die Babys vielleicht auch einfach etwas in den Mund stecken und so ihrer Neugier freien Lauf lassen, erzeugt das Glücksgefühle!

Und schon beginnt das Gehirn automatisch Modelle zu bauen. Wie fühlt sich der Schnuller an? Wonach schmeckt er? Wie bewegt sich dieses Ding, das über meiner Wiege baumelt? Tatsächlich konnten Forscher wie Claes von Hofsten zeigen, dass Babys im Alter zwischen zwei und fünf Monaten lernen, schwingende Bewegungen mit den Augen zu verfolgen und vorherzusagen. Dazu müssen sie offensichtlich ein Modell von schwingenden Bewegungen entwickeln, denn sonst könnten sie mit den Augen nicht dorthin schauen, wohin sich das wippende, schwingende oder kreisende Objekt als Nächstes bewegt. Zieht man in Betracht, dass selbst Physikstudenten einen nicht geringen Teil ihres Studiums auf das Beschreiben und Vorhersagen von einfachen Oszillationen verwenden, ist das eine beachtliche Leistung für so ein fünf Monate altes Baby.

Dies ist eines der ersten Modelle der Welt, die ein kleines Kind lernt. Ein anderes Universum ist das der Gesichter. Neugeborene können relativ schnell Gesichter erkennen und unterscheiden. Möglicherweise ist das schon Teil ihres »Betriebssystems«, denn es dürfte einen evolutionären Vorteil darstellen, wenn Babys schnell andere Menschen in ihrem Umfeld erkennen und unterscheiden können. Dabei sind Babys interessanterweise absolut unvoreingenommen, wenn es um die Ethnie der Gesichter geht. Das junge Gehirn macht keinen Unterschied zwischen etwa Augenformen oder Hautfarben.

Es erkennt nach kürzester Zeit zielsicher Mama und Papa. Je mehr Gesichter es sieht, desto mehr spezialisiert sich das »Gesichter-Modell« auf die Unterschiede zwischen den am häufigsten beobachteten Gesichtern. Die Gemeinsamkeiten rücken dabei aus Effizienzgründen in den Hintergrund. Das erklärt, warum für viele Menschen Gesichter einer anderen Ethnie schwerer zu unterscheiden sind als Gesichter jener Ethnie, die sie vorwiegend in den ersten Lebensjahren in ihrem Umfeld gesehen haben.

Das Modell der Gesichter, das Modell des Schnullers oder der Spielsachen – sie alle liefern einem Baby wesentliche Bausteine beim Erkunden der Welt. Beobachtungen werden abgespeichert und mit Bekanntem verknüpft. Ständig. Ohne dass es einer Steuerung bedürfte. Dabei findet ein ziemlich genialer Prozess statt, den Neurowissenschaftler »predictive processing« nennen, also »vorhersagende Verarbeitung«. Unterbewusst simulieren unsere Neuronen fortlaufend, was als Nächstes passieren könnte. Das Baby streckt den Arm aus und die sensorischen Neuronen in der Hand erwarten, dass sie etwas spüren, wenn die Hand das Spielzeug erreicht hat. Durch fortlaufendes Abgleichen der Beobachtungen mit gespeicherten Eindrücken macht das Gehirn Vorhersagen.

Interessant wird es, wenn die Vorhersagen falsch sind. Wenn ich das Spielzeug loslasse und es beispielsweise nicht an Ort und Stelle bleibt, sondern auf den Boden fällt. Oder wenn unsere Erwartungen nicht eintreten und wir davon vielleicht sogar überrascht sind, denn dann lernen wir am meisten. Die Aussage »Wir lernen aus unseren Fehlern« bekommt eine ganz neue Bedeutung.

Tatsächlich lässt sich das schon auf neuronaler Ebene nachweisen. Es wird dich daher wahrscheinlich nicht überraschen, dass das »Lernen aus Fehlern« ein ganz entscheidendes Prinzip dafür ist, wie KI-Modelle im Computer lernen. Übrigens haben das auch Didaktiker entdeckt: Inzwischen gibt es immer mehr Lehrerinnen und Lehrer, die zur Einführung eines neuen Konzepts einen Widerspruch präsentieren, der mit den Erwartungen der Schülerinnen und Schüler bricht. Studien haben gezeigt, dass das die Neugier weckt und die neuen Lerninhalte viel besser im Kopf bleiben.

Nun sind Lerninhalte genau wie kreisende Mobiles letztendlich Datenmengen, die uns Auskunft über unsere Welt geben. Es verwundert daher wenig, dass das »Lernen« etwa bei künstlichen neuronalen Netzen ebenfalls so funktioniert – wir haben das ja schon am Beispiel des Brotbackens erkannt –, dass das Netz Eingabedaten (oder Zutaten) bekommt, eine Vorhersage macht, und wenn diese falsch ist, die »Stellschrauben« des Netzes angepasst werden, damit die Vorhersage besser wird.

Nun sind neuronale Netze eher komplexe Vertreter für ein KI-Modell. Um die Idee des Modellierens besser begreifen zu können, fange ich an dieser Stelle wieder mit einem einfachen Beispiel an.

Stell dir vor, du wolltest zu Fuß zum nächsten Blumenladen gehen und überlegst, wie lange du für diesen Weg etwa brauchst. Sofern du nicht regelmäßig Blumenläden frequentierst oder sich zufällig einer direkt neben deiner Wohnung befindet, wirst du vermutlich im Kopf jetzt Strecken und Zeiten vergleichen: »Der nächste Blumenladen ist etwa doppelt so weit entfernt wie die Bushaltestelle. Zur Bushaltestelle brauche ich fünf Minuten. Dann werde ich zum Blumenladen entsprechend doppelt so lange brauchen: zehn Minuten.«

Herzlichen Glückwunsch, du hast gerade ein lineares Modell extrapoliert. Bitte was? Okay, der Reihe nach.

Aus deiner Erfahrung hast du Messdaten bezogen: Die Entfernung Wohnung bis Bushaltestelle entspricht fünf Minuten. Außerdem weißt du aus Erfahrung, dass bei solchen Entfernungen ein linearer Zusammenhang besteht: Doppelt so weit bedeutet doppelt so lang. Die dreifache Strecke entspricht der dreifachen Zeit und so fort. Vielleicht kennst du aus dem Physik-Unterricht noch das Weg-Zeit-Gesetz: Geschwindigkeit ist Strecke geteilt durch Dauer. Dieses lineare Modell kannst du dir auch mit einer Geraden vorstellen.

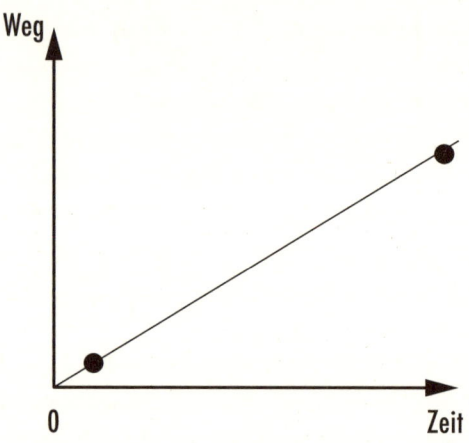

Zwei Punkte reichen aus, um eine Gerade zu definieren.
Aber was, wenn die Messung ungenau ist?

Der Datenpunkt »Bushaltestelle: fünf Minuten« wird zu einem Punkt in diesem Koordinatensystem. Du müsstest natürlich grob schätzen, wie weit die Bushaltestelle entfernt ist. Sagen wir mal 400 Meter. Vielleicht gibt es noch einen zweiten Punkt: »Zum Lebensmittelladen brauche ich zehn Minuten.« Der Karte entnimmst du, dass er 830 Meter entfernt liegt. Das gibt einen weiteren Punkt im Koordinatensystem. Angenommen, du würdest jetzt noch hundert weitere Beispiele finden und in das Koordinatensystem eintragen, dann bekämst du am Ende eine entsprechende Punktwolke heraus, die dir im Kopf herumschwirrt. Die ist schwer zu fassen, deshalb hier als Abbildung:

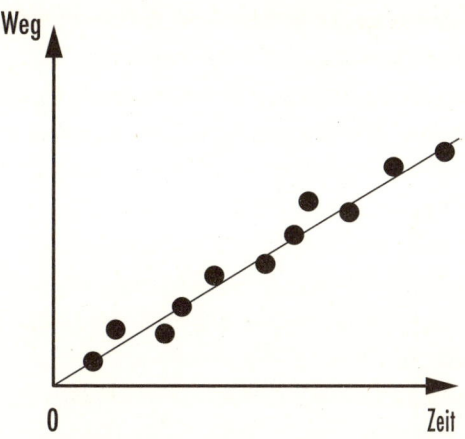

Wenn ich viele Messpunkte nutze, kann ich mein Modell einer Geraden verbessern – eine erste Form von Training!

Du siehst: Die Punkte liegen alle mehr oder weniger auf einer Geraden. Genau, wie es auch deine Intuition wäre: Doppelte Strecke braucht doppelte Zeit.

Etwas formaler beschrieben, ist so ein lineares Modell eine Gerade mit zwei Parametern: Steigung und Versatz vom Ursprung (auch bekannt unter »Achsenabschnitt«). Die Steigung entspricht hier der Geschwindigkeit. Steiler bedeutet schneller. Und weil wir ja zu Hause starten, geht die Gerade durch den Ursprung des Koordinatenkreuzes (für 0 Meter brauchen wir 0 Minuten). Angenommen, du brauchst immer zwei Minuten zusätzlich zum Schuhebinden, dann könntest du deine Gerade um zwei Minuten auf der Zeitachse verschieben. Diese zwei Minuten fallen für jede Strecke immer genau einmal an, sind aber unabhängig davon, wie weit du danach gehst (es sei denn, du läufst einfach barfuß los).

Wenn man das unbewusste »Abschätzen« im Kopf jetzt mathematisch in unserem Modell der Geraden beschreiben wollte, könnte man sagen, dass wir versuchen, die Gerade zu finden, die am besten durch die Datenpunkte durchgeht. Damit passen wir unser Modell an die Beobachtungen an. Mit anderen Worten: So trainieren (»fitten«) wir das Modell!

Und jetzt kommt die Magie des Modells, teste deine Zauberkraft: Du kannst eine Vorhersage treffen für einen Datenpunkt, den du gar nicht kennst! Dazu schaust du auf der Entfernungsachse nach der Entfernung für den Blumenladen und liest auf der Zeitachse ab, welcher Dauer das entspricht.

Wow, magst du vielleicht denken, was für ein unglaublich komplizierter Aufwand für so eine einfache Frage. Zugegeben, kein Mensch würde jemals so kleinkariert denken. Zumindest nicht bewusst. Unbewusst hat unser Gehirn ein lineares Modell gelernt und längst verinnerlicht. Oder vielmehr: Wir haben gleich mehrere Modelle parat, angepasst an unsere Geschwindigkeit zu Fuß oder zum Beispiel auch für das Flitzen mit dem Fahrrad.

Dieses Modell erlaubt es uns, Vorhersagen zu treffen. Allerdings lernen wir hier schon ein großes Problem von Modellen kennen: die Frage der Gültigkeit. Von meiner Wohnung in München bis nach Berlin beträgt die Entfernung 568 Kilometern. Das entspricht 1420-mal der Entfernung zur Bushaltestelle. Brauche ich zu Fuß nach Paris entsprechend 1420 x 5 Minuten (118 Stunden)? Vermutlich nicht. Vermutlich brauche ich länger. Denn ich werde ja müde, muss irgendwann auch mal schlafen und was essen. Würde ich bei dieser Wanderung jede Stunde einen Punkt in mein Weg-Zeit-Diagramm eintragen, bekäme ich am Anfang vielleicht eine Gerade, aber nach ein paar Stunden würde die Kurve einen deutlichen »Ermüdungs-Knick« bekommen. Der menschliche Faktor, den wir nicht vergessen sollten. Haben auch KIs so etwas? Das werden wir noch herausfinden, keine Sorge.

Lineare Modelle tauchen in unserem Alltag jedenfalls ständig auf. Beim Brotteig etwa: Die doppelte Menge der Zutaten ergibt die doppelte Anzahl Brote. Daher haben wir für Abschätzungen solcher linearen Zusammenhänge eine gute Intuition (oder

Modelle im Kopf). Sobald aber das grundlegende Gesetz nicht mehr linear ist, tun wir uns schon schwerer. Das hat man zum Beispiel bei der Ausbreitung von SARS-CoV2 gesehen: Viren breiten sich exponentiell aus. Wenn nach einer Woche 1000 Menschen neu erkranken, werden nach einer weiteren Woche nicht »nur« 1000 weitere Erkrankte dazu gekommen sein, sondern mehr. Denn Erkrankte stecken ja wiederum weitere Menschen an.

Exponentielle Modelle sind für unseren Geist enorm schwer zu begreifen. Das machen sich auch manche Bankinstitute mit Wucherzinsen zunutze. Es ist einfach, zehn Prozent von einer Darlehenssumme einmalig auszurechnen. Viel schwerer aber ist es, sich vorzustellen, dass dieser Zinssatz jedes Jahr neu auf den wachsenden Schuldenberg draufgeschlagen wird. Der Zinseszinseffekt hat schon manchen arm gemacht.

Je nach Aufgabenstellung müssen wir folglich das richtige Modell finden. Um zu modellieren, wie sich Viren ausbreiten, ist ein exponentielles Modell angebracht. Entsprechend laufe ich aber auch Gefahr, wenn ich ein zu komplexes Modell nutze, um einen ganz einfachen Zusammenhang zu modellieren. Mehr dazu im nächsten Kapitel.

Wir sollten uns aber ein paar Fakten merken, damit es in den nächsten Kapiteln nicht zu viel Theorie wird: Wer Vorhersagen machen will, muss erst ein Modell der Wirklichkeit erstellen. Die Wahl des richtigen Modells ist entscheidend. Das Modell muss für die Daten geeignet sein, die uns zur Verfügung stehen. Modelle haben Parameter. Im Fall der Geraden: Steigung und Länge des Achsenabschnitts.

Das ist ja noch überschaubar, wirst du sagen. Klar, aber moderne neuronale Netze haben Millionen von Parametern. Diese Parameter müssen wir anpassen, um das Modell auf die Daten abzustimmen. Dieser Vorgang heißt »fitting« oder »training«. Ein auf diese Weise trainiertes Modell können wir nutzen, um Vorhersagen für neue Daten zu machen. Wie bei unserem

Blumenladenbeispiel dürfen wir das Modell nur in dem Daten-
bereich nutzen, in dem es gültig ist. Denn in München finden
wir mit der Berlin-Karte vor Augen eher zum Englischen Gar-
ten als zum Blumenladen.

Damit hast du immerhin schon ein erstes Grundverständnis
von KI-Modellen. Fast die halbe Miete, denn anstrengender
wird es eigentlich nicht, versprochen. Gleichzeitig habe ich
bisher unterschlagen, wie genau das Training von solchen Modellen denn nun eigentlich funktioniert. Darum geht es im
folgenden Kapitel.

KÜNSTLICHE INTELLIGENZ TRAINIEREN

Vielleicht hast du schon einmal vom »Problem des Handlungsreisenden« gehört. Klingt auf Englisch gleich viel spannender: Das »Traveling Salesman Problem« besteht darin, eine Anzahl von Orten zu besuchen und dabei den kürzesten Weg zu nutzen. Denk dir einen Staubsaugervertreter, der zwanzig Ortschaften besuchen soll, die über die ganze Republik verteilt sind. Es bieten sich auf einen Schlag viele verschiedene Wege an, die seine Zielorte verbinden. Wenn sich der Handlungsreisende ungeschickt anstellt, fährt er eine Menge Umwege, braucht mehr Zeit und Sprit, sodass er unterm Strich rote Zahlen schreibt, egal, wie viele Staubsauger er an welchem Ort verkaufen kann.

Stell dir nun vor, du müsstest dieses Problem von Hand lösen. Vor dir liegt eine Deutschlandkarte mit 20 Reißzwecken und du sollst den kürzesten Weg finden, der alle Orte verbindet. Wo fängst du an? Welche Reihenfolge bietet die kürzesten Wege? Eine ziemlich knifflige Aufgabe.

Dieses Problem ist ein Klassiker aus der Familie der Optimierungsprobleme. Es gibt eine Aufgabe (»alle Punkte verbinden«) und eine messbare Bewertung (»Länge des benötigten Weges«). In unserem Fall ist die **Optimierung** eine Minimierung. Der Weg soll minimal werden. Bei anderen Optimierungsproblemen möchte man möglicherweise eine Größe maximieren, etwa den Gewinn.

Klingt schon sehr nach Mathe, aber tatsächlich lassen sich manche Optimierungsprobleme auch ganz ohne Formeln lösen. Ameisen sind beispielsweise in der Lage, kürzeste Wege zu finden. Ohne den Insekten zu nahe zu treten, gehe ich mal davon aus, dass sie nicht vorab ausrechnen, welches der kürzeste Weg ist. Stattdessen haben sie einen ausgeklügelten Mechanismus erfunden: Wenn Ameisen ihren Bau verlassen, um Nahrung zu suchen, markieren sie ihren Weg mit Duftstoffen, sogenannten Pheromonen. Am Anfang schwärmen die Ameisen mehr oder weniger zufällig in alle Richtungen aus. Die Ameise, die als erste etwas Leckeres gefunden hat, kehrt entsprechend auch als erste zurück zum Bau. Dabei markiert sie wiederum ihren Weg und verstärkt die Duftmarken, die sie auf dem Hinweg hinterlassen hat. Beim nächsten Ausschwärmen nimmt sie natürlich wieder denselben Weg, und erneut verstärkt sie die Duftspur. In der Zwischenzeit haben die anderen Ameisen bemerkt, dass hier ein Pfad stärker markiert ist als andere, und verfolgen ihn ebenfalls. Die Pheromone auf den weniger zielführenden Pfaden »verdampfen« und am Ende nehmen alle Ameisen den kürzesten Weg: die Ameisenstraße.

Der »Ameisenalgorithmus« ist inzwischen sogar tatsächlich ziemlich ausgiebig theoretisch untersucht und auf andere Probleme übertragen worden. Für die Routenoptimierung von Bussen beispielsweise oder für die Belegungsplanung von Maschinen in der Industrie.

Die Natur bietet viele eindrucksvolle Beispiele für Optimierung. Hast du dich schon einmal gefragt, warum Bienenwaben sechseckig sind? Auch hier steckt ein Optimierungsproblem dahinter. Die Aufgabe: Unterteile eine Fläche in gleichmäßige Zellen, sodass die Zellen möglichst dicht gepackt sind, aber gleichzeitig der Materialverbrauch für die Wände der Zellen minimal ist.

Würden Bienen kreisförmige Waben bauen, wäre zwar der Materialverbrauch minimal, dafür entstehen aber nutzlose Hohlräume zwischen den einzelnen Zellen. Quadrate oder Dreiecke lassen sich wiederum dicht anordnen, allerdings ist hier der Materialverbrauch größer. Das Sechseck löst das Optimierungsproblem.

Beide Beispiele zeigen, wie »optimale Lösungen« einen evolutionären Vorteil bieten. Gegenüber anderen Ameisen- oder Bienenvölkern haben diejenigen einen Vorteil, die effizienter (optimiert) arbeiten. Sie können sich besser fortpflanzen oder besser überleben, wenn Ressourcen knapp werden.

Aber auch dort, wo es nicht um den evolutionären Vorteil geht, gibt es in der Natur eine Vielzahl faszinierender Beispiele für Optimierung. Warum sind Wassertropfen mehr oder weniger kugelförmig? Hier liegt die Antwort in einem physikalischen Grundsatz: der Energieminimierung. Zwischen Wassermolekülen gibt es verschiedene Kräfte, die anziehend und abstoßend wirken. Und es gibt einen bestimmten Abstand zwischen Wassermolekülen, bei dem sich diese Kräfte etwa die Waage halten. Deshalb pendelt sich im Inneren jedes Tropfens zwischen den Wassermolekülen etwa dieser Abstand ein. An der Oberfläche gibt es jedoch auch Wassermoleküle ohne Wasser-Nachbarn, denn dort an der Grenzschicht sind die nächsten Nachbarn nun einmal Luftmoleküle. Und zu ihnen ist die Anziehungskraft viel geringer.

In der Summe betrachtet erfahren die Wassermoleküle am Rand des Tropfens daher eine Netto-Anziehungskraft, die ins Innere zeigt: Sie halten zusammen. Diesen Effekt kennst du vielleicht unter dem Namen »Oberflächenspannung«. Die Oberflächenspannung ist eben die Kraft, die die Wassermoleküle an der Grenzfläche des Tropfens ins Innere zieht.

Das beantwortet aber noch nicht ganz die Frage, warum so ein Tropfen häufig kugelrund ist. Also neu gefragt: Welche geometrische Form ist so gestaltet, dass alle Punkte auf der Oberfläche die gleiche Kraft erfahren? Genau, das ist die Kugel. Wäre irgendwo ein kleiner »Wassermolekülberg« auf der Oberfläche der Kugel, würde auf ihn eine stärkere Kraft ins Innere wirken. Um dieser Kraft standzuhalten, bräuchte der Berg Energie.

Nach dem Hamilton'schen Prinzip in der Physik streben alle Systeme immer einen Zustand an, in dem ihre Energie minimal ist. Eine Optimierungsaufgabe, die im Fall vom Wassertropfen durch die Kugelform gelöst wird. Denn in der Kugelform sind die Wassermoleküle in einem stabilen Gleichgewicht und die Energie der Oberflächenspannung ist minimal. Die Natur ist eben ein Energiesparfuchs. Bei einem Luftballon ist es ganz ähnlich, denn er wird sofort wieder in die runde Form zurückschnappen, wenn ich seine Haut auseinanderziehe – und dann loslasse.

Dieses Prinzip der Energieminimierung wird besonders deutlich, wenn man sich vor Augen führt, wie ein Fluss verläuft. Stellen wir uns einen Bergsee vor. Das Wasser oben auf dem Berg hat eine bestimmte Lageenergie. Indem es bergab fließt, minimiert es die Lageenergie. Dabei sucht sich der Fluss immer den Weg des steilsten Abstiegs. Das kann zu paradoxen Situationen führen. Stell dir einen Bergkamm vor mit einem schillernden Gebirgssee. Wenn sich das Wasser den Weg ins Tal sucht, folgt es der Erdanziehungskraft ohne Umwege und fließt den steilsten Hang hinunter. Genau wie es auch eine Kugel tun würde, die den Berg hinunterrollt. Was weder Wasser noch Kugel wissen: Der steilste Weg muss nicht immer zum tiefsten Punkt führen! So lässt sich das Wasser möglicherweise durch die steile Schlucht in einen »Zwischensee« locken, während die flache Schlucht direkt ins Meer geführt hätte. Im »Zwischensee« ist die Energie nicht minimal, aber solange es keinen Durchlass für das Wasser gibt und keinen Abhang, den es hinunterfließen kann, bleibt es hier erst einmal gefangen.

Sicher wunderst du dich jetzt über diese detaillierte Beschreibung von Flussverläufen – was hat das mit KI zu tun? Das Problem des »Sees auf halber Höhe« ist tatsächlich ein ziemlich häufiges Problem bei der Optimierung von mathematischen Modellen. Man spricht hier auch von einem lokalen Optimum, im Gegensatz zum globalen Optimum, was in diesem Fall das

Meer wäre. Was das nun genau für unsere neuronalen Netze bedeutet, dazu später mehr.

In der Natur spielen verschiedene Faktoren eine Rolle bei Optimierungsprozessen. Am schönsten wäre es, wir könnten alles, was passiert, immer berechnen, aber da ist der Zufall davor. Und der ist oft mit im Spiel, etwa bei einem Virus, das nicht zielgerichtet mutiert, oder bei den beliebig ausschwärmenden Ameisen. Aber zum Glück haben wir Menschen tatsächlich viele Naturgesetze aufgestellt, die für (fast) alle Vorkommnisse eine Regelhaftigkeit abbilden. So können etwa bei der Energieminimierung (denken wir ans Wasser und den See) Optimierungsprozesse treiben. Genauso wirken evolutionäre Vorteile sich aus wie bei den Bienen – kurz: »survival of the fittest«.

Gemeinsam haben alle diese Naturgesetze, dass eine Größe maximiert oder minimiert wird: Energie, Strecke, Material und so weiter.

Übertragen wir das doch mal auf unser lineares Modell aus dem letzten Kapitel. Du erinnerst dich: Wir haben eine Punktwolke und wollen eine Gerade »optimal« daran anpassen, so dass die Punkte möglichst nah an der Geraden liegen.

Mein Kollege Justin Bayer hat hier immer das tolle Bild von einem Holzbrett mit Nägeln drin. An jedem Nagel hängt ein kleiner Gummiring. Und jetzt versucht man, einen Stab durch alle Ringe zu schieben. Du kannst dir vorstellen, was passiert: Die Gummis werden dafür sorgen, dass der Stab gleichzeitig zu jedem Nagel hingezogen wird. Und am Ende stellt sich ein Gleichgewicht ein, bei dem die Summe der Abstände zwischen Stab und Nägeln minimal ist. Zurück zum linearen Modell: Die Nägel entsprechen den Datenpunkten und der Stab der Geraden. Die Dehnung der Gummis ist die Größe, die wir minimieren wollen.

Auf diese Weise können wir eine Optimierungsvorschrift für die lineare **Regression** formulieren: Finde eine Gerade mit Steigung m und y-Achsenabschnitt c, sodass die Summe aller Abstände der Datenpunkte zur Geraden minimal ist.

Diese Summe aller Abstände von Punkten zur Geraden könnte man »Fehler« nennen. Um wie viel liegt das Modell »daneben«? Wenn alle Datenpunkte auf einer perfekten Geraden liegen und ich genau diese Gerade gefunden habe, ist mein Fehler null.

Oft benutzt man statt des Begriffs »Fehler« die Bezeichnung »Kosten«. Klar, da kann es auch um (viel) Geld gehen. Intuitiv verstehen wir: Wenn ich falsch liege, dann verursacht mein Modell sozusagen Kosten. Oder anders gesagt: Die Kostenfunktion ist eine Formel, mit der ich auswerten kann, wie gut oder schlecht mein Modell gerade ist, indem ich dem Modell Daten gebe, es Vorhersagen machen lasse und dann beispielsweise aufsummiere, wie oft oder wie stark das Modell falsch lag. Ziel der Übung ist es, das Modell so zu wählen und die Parameter so einzustellen, dass die Kostenfunktion einen möglichst kleinen Wert ausgibt. Weshalb das jetzt so immens wichtig ist?

Die Wahl der richtigen Kostenfunktion ist demnach entscheidend dafür, ob ein KI-Modell lernen kann, eine Aufgabe zu lösen. Es kommt nämlich sehr darauf an, was genau eigentlich das Problem ist, das wir lösen wollen. Und wie sehr es schadet, wenn das KI-Modell danebenliegt. Du willst bestimmt mal wieder ein Beispiel dafür von mir.

Nehmen wir an, dass ein Modell das Alter einer Person anhand eines Fotos schätzen soll. Die Ausgabe wäre also eine Zahl, die wir mit dem wahren Alter der Person vergleichen. Dieser **Zielwert,** der vorhergesagt werden soll, wird oft »ground truth« genannt. Liegt die Vorhersage um ein Jahr daneben, ist das vielleicht nicht so schlimm. Aber bei zehn Jahren Abweichung wäre der Fehler nicht mehr akzeptabel. Diese Art von Aufgabenstellung heißt Regression. Und das Ziel ist, einen oder mehrere Zahlenwerte vorherzusagen (ohne dass wir uns zum Affen machen, weil wir bei der Schätzung des Alters so sehr danebenliegen).

Typischerweise nimmt man hier Kostenfunktionen wie etwa die Abweichung zwischen Vorhersage und ground truth. Liegt die Vorhersage um 1 Jahr daneben, entstehen Kosten in Höhe von 1. Bei 5 Jahren betragen die hypothetischen Kosten 5. So weit so gut und wohlgemerkt: theoretisch. Denn ich modelliere ja meine Welt und kann entscheiden, welche Kostenfunktion ich wähle. Möchte ich nun eine große Abweichung besonders stark bestrafen, kann ich beispielsweise eine Kostenfunktion wählen, bei der die Kosten quadratisch mit der Abweichung wachsen. Eine Abweichung von 1 Jahr würde immer noch Kosten 1 verursachen, aber um 5 Jahre verschätzt, und schon lägen die Kosten bei 25. Ich als Modellierer habe also großen Einfluss.

In unserem Beispiel der linearen Regression kann ich durch die Wahl einer geeigneten Kostenfunktion beispielsweise verhindern, dass das Modell besonders empfindlich auf »Ausreißer« reagiert. Vielleicht ist meine Punktwolke perfekt um eine Gerade herum angeordnet, aber ein einziger Punkt liegt total daneben. Möglicherweise handelt es sich bei diesem Punkt um einen Messfehler, der natürlich nicht so sehr ins Gewicht fallen soll. Hätte ich hier eine Kostenfunktion gewählt, bei der Ausreißer besonders große Kosten verursachen, würde meine Gerade durch einen einzigen solchen Punkt unverhältnismäßig verzerrt. Kostenfunktionen sind immer so relevant, wie wir als Modellierer es wollen. Gut zu wissen, oder?

Noch ein Wort zur Kostenfunktion: Sie gibt uns zwar genau an, wie wir eine Vorhersage unseres Modells auswerten können, und bestimmt gleichsam die Güte von dessen Anpassung an das Problem. Aber in der Regel wissen wir nicht, wie die »Kostenlandschaft« aussieht, wenn viele verschiedene Parameter einer Rolle spielen.

Das lässt sich mit dem Beispiel des Balls, der den Berg hinunterrollt, verdeutlichen. Die Höhe über dem Meeresspiegel entspricht den Kosten. Diese wollen wir minimieren, indem wir den Ball bewegen. Wenn wir das Gebirge vorab kartiert haben, können wir natürlich sofort das Minimum über den Weg des geringsten Widerstandes finden. Bei den meisten Optimierungsproblemen haben wir aber nicht diese Möglichkeit, auf einer Landkarte der Kostenlandschaft herauszuzoomen. Wir kennen immer nur unsere direkte Umgebung und müssen uns vorantasten wie in der Dunkelheit, wo wir nur den schmalen Schein einer Taschenlampe sehen können.

Eine andere Aufgabe ist die der binären **Klassifikation.** Binär heißt hier, dass es genau zwei Klassen gibt. Beispielsweise könnte ich eine KI trainieren wollen, die anhand verschiedener Messwerte vorhersagt, ob jemand eine Krankheit hat oder nicht. Eine gute Kostenfunktion wird hier nicht nur »richtig/falsch« bewerten, sondern auch, wie sicher das Modell bei seiner Vorhersage ist.

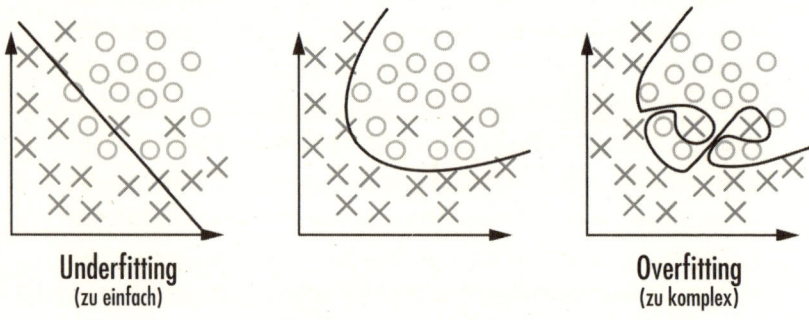

Underfitting
(zu einfach)

Overfitting
(zu komplex)

Welche »Entscheidungsgrenze« passt am besten zu den Daten? Die Linie in der Mitte findet den besten Kompromiss zwischen Einfachheit und Richtigkeit.

Man kann sich das so vorstellen, dass das Modell die Eingabewerte verarbeitet und im übertragenen Sinne auf eine Fläche projiziert. Dort landen dann im Idealfall alle Punkte mit der Vorhersage »krank« in einer Ecke und alle »gesunden« in einer anderen. Dann ist die Klassifikation einfach, denn das Modell muss jetzt nur noch eine Entscheidungsgrenze lernen: eine

Linie, die die beiden Gruppen trennt. Besonders gut ist es dann in seiner Vorhersage, wenn die Punkte jeweils möglichst weit weg von dieser Entscheidungsgrenze sind.

Aber so schön funktioniert das ja nun einmal nicht immer. In einem Negativbeispiel kann das Modell die Punkte nicht gut trennen und die Entscheidungsgrenze schlängelt sich mehr oder weniger durch die Punkte. Man kann sich vorstellen, dass ein neuer Testpunkt, der nah an der Entscheidungsgrenze liegt, prompt nicht mit großer Sicherheit einer Seite zugewiesen werden kann. Und hier haben wir ein ganz wunderbares Wort für den Tatbestand, dass die Entscheidungsgrenze, nun ja, nicht optimal verlaufen kann. Wir sagen dann: die Entscheidungsgrenze ist überangepasst. Überanpassung. Das ist wieder so ein Wort, das auf Deutsch ganz blöd klingt, deshalb verwende ich im Rest des Buches den englischen Begriff »**Overfitting**«. Overfitting bedeutet also, dass ein Modell mehr oder weniger die Trainingsdaten auswendig gelernt und nicht die zugrunde liegenden Prinzipien verstanden hat. Daher kann es vielleicht sehr gute Vorhersagen für die Trainingsdaten machen, aber sobald man neue Daten testet, ist die Performance schlecht. Mehr zu diesem Problem und was man dagegen tun kann, beschreibe ich im Kapitel über Daten. Aber auch hier sei schon angemerkt: Begegnet dir ein Modell, das tatsächlich overfittet, kannst du die Vermutung anstellen, dass es nicht wirklich gut angepasst ist an den zu betrachtenden Tatbestand.

Als drittes Beispiel sei hier noch die Klassifikation bei mehreren Kategorien erwähnt. Ein Klassiker ist die Bilderkennung. Dazu definieren wir meinetwegen eintausend verschiedene Klassen (oder Kategorien), Hund, Katze, Maus, Tisch, Auto und so weiter. Die Trainingsdaten bestehen aus Bildern und den entsprechenden Klassennamen, den »**Labels**«. Die Vorhersage des Modells ist in diesem Fall eine Wahrscheinlichkeitsverteilung, also beispielsweise: Hund: 8 %, Katze: 76 %, Maus: 2 % und so weiter.

Die Klasse mit der größten Wahrscheinlichkeit ist dann die finale Aussage des Modells. Ist diese bei 100 Prozent, ist sich das Modell sehr sicher. Das wäre das Ziel. Ich wähle also eine Kostenfunktion, die das Modell zwingt, die richtige Klasse eben auch mit einer besonders hohen Wahrscheinlichkeit vorherzusagen und die anderen mit einer deutlich geringeren.

Was hat all das denn jetzt mit (künstlicher) Intelligenz zu tun? Das kommt ein bisschen drauf an, wie wir Intelligenz definieren. Nehmen wir der Einfachheit halber die Definition aus dem letzten Kapitel: Intelligenz ist, ein gutes Modell von der Welt zu haben. Jetzt ist »die Welt« natürlich ziemlich groß. Deshalb brechen wir die Aufgabenstellung ganz elegant auf einen kleineren Teilbereich runter, etwa die Vorhersage, wie lange es dauert, bestimmte Strecken zu Fuß zu gehen. Dann ist ein »gutes« Modell doch eines, das möglichst gute Vorhersagen macht, also einen möglichst geringen Fehler hat. Und damit der Fehler oder die Kosten möglichst gering sind, müssen wir das Modell optimieren, beziehungsweise trainieren.

Wenn wir ein Modell definiert haben (beispielsweise unsere Gerade mit ihren Parametern), sowie Trainingsdaten (etwa die Punkte aus dem Beispiel im letzten Kapitel) und eine geeignete Kostenfunktion, dann kann jetzt das eigentliche Training losgehen. Trainieren bedeutet, die Parameter des Modells so zu verändern, dass die Kostenfunktion einen minimalen Wert annimmt. Und dabei gibt es unendlich viele Möglichkeiten, wie man vorgehen kann.

Eine Möglichkeit wäre es, zufällige Werte für die Parameter auszuprobieren, Stichwort: Zufallssuche. Da wir es mit beliebigen Steigungen und y-Achsenabschnitten zu tun haben, kann ich für jede zufällige Kombination die Kostenfunktion auswerten, indem ich die Trainingsdaten durch das Modell jage und den Fehler, bzw. die Kosten bestimme. Dieses Verfahren namens Zufallssuche ist, wie man sich denken kann, total ineffizient, da es ja unendlich viele Kombinationsmöglichkeiten gibt, von denen die überwältigende Mehrheit noch dazu komplett nutzlos ist.

Um das kurz zu illustrieren, denken wir noch mal an unseren Gebirgsfluss. Hier wäre die Kostenfunktion die Höhe eines bestimmten Punktes auf dem Gebirge und die Aufgabe soll sein, diese zu minimieren, indem ich mich bewege. Die Parameter des Modells sind also meine Koordinaten auf der Landkarte des Gebirges. Nur können wir leider nicht einfach direkt das Minimum erkennen, sondern wir müssen uns eine Technik ausdenken, mit der wir uns der Lösung nähern. In einem Gedankenexperiment können wir uns ja mal vorstellen, ich fliege in einem zufälligen Muster mit einem Flugzeug über den Gebirgskamm und werfe völlig beliebig kleine GPS-Sender ab, ohne rauszuschauen. Die Vorhersage für das Minimum wäre dann der Ort des GPS-Senders, der die geringste Höhe über dem Meeresspiegel hat. Auch wenn das Gedankenexperiment ziemlich konstruiert klingt, zeigt es: Eine Zufallssuche ist nicht praktikabel. Denn wenn ich zufällig nicht über den in Wahrheit tiefsten Punkt geflogen bin, habe ich ihn nicht entdeckt.

Schlauer wäre es, systematisch vorzugehen. Ich könnte eine Art rechtwinkliges Raster definieren, mit dem ich den Gebirgszug abfliege. Alle zehn Meter werfe ich einen GPS-Sender ab, ohne rauszuschauen. So kann ich schon ein bisschen sicherer sein, dass ich nichts übersehen habe. Dieses Prinzip würde man Rastersuche nennen. Und es gibt Optimierungsprobleme, bei denen die Rastersuche tatsächlich zielführend ist. Problematisch wird es allerdings, wenn ich eine riesige Fläche abdecken möchte. Stell dir ein großes Gebirge vor, das eigentlich nur aus einem weiten Plateau besteht, und dann gibt es eine Schlucht, in der das Lage-Minimum versteckt wäre. Würde ich all das rastern, wäre ich wieder ziemlich ineffizient. Und es kommt noch schlimmer: Die Anzahl der Rasterpunkte wächst nicht nur mit der Feinmaschigkeit, sondern auch mit der Anzahl der

Dimensionen! Die wenigsten Probleme, mit denen wir eine KI beschäftigen möchten, sind so ein- oder zweidimensional wie das »Fluss-Problem«.

Aber es geht ja auch noch anders: Stell dir vor, du bist ein Taucher in einem See. Irgendwo gibt es eine Stelle, wo das Wasser am wärmsten ist. Mit einem Thermometer bewaffnet, beginnst du jetzt deine Rastersuche. Dann reicht es ja nicht, einmal den ganzen See in der gleichen Tiefe abzuschwimmen. Du müsstest ja noch die dritte Dimension berücksichtigen und an der Oberfläche messen, in einem Meter Tiefe, in zwei Metern Tiefe und so weiter. Das ist ein sehr konkretes Beispiel für ein abstraktes Problem mit dem Namen »Fluch der Dimensionalität«. Je mehr Dimensionen der Raum hat, in dem sich die Lösung zu meinem Problem befindet, desto mehr mögliche Lösungen gibt es.

Was für ein Glück, dass der Lösungsraum bei unserem ursprünglichen Beispiel, dem Geradenproblem, nur zwei Dimensionen hat (denn das Modell hat nur zwei Parameter: Steigung und Achsenabschnitt)! Das Problem mit dem wärmsten Punkt im See hat schon drei Dimensionen, denn die Lösung ist durch die drei Raumkoordinaten definiert, an denen die Temperatur maximal ist. Neuronale Netze aber haben mehr Parameter, je mehr Neuronen sie besitzen. Und moderne neuronale Netze etwa für die Bildklassifizierung haben gleich Millionen von Parametern. All diese Parameter per Zufalls- oder Rastersuche durchzutesten, würde schlicht zu lange dauern. Ineffizient ohne Ende.

Und ganz ehrlich, solltest du dir beim Lesen vorgestellt haben, wie du dieses oder auch das »Fluss-Problem« intuitiv lösen könntest, dann wärst du im Leben nicht auf Raster- oder Zufallssuche gekommen. Du hättest es wahrscheinlich intuitiv so gemacht wie der Fluss, der ja auch nicht alle möglichen Richtungen austestet. Stattdessen wählt er die Fließrichtung »schlau«, indem er dem steilsten Hang folgt. Mathematisch gesehen ist das ein Abstieg entlang des größten Gradienten, also der größten Steigung.

Wenn meine Höhe über dem Meeresspiegel an einem bestimmten Punkt auf dem Berg gleich dem Wert meiner Kostenfunktion ist, dann kann ich ja mal die Ableitung dieser Kostenfunktion schätzen. Du erinnerst dich? Die Ableitung einer Funktion entspricht ihrer Steigung. Und dann mache ich einen Schritt in die Richtung der größten Steigung abwärts. Jetzt wiederhole ich das Ganze. So gehe ich Schritt für Schritt auf dem steilsten Weg ins Tal. Für diese Methode gibt es auch einen Namen: Gradientenabstieg. Lange Zeit war der reine Gradientenabstieg das Verfahren schlechthin für die Optimierung von KI-Modellen. Vielleicht erinnerst du dich ja bei der nächsten Bergwanderung mal daran, wie intelligent Wasser ist und was wir alles von der Natur lernen können.

Eigentlich waren wir bei dem Punkt schon einmal hier im Buch. Im zweiten Kapitel hatte ich kurz die Perceptron-Lernregel angesprochen. Dort war der entscheidende Trick, die Differenz zwischen Vorhersage und ground truth zu nutzen, um die Parameter schrittweise anzupassen, damit der Fehler geringer wird. Das war also bereits eine erste Form des Gradientenabstiegs!

Zu Zeiten von Rosenblatt & Co. hatte man allerdings ganz andere Probleme, denn die Neuronen in den Netzen waren einfach zu zahlreich. Selbst wenn man aus dem Gradienten der Kostenfunktion die schrittweisen Nachjustierungen für alle noch so verschachtelten und voneinander abhängigen Neuronen ausrechnen wollte – es war einfach nicht durchführbar. Obwohl neuronale Netze als sehr vielversprechend angesehen wurden, gerieten sie zeitweise in Vergessenheit, weil es mit den damaligen Optimierungsverfahren so gut wie unmöglich war, einigermaßen komplexe neuronale Netze zu trainieren. Die Fleißarbeit (statt intelligenter Flussarbeit) hätte alle damaligen Rechnerkapazitäten gesprengt.

Dieses Problem lösten die Erfinder des sogenannten Back-propagation-Algorithmus, ja, den habe ich auch schon erwähnt und dich auf jetzt vertröstet. Jetzt bist du viel besser darauf vorbereitet, versprochen. Du erinnerst dich: Mehrere Forscher hatten mehr oder weniger gleichzeitig die Idee der »Fehlerrück-führung«. Was genau das ist?

Wenn ich ein Trainingsbeispiel in mein neuronales Netz gebe, etwa das Foto einer Katze, und das neuronale Netz dann die Pixel nach und nach in seinen verschiedenen Schichten verarbeitet, kommt am Ende eine Vorhersage heraus, beispielsweise eine Wahrscheinlichkeitsverteilung für die verschiedenen zu lernenden Kategorien. Die Kostenfunktion wertet die Vorhersage aus, indem sie diese mit dem Zielwert (»Katze«) abgleicht. Ist der Zielwert nicht erreicht, dann wird der berechnete Fehler einfach Schritt für Schritt durch das neuronale Netz zurückgeführt. Dadurch ergeben sich neue Parameter. Du erinnerst dich bestimmt: Das waren die Gewichte zwischen den Neuronen, die entscheidend dafür waren, ob ein Signal richtig oder falsch war. Nun können sie vom Ende her angepasst werden.

Klingt alles ganz einfach, aber der Teufel steckt im Detail. Ein großes Problem beim Trainieren von KI ist es, beim Gradientenabstieg die Schrittweite klug zu wählen. Auch hierfür gibt es wieder eine ziemlich einfache Anschauung.

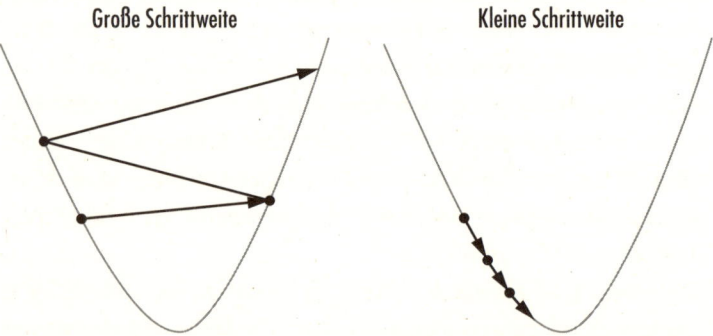

Es gilt, die Schrittweite klug zu wählen – weder zu groß noch zu klein.

Angenommen, die Kostenfunktion weist ein Tal auf. Wie bereits besprochen, können wir das Tal nicht direkt sehen, sondern müssen uns wie im Dunkeln schrittweise vorantasten. Damit wir in die richtige Richtung gehen, wählen wir die mit der größten Steigung (dem größten Gefälle) abwärts. Wenn ich jetzt eine zu kleine Schrittweite wähle, dauert es ewig, bis ich im Tal bin. Es gibt noch ein weiteres Problem: Wenn der Weg ins Tal holprig ist und es vielleicht auch mal kurz wieder bergauf geht, bleibe ich bei einer zu kleinen Schrittweite stecken. Das wäre dann ein lokales Minimum.

Mache ich allerdings zu große Schritte, schreite ich immer über das Minimum hinweg, ohne mich jemals dem Optimum zu nähern. Wie schade wäre das denn. Und ja, da gibt es auch einen Fachbegriff dafür, und der heißt: Konvergenz. Konvergenz bedeutet Annäherung an das Optimum. Wer aber nie zum Optimum kommt, weil er immer darüber hinwegsteigt mit seinen Riesenschritten, der wird nie »konvergieren«. Was man da tun kann?

Schlaue Leute haben sich Verfahren ausgedacht, die die Schrittweite automatisch anpassen. Geht es immer wieder in die gleiche Richtung, wird die Schrittweite größer und umgekehrt.

Eine andere Möglichkeit ist es, mehrere Trainingsbeispiele gleichzeitig auszuwerten und aus der Summe der Kosten dann das Update der Parameter auszurechnen, statt für jedes Trainingsbeispiel einzeln. So vermeidet man, dass das Modell zu stark von einzelnen Beispielen beeinflusst wird. So eine Ladung Trainingsdaten, die parallel zum Training verwendet wird, nennt man Batch. Bei neuronalen Netzen etwa braucht es oft viele Durchgänge (Fachbegriff: Iterationen) durch unzählige Batches von Trainingsdaten.

Es kann eine Menge schiefgehen, wenn man ein Modell am Computer optimieren will: Von der Wahl des Modells, über die Definition der passenden Kostenfunktion bis hin zum eigentlichen Optimierungsverfahren. Aber selbst wenn wir all diese sogenannten Hyperparameter gut gewählt haben, fehlt noch ein ganz wesentlicher Baustein: die Trainingsdaten. Und weil so viel von den Daten abhängt, widme ich ihnen das nächste Kapitel.

DATEN SIND DIE HALBE MIETE

Auf ein Neugeborenes prasselt eine unglaubliche Flut von Sinneseindrücken ein. Wie sich das Kissen anfühlt im Vergleich zum Schnuller. Oder wie die Windel beschaffen ist vor und nach dem … du weißt schon. Hierbei ändern sich auch die Eindrücke des Geruchssinns. Ganz anders wiederum riecht Mama. Oder leckerer süßer Apfelbrei. Himmlisch, den dann auch mit der Zunge zu schmecken – mit einigen hundert mehr Geschmacksknospen für »süß« im Mund, als wir Erwachsenen noch haben. »Mmmh«, sagt der Papa dann. Ein Geräusch, das möglicherweise öfters bei Brei kommt. Komplett anders klingt das kleine Glöckchen über der Wiege. Um das mit den Händen zu erreichen, müssen die kleinen Muskeln mit den Augen zusammenarbeiten. Das Strecken fühlt sich gut an, kostet aber auch Energie. Also vielleicht vorsichtig aufstehen? Und zack, kommt der Gleichgewichtssinn ins Spiel. Geschafft! Das Lächeln auf Mamas Gesicht erzeugt zusätzliche Glücksgefühle.

Du merkst, ich habe eine gewisse Begeisterung dafür, wie Babys die Welt erkunden. Ich finde es faszinierend, wie Neugeborene all diese verschiedenen Eindrücke (Inputs) aufnehmen, verarbeiten, verschalten, speichern, in Aktionen umsetzen und so lernen. Es dürfte noch einige Zeit dauern, bis wir auf neurowissenschaftlicher Ebene solch komplexe Vorgänge komplett nachvollziehen können – und noch länger, bis ein Computer das ansatzweise nachahmen kann.

Mit unseren heutigen Rechenkapazitäten und Algorithmen können wir nur einen winzigen Bruchteil davon umsetzen. Und anstelle der Flut von komplexen, teils subtilen, teils brachialen

Sinneseindrücken schaffen wir es zurzeit gerade einmal, im Computer mit ein paar wenigen, einfachen Inputs umzugehen. Dabei sind diese Inputs, die Eingabedaten, essenziell dafür, was ein KI-Modell kann und was nicht. Ohne gute Daten ist auch das tollste neuronale Netz nichts weiter als ein Haufen nutzlosen Codes. Aus guten Daten wiederum lassen sich erstaunliche Anwendungen bauen. Und weil sie so wichtig sind, soll es in diesem Kapitel darum gehen, was Daten eigentlich sind, wie man ihre Qualität messen kann und welche Probleme es in der KI-Forschung rund um das Thema Daten gibt.

Während echte Lebewesen in der Lage sind, mehrere Inputs parallel effizient zu verarbeiten, je nach Bedarf zu mischen oder zu separieren und so die Aufmerksamkeit auf das Wichtige zu lenken, benötigen die meisten heutigen KI-Anwendungen entweder vorausgewählte Daten oder spezielle Mechanismen, um »Wichtiges« herauszufiltern. Denk dabei an die Klassifizierung von Vögeln auf Bildern. Oft wird der Hintergrund blau sein, wenn das Tier im Flug fotografiert wurde. Um den Vogel zu bestimmen, ist der blaue Hintergrund vermutlich völlig egal. Der Computer muss diesen Zusammenhang erst einmal lernen.

Machen wir mal ein paar Schritte zurück: Was genau kann denn ein Computer verarbeiten? Im Wesentlichen Einsen und Nullen. Das heißt, jede Art von Sinneseindruck müssen wir für den Computer irgendwie in Einsen und Nullen ausdrücken. Okay, ich fange jetzt natürlich nicht bei Adam Riese (dem Rechenmeister) an. Klar, Computer können auch andere Zahlen darstellen. Ich wollte nur noch einmal in Erinnerung rufen, dass selbst das hochauflösendste Bild zunächst einmal in eine Form gepresst werden muss, mit der ein Computer umgehen kann. Dabei gehen bei der Codierung möglicherweise subtile Informationen, Nuancen oder Kontext verloren, die ein Lebewesen »ganz natürlich« bemerkt hätte.

Bilder sind ein gutes Beispiel, da viele Entwicklungen rund um künstliche neuronale Netze in der Bildverarbeitung gemacht wurden. Und da ich in diesem Bereich geforscht und meine Doktorarbeit geschrieben habe, werde ich (in diesem Buch) einige der Durchbrüche in der Bildverarbeitung als Beispiel nehmen.

Wer schon einmal ein Foto mit einer Digitalkamera gemacht hat, weiß, dass ein Bild aus vielen Pixeln besteht. Zoome ich zu stark, wird das Bild pixelig. Ein Pixel ist ein Bildpunkt auf dem Fotochip der Kamera – und wiederum auch auf dem Endgerät, etwa dem Handydisplay. Diese Fotochips können die einfallenden Lichtwellen in elektrische Signale umwandeln. Genauer gesagt: meistens in rote, grüne und blaue Komponenten. So gut wie jede beliebige Farbe kann ich so mit Zahlen beschreiben, indem ich zum Beispiel sage: »Gelb ist 100 Prozent Rot plus 100 Prozent Grün plus 0 Prozent Blau.« Alle drei Farben zusammen ergeben Weiß.

Ein Foto ist für den Computer letztendlich nichts anderes als eine Liste von Zahlen, wobei jeder Bildpunkt mit drei Zahlen für die entsprechenden Farbkomponenten repräsentiert wird. Es gibt noch andere **Darstellungen,** aber belassen wir es der Einfachheit halber hierbei. Während die Bildpunkte auf unserer Netzhaut ziemlich ungleichmäßig verteilt sind und es zum Beispiel Stellen mit einer sehr hohen Dichte an Photorezeptorzellen, aber auch den berühmten »blinden Fleck« gibt, sind für den Computer erst einmal alle Bildpunkte gleichbedeutend. Egal, ob sie ein interessantes Objekt darstellen oder den Hintergrund. Eine effiziente künstliche Intelligenz wird also schnell »ausmisten« müssen, welche Pixel wichtig sind. Und das kommt natürlich sehr darauf an, welche Aufgabe ich stelle. Dazu später mehr.

Manche Bilder sagen mehr als tausend Worte. Aber manche Bilder brauchen etwas mehr Kontext. In der Natur bewegt sich schließlich das meiste. Reihe ich mehrere Bilder aneinander, bekomme ich ein Video – und das nächste Problem: Wie stelle ich Zeit im Computer dar? Wie viel Zeit vergeht zwischen zwei aufeinanderfolgenden Bildern in einem Video? Die meisten Fernsehprogramme werden mit 25 Bildern pro Sekunde ausgestrahlt. Ab etwa 16 Bildern pro Sekunde kann das menschliche Auge ein Video als ruckelige, aber bewegte Szene wahrnehmen. Und der Computer? Woher weiß er, dass ein bewegtes Objekt in zwei aufeinanderfolgenden Bildern dasselbe ist? Wie weit darf sich das Objekt bewegen und wie sehr verändern, damit die KI es noch »tracken« kann?

Hier werden schnell semantische Informationen wichtig, also Wissen über die Bedeutung von Objekten in einem Kontext. Wenn in zwei aufeinanderfolgenden Bildern jeweils nur ein Mensch mit Hut zu sehen ist, einmal stehend, einmal sitzend mit dem Hut in der Hand, würde wahrscheinlich jeder von uns sagen: Das ist derselbe Mensch. Für den Computer sind alle Pixel komplett verschieden. Erst mit dem Wissen, dass das ein Mensch ist, dass der Hut normalerweise auf dem Kopf sitzt und so weiter, kann die KI die Inhalte beider Bilder miteinander verbinden.

Bilder sind eine von vielen sogenannten **Modalitäten,** mit denen KI-Anwendungen umgehen sollen. Eine andere, die auch zeitabhängig ist, ist der Ton. Wie aber bildet man den ab? Dazu mache ich mit dir einen kurzen Ausflug in den Bereich der Physik, um die Frage zu beantworten: Wie funktioniert ein Mikrofon?

Schallwellen sind Druckwellen. Kennst du diese Spiralen, die man auch Slinky oder Treppenläufer nennt? Wenn du so eine Spirale auf den Tisch legst und das eine Ende mit der Hand zügig nach links und wieder nach rechts bewegst, kannst du eine Druckwelle beobachten, die sich entlang der Spirale ausbreitet. Es gibt eine oder mehrere Stellen, wo die Spiralbögen dichter beieinander sind, und solche mit mehr Abstand. So eine Druckwelle entsteht auch, wenn Schall erzeugt wird.

Noch ein Beispiel: Ich haue mit dem Schlegel auf eine Blechtrommel. Dabei lenke ich das Blech beim Schlag aus und es schwingt innerhalb kurzer Zeit wieder in seine Ausgangslage. Das Blech drückt Luftmoleküle in der Umgebung zusammen, genau wie bei unserem Spiralen-Gedankenexperiment. Die Druckwelle breitet sich dann mehr oder weniger in alle Richtungen aus und trifft auf mein Ohr, genauer gesagt auf das darin befindliche Trommelfell. Hat jemand bemerkt, wie ich didaktisch geschickt eine Blechtrommel als Beispiel genommen habe, damit man Blech und Trommelfell (im Ohr) nicht verwechselt? Scherz beiseite. Im Ohr setzt die ankommende Schallwelle das Trommelfell in Bewegung. Die Schwingungen pflanzen sich über Gehörknöchelchen und einige andere »Bauteile« fort und aktivieren dabei Nervenenden. Sie nehmen wahr, wie schnell und wie stark die Schwingung ist. Diese Informationen werden enkodiert und über den Hörnerv ans Gehirn ins Hörzentrum geschickt, wo dann ein Höreindruck entsteht. Ich lasse hier einige Details aus, es gibt natürlich noch eine Menge weitere Phänomene, ähnlich wie beim Sehen.

Wenn ich das alles im Computer nachstellen will, brauche ich natürlich ein Mikrofon. Dort gibt es auch eine Membran und Bauteile, die ihre Schwingung in Spannung umwandeln können. Spannungen wiederum sind relativ leicht zu messen, beziehungsweise »in Einsen und Nullen zu verwandeln«.

So ähnlich wie beim Rastern eines Bildes am Fotochip gibt es auch bei Tonaufnahmen eine Rasterung: die zeitliche Auflösung (»Messungen pro Sekunde«) und die Auflösung, mit der der Rekorder die Stärke der Auslenkung der Membran misst.

Eine Tonaufzeichnung im Computer ist also eine Liste von Zahlen, die beschreibt, wie stark zu verschiedenen Zeitpunkten die Membran des Mikrofons vibriert, also ausgeschlagen und Luft verdrängt hat. Und misst man den Ausschlag, erkennt man die sogenannte Wellenform. Und was man messen kann, ergibt Messwerte, die man in 0 und 1 verwandelt wiedergeben kann. Im Lautsprecher versetzt ein Elektromagnet wiederum die Lautsprechermembran in die von der Aufzeichnung vorgegebenen Schwingungen. Die einzigartige Mischung von Klängen, bestehend aus Tönen verschiedener Höhe (Frequenz) und Lautstärke, ist in der Wellenform zwar gespeichert, aber man kann sie nicht direkt ablesen, dafür sind sie zu komplex. Aus diesen Zahlen allein kann ein Computer daher meist noch nicht viel Sinnhaftes schließen. Auch einem Menschen würde das schwerfallen. Manche KI-Anwendungen haben deshalb einen Vorverarbeitungsschritt, bei dem eine Tonaufnahme in ein Format umgewandelt wird, das Ähnlichkeit mit Bildern hat.

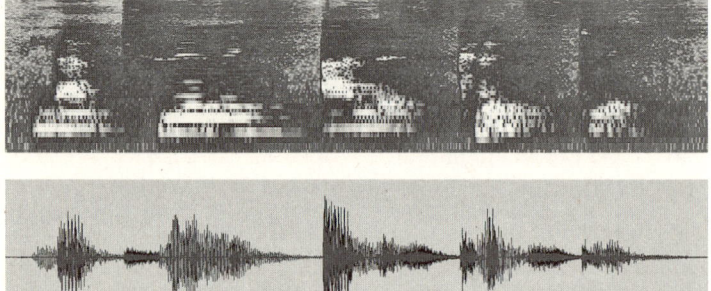

Hier habe ich den Buchtitel eingesprochen. Unten: die Wellenform,
oben: die jeweiligen Frequenzen.

Wenn wir »hören«, erkennen wir ja beispielsweise charakteristische Frequenzen (Tonhöhen) von Sprache, Instrumenten, Vogelgesang oder Meeresrauschen. Mit Verfahren wie der Fourier-Transformation kann man für kleine Ausschnitte der Aufnahme analysieren, welche Schallfrequenzen vertreten sind. Ich bekomme dann eine Verteilung, die zum Beispiel sagt: »In dieser halben Sekunde waren vorwiegend tiefe Töne am lautesten«. Je kleiner ich so einen Ausschnitt wähle, desto weniger (tiefe) Frequenzen kann ich dabei erkennen. Je größer der Ausschnitt, desto mehr Frequenzen sind messbar, dafür kann ich nicht mehr genau sagen, zu welchem Zeitpunkt sie aufgetreten sind. Wem das zu kompliziert war, wird sich vermutlich auch nicht dafür erwärmen können (Nerd-Alarm!), dass das quasi die Heisenberg'sche Unschärferelation, übersetzt in den Bereich der Schallwellen, ist, aber das ist auch gar nicht so wichtig.

Wichtig ist, dass wir dem KI-Modell mithilfe einer Fourier-Analyse dabei helfen können, bestimmte Kombinationen von Schallfrequenzen zu erkennen. Das sieht dann so aus wie in der Abbildung. Dort siehst du zunächst einmal die Wellenform und darüber passend dazu das Bild einer solchen Spektralanalyse, bei dem auf der y-Achse die Frequenz aufgetragen ist. Hohe Töne verursachen helle Punkte im oberen Bereich, die tieferen Frequenzen Flecken im unteren Bereich. Je lauter, desto heller der Punkt. Mit diesem Trick funktionieren viele der Spracherkennungs-KIs heutzutage.

An dieser Stelle möchte ich dir noch ein letztes Beispiel dafür geben, wie solche Eingabedaten in KI-Modelle einfließen – mir geht es jetzt um taktile und haptische Informationen. Damit ist all das gemeint, was wir etwa mit den Händen ertasten. Ohne Tastsinn könnten wir nicht blind im Rucksack den richtigen Gegenstand herausgreifen, würden ständig Gläser, Eier und andere zerbrechliche Gegenstände kaputtmachen und hätten ein ziemlich armseliges zwischenmenschliches Miteinander.

Der Tastsinn ist der erste Sinn, den ein Embryo im Mutterleib entwickelt. Hör- und Sehsinn reifen erst deutlich nach der Geburt zur vollen Leistungsfähigkeit heran. Um die Welt zu verstehen, ist der Tastsinn also absolut notwendig.

Wie aber kann man einem Computer einen Tastsinn beibringen? Beherrschen sollte er ihn, sobald er physisch mit seiner Umwelt interagiert. Das gilt beispielsweise für Roboter – egal, ob sie Pakete sortieren oder einen Menschen pflegen. Hier gibt es verschiedene Ansätze, wie der Computer zum Tastsinn kommt. Ein erster Schritt ist es beispielsweise, die Kraft zu schätzen und zu messen, die die Fingerspitzen einer Roboterhand aufbringen müssen, um einen Gegenstand hochzuheben, ohne ihn zu beschädigen, zu zerbrechen oder fallen zu lassen. Entscheidend ist natürlich das Gewicht des Gegenstandes, aber genauso spielen die Oberflächenbeschaffenheit und das Material eine große Rolle.

Zu diesem Zweck haben Wissenschaftler Drucksensoren entwickelt, die etwa an Kontaktflächen messen können, wie viel Kraft pro Flächeneinheit wirkt. Zusammen mit weiteren semantischen Informationen, etwa einer Objekterkennung über eine Kamera, kann ein System aus solchen taktilen und haptischen Daten lernen, wie Objekte zu behandeln sind – das sprichwörtliche rohe Ei etwa.

Noch eine andere Modalität ist Text. Weil sie so wichtig ist, habe ich ihr ein ganzes Kapitel gewidmet, in dem es darum geht, wie der Computer Worte versteht, Fragen beantwortet oder Texte übersetzt. Dazu später mehr.

Betrachten wir uns und unsere eigenen Sinneseindrücke, wird deutlich, welche Arten von Daten es noch geben muss, damit ein Computer sich ansatzweise in unserer Welt zurechtfinden kann. Dazu ist es wichtig, dass er mit diesen Daten gleichzeitig umgehen und sie verbinden kann. Genau damit beschäftigt sich die »sensor fusion«, ein aktiver Forschungsbereich, in dem bereits bahnbrechende Erkenntnisse gewonnen und technisch umgesetzt wurden (etwa autonom fliegende und ausweichende Drohnen). Doch das Feld bietet noch viel mehr Herausforderungen, denen wir uns am besten schrittweise nähern, hier erst einmal durch eine Betrachtung von Datensätzen für jeweils nur eine Modalität.

Du erinnerst dich vielleicht an die lineare Regression, bei der wir geschätzt haben, wie lange es dauert, eine bestimmte Strecke zu Fuß zurückzulegen. Wir haben aber auch schon über Bildklassifikation gesprochen. Hier besteht der Datensatz aus Bildern, zusammen mit einem Klassen-Label (Hund, Katze, Auto und so weiter).

Unabhängig von der Modalität gibt es Kriterien, die einen Datensatz zu einem guten Datensatz machen. Am verständlichsten wird das, wenn man sich so einen Datensatz wie eine Landschaft vorstellt, in der die Daten leben. Nehmen wir als Beispiel die Bildklassifizierung: Da gibt es die Ecke mit den Hunden, die Ecke mit den Katzen, die Ecke mit den Autos und so weiter. Ein guter Datensatz ist demnach einer, der diese Landschaft einigermaßen vernünftig repäsentiert, der ausreichend viele Beispiele von Hunden, Katzen und so weiter umfasst, keine Lücken aufweist und alle zu erwartenden Varianten abbildet. Das können etwa verschiedene Arten von Hunden sein, fotografiert aus verschiedenen Perspektiven, in verschiedenen Posen und vor verschiedenen Hintergründen.

Das ist ganz schön umfangreich, wirst du zu Recht sagen. Die Ursache bringt eines der Kernprobleme der KI-Forschung auf den Punkt: KI-Modelle tun sich unglaublich schwer zu **generalisieren,** also von einigen (wenigen) Beispielen auf das große Ganze zu schließen. Tappen wir noch einmal gemeinsam durch das plötzlich dunkle Treppenhaus – wir Menschen brauchen nur wenige Trainingsbeispiele (Stufen), um auf die Beschaffenheit des ganzen Treppenhauses zu schließen. Der Computer weiß nicht einmal, was eine Treppenstufe überhaupt ist. Um das zu verstehen, müsste man ihn in vielen Treppenhäusern trainieren lassen.

Dass wir Menschen echt super darin sind, von nur wenigen Beispielen auf ganze Konzepte zu schließen, zeigt ein kleines Experiment. Ich werde dir auf der nächsten Seite Bilder verschiedener exotischer Tiere zeigen. Möglicherweise hast du einige davon noch nie gesehen.

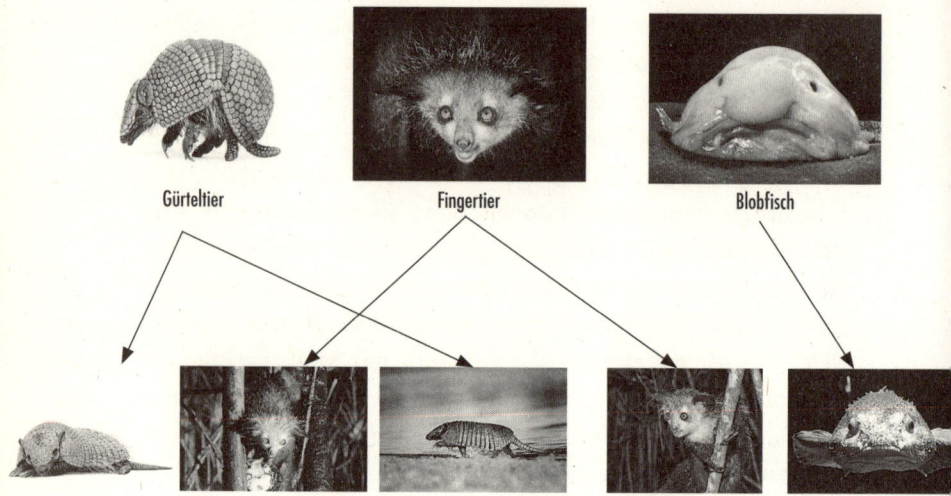

*Obwohl du diese exotischen Tiere vielleicht noch nie gesehen hast,
kannst du von nur einem »beschrifteten« Bild pro Tier lernen,
weitere Exemplare zu assoziieren.*

Wenn du dir den Blobfisch anschaust, nimmst du mehr wahr
als nur die rohen Pixel. Du ergänzt die Wahrnehmung automatisch, basierend auf deinem Erfahrungsschatz. Du erkennst
Augen, etwas, das für dich wie eine Nase aussieht, und andere
Parameter, die in deinem Modell eines Fisches im Gehirn längst
gespeichert sind. Außerdem kommen Emotionen dazu, weil
wir nie unbefangen etwas betrachten: Wie wird sich das Tier
wohl anfühlen? Erinnert es dich gar an einen Verwandten?
Einen Arbeitskollegen? Deine Chefin? Kurz: Wie passt es zu
dem, was du schon kennst? Jedes weitere Foto eines Blobfisches
wirst du zukünftig vermutlich richtig zuordnen können, obwohl du hier nur ein einziges »Trainingsbeispiel« zu Gesicht
bekommen hast. Du hast ganz einfach eine Schlussfolgerung
gezogen und generalisiert. Ein neuronales Netz hingegen hätte
erhebliche Schwierigkeiten, überhaupt zu erkennen, dass da

Augen zu sehen sind – sofern es nicht schon etwas anderes gelernt hat und auf diesen Erfahrungsschatz zurückgreifen kann.

Damit ein neuronales Netz generalisieren kann, braucht es mehrere Fotos vom Blobfisch. Und am besten dazu gleich noch Aufnahmen von vielen anderen Tieren, damit die Abgrenzung zu anderen Klassen deutlich wird.

Je nachdem, was für ein Modell ich für welche Aufgabe trainieren will, brauche ich entsprechend viele Daten, die die »Landschaft« gut abdecken, auf der ich das Modell später anwenden will. Theoretisch reicht für unser lineares Modell zur Fußwegdauer-Vorhersage ein Datensatz mit zwei Datenpunkten. Durch sie kann ich eine Gerade legen und fertig ist mein Modell. Vielleicht haben diese beiden Punkte aber nur eine ungefähre Messgenauigkeit, wir bewegen uns ja immer innerhalb gewisser Toleranzen. Daher möchte ich die (zugegebenermaßen sehr eindimensionale) »Landschaft«, die dieses Modell lernen soll, mit mehr Punkten beschreiben. Sofern sich mein Messfehler in Grenzen hält, könnte ich bei meinetwegen zehn Paaren von Weg und Dauer aufhören, weitere Messdaten zu sammeln. Sofern ich mich im Gültigkeitsbereich meines Modells bewege, würden dann neue Datenpunkte die Parameter des Modells nicht mehr signifikant verändern.

Allerdings brauche ich ausreichend viele Punkte, um zu generalisieren und somit auch korrekte Vorhersagen für Punkte zu machen, die die KI vor dem Training noch nie »gesehen« hat. Solche Punkte könnten wir auch »Validierungspunkte«, beziehungsweise Validierungsdatensatz nennen. Üblicherweise teilt man Datensätze in drei Teile oder »Splits«: Trainingsdaten, Validierungsdaten und Testdaten.

Die Trainingsdaten werden, wie der Name schon nahelegt, zum Training verwendet. Von ihnen ist während des Trainings alles bekannt, also bei der Bildklassifizierung beispielsweise das Bild zusammen mit dem Label. Das Modell macht seine

Vorhersage, vergleicht sie mit dem Label und justiert die Parameter, um falsche Vorhersagen zu vermeiden.

Jetzt besteht natürlich die Gefahr, dass das Modell die Daten stupide auswendig lernt, also »overfitted«. Deshalb hat man einen Teil der Daten dem Training vorenthalten: die Validierungsdaten. In regelmäßigen Abständen lässt man das Modell Vorhersagen auf der Basis dieser Daten machen, um zu schauen, ob auch hier die Kostenfunktion sinkt. Das war ja der entscheidende Punkt: Steigt die Kostenfunktion auf den Validierungsdaten, während sie auf den Trainingsdaten sinkt, ist das ein deutliches Indiz für ein Overfitting oder für einen schlechten Train/Validierungs-Split. Denn natürlich gelten all die oben angesprochenen Qualitätskriterien nicht nur für den gesamten Datensatz, sondern sie müssen auch für die einzelnen Splits funktionieren. Klar, wenn ich ungeschickt splitte und in den Trainingsdaten kein einziges Beispiel eines Hundes habe, dafür aber der Validierungs-Split fast nur aus Hunden besteht, kann ich so nicht überprüfen, ob das Modell wirklich was gelernt hat.

Mathematisch gesprochen, ist es mein Ziel, dass die Verteilung der Daten in allen Splits gleich ist. Soweit so theoretisch, doch das gilt ja auch in der Praxis: Deshalb sollte die Verteilung allgemein mit der übereinstimmen, vor deren Hintergrund ich später gedenke, das Modell anzuwenden. Sprich: der »echten Welt«.

Deshalb mischt man die Daten oft erst zufällig und bestimmt dann die Splits. Auch wenn ich zu wenige Daten habe, bekomme ich ein Problem, weil ja durch die Splits zwangsläufig die für das Training verfügbare Datenmenge weiter reduziert wird.

Sofern die Splits fair verteilt sind, lassen sich Erkenntnisse über die tatsächliche Performance meiner KI auf der Basis der Validierungsdaten bereits nutzen. Dann kann ich auf den gewonnenen Erkenntnissen basierend Hyperparameter auswählen wie etwa die Schrittweite beim Bergabsteige-Lernalgorithmus.

Am Ende muss bei meinem Versuch eines klappen: Der Test-Split sollte am Ende des Trainings eine faire und belastbare Aussage machen über die Performance meines Modells, und genau deshalb teste ich es auf der Basis der Testdaten. Das ist die entscheidende Auswertung, die herangezogen wird, wenn es etwa gilt, KI-Wettbewerbe zu entscheiden wie zum Beispiel die »ImageNet Large Scale Visual Recognition Challenge«. Die KI-Champions der Welt haben ihre eigenen Olympischen Spiele, und hier gibt es eben auch anspruchsvolle Bezeichnungen für den jeweiligen Wettbewerb. Wie der Name besagt, stellt ein Konsortium Daten online, in diesem Fall Bilder mit Klassenlabels, und gibt den Trainings-/Validierungs-/Test-Split zusammen mit einer Aufgabe vor, etwa »Bilder klassifizieren«. Für den Test-Split werden aber keine Labels veröffentlicht. Jeder Teilnehmer lädt sich die Daten runter, trainiert sein Modell mit den Trainings- und Validierungsdaten. Dann lässt er das Modell Vorhersagen für die Testdaten machen und lädt sie auf einen Auswertungs-Server des Aufgabenstellers. Als Rückmeldung bekommt er nur die Performance, aber nicht die Information, welche Vorhersagen falsch waren. Wozu das Ganze? Diese Art des Systems wurde erfunden, damit man ansatzweise eine Chance hat, verschiedene KI-Modelle miteinander zu vergleichen. Sonst wäre es ziemlich schwer, fair zu beurteilen, was welche KI wirklich kann.

Selbst wenn die Trainings-, Validierungs- und Testdaten die gleiche Verteilung besitzen, kann noch so einiges schiefgehen. Denn bereits ein schlecht ausgewählter Datensatz kann verheerende Folgen haben. Von solchen Vorfällen hast du vielleicht schon gehört: Als Forscher versuchten, basierend auf Fotos von Menschen vorherzusagen, ob es sich um Kriminelle handelt oder nicht, war das allemal grenzwertig. Allein die Fragestellung lässt sicher bei vielen von uns die Alarmglocken läuten – zu Recht. Abgesehen von der moralischen Fragwürdigkeit des Unterfangens – es ist so gut wie unmöglich, hier Daten zu bekommen, die »unvoreingenommen« sind. In den USA etwa gibt es leider eine Tendenz, Menschen mit dunkler Hautfarbe zu kriminalisieren. Es sollte nicht überraschen, dass KI-Modelle in der Folge eher gelernt haben, basierend auf Hautfarbe und ethnischen Merkmalen Vorhersagen zu machen, statt aufgrund anderer Eigenschaften, die ohnehin vermutlich auf einer ähnlich wackeligen wissenschaftlichen Basis beruhen würden.

Diesen Effekt nennt man »Bias«, auf Deutsch »Voreingenommenheit«, »Vorurteil« oder »Verzerrung«. Es gibt verschiedene Gründe für einen Bias in Daten. Das angesprochene Beispiel könnte man »Racial Bias« nennen. So bezeichnet man es, wenn Daten zu (Un)Gunsten bestimmter Ethnien verschoben sind. Wie aber sollen KIs, die mit solchen Daten gefüttert werden, je vorbehaltlos »urteilen«?

Es kommt leider häufiger vor, dass Daten offensichtlich »voreingenommen« sind, also nicht die Realität widerspiegeln. Im Falle unserer Vogelklassifizierung könnte ich beispielsweise einen Datensatz mit Bildern von sitzenden Vögeln erstellen. Nun verfügen Vögel aber auch über die Eigenschaft, dass die meisten von ihnen fliegen können. Daher wird mein KI-Modell in der echten Welt versagen, wenn ich es auf das Bild eines fliegenden Vogels anwenden will.

Hier kommt eine ganz wichtige Message dieses Buches: Die absolute Mehrheit der sogenannten KIs, denen wir heute begegnen, sind kaum in der Lage, abstrakte Konzepte (wie den Blobfisch) zu verstehen. Es sind reine Korrelationsmaschinen. Das bedeutet, sie lernen mehr oder weniger blind Verbindungen zwischen einem Input und einem (meist vom Menschen definierten) Output. Das Modell wird versuchen, die einfachste Verbindung herzustellen, die aus dem Trainingsdatensatz abzuleiten ist. Warum das ein Problem darstellt? Wir Menschen sind in der Regel eigentlich an kausalen Zusammenhängen interessiert. Dazu liefere ich dir natürlich auch gerne ein Beispiel.

Stell dir vor, du sollst eine KI trainieren. Sie soll vorhersagen, ob ein Mensch ein erhöhtes Risiko hat, an Hautkrebs zu erkranken oder nicht. In unserem Trainingsdatensatz haben wir eine riesige Liste von Fragebögen, in denen Menschen beispielsweise angeben, wie sie sich ernähren oder welche Hobbys sie haben. Außerdem wissen wir, ob bei ihnen Hautkrebs diagnostiziert wurde oder nicht. Nun könnte es sein, dass eine KI, die mit diesen Daten gefüttert wird, zu dem Schluss kommt, dass Vorlieben für Eiscreme und Radsport besonders deutliche Indikatoren dafür sind, dass jemand Hautkrebs entwickelt. Überraschend? Vermutlich nicht. Denn wer gerne Eis isst, hält sich vielleicht auch gerne in der Sonne auf. Gleiches gilt für Leute, die gerne Rad fahren, was ja auch meistens draußen stattfindet. Die KI hat hier eine Korrelation entdeckt. Aber steckt da auch ein Ursache-Wirkungs-Prinzip dahinter, also ein kausaler Zusammenhang? Nein: Man kann so viel Eis essen, wie man will, und auf einem Hometrainer radeln bis zum Umkippen, und doch ist tatsächlich nicht die Spur von Hautkrebs zu erwarten – das würde ich sogar wetten wollen. Der kausale Zusammenhang besteht ja in Wahrheit zwischen der UV-Strahlung der Sonne und dem dadurch verursachten Hautkrebs. Doch jedes logische Schlussfolgern fällt KI-Systemen enorm schwer.

Ich für meinen Teil nenne KIs deshalb oft Korrelationsmaschinen, um diese Beschränktheit bewusst zu machen. Die ist – für sich genommen – auch gar nicht schlimm. Manchmal will man ja gerne Korrelationen finden. Dann ist es auch völlig legitim, das Problem mit maschinellem Lernen anzugehen. Aber man sollte sich immer bewusst sein, dass die Auswahl der Trainingsdaten großen Einfluss hat. Sie kann KI-Systeme durchaus dazu (ver-)führen, zwei Eigenschaften miteinander in Verbindung zu bringen, die zwar häufig gleichzeitig auftreten, sich aber nicht tatsächlich gegenseitig beeinflussen.

Und vergessen wir eines nicht: KIs werden von Menschen programmiert, und Menschen machen Fehler. Das legt die Folgerung nahe: Wann immer der Mensch involviert ist bei der Auswahl von Daten, kann es passieren, dass Daten ausgeschlossen werden, die eigentlich wichtig wären. Ein Beispiel sind etwa Patientendaten, die erhoben werden, um seltene Krankheiten von einer KI erkennen zu lassen. Vielleicht denkt der programmierende Forscher, dass Blutdruck nicht wichtig ist, und er lässt diese Modalität daher unter den Tisch fallen. Dabei könnte es sein, dass gerade eine bestimmte Kombination von Blutdruck und anderen Biomarkern deutliche Hinweise für die seltene Krankheit gegeben hätte.

Apropos Blutdruck: Ein wunderbares Beispiel dafür, wie schwierig es ist, die Qualität der Ausgangsdaten wirklich zu beurteilen. Nehmen wir allein alle Fehlerquellen bei der Messung des Blutdrucks: Messgerät nicht richtig angelegt, Batterie schwach, falsch abgelesen, vertippt beim Eingeben in den Computer … Fehler machen es einer KI natürlich schwer zu lernen – und fehlerfrei zu schlussfolgern.

Besonders ungünstig ist es also, wenn wir Menschen die ground truth liefern, also das, was das KI-Modell vorhersagen soll. Doch wie war das, wer programmiert KIs? Menschen. Genau. Zufällige Fehler sind nicht ganz so schlimm, weil sich das bei einer genügend großen Menge an Daten herausmitteln sollte. Systematische Fehler sind da problematischer. Klar, auch dafür habe ich ein Beispiel: Der Mensch klassifiziert Rotkehlchen im Gegenlicht immer als Haussperling. Dann haben wir natürlich ein Problem, weil das KI-Modell schlechter generalisieren wird.

Diese Beispiele für Biases in Daten klingen möglicherweise naheliegend. Aber in der Praxis ist es verdammt schwer, sicherzustellen, dass keine verzerrten Daten vorliegen. Qualitativ hochwertige Daten bereitzustellen ist fast schon eine eigene Disziplin in der KI-Forschung. Hier braucht es statistische Methoden, aber auch Expertenwissen. Schnell passiert es, dass

Forscher sich auf Daten stürzen und zum Teil beeindruckende KI-Anwendungen trainieren – dabei aber nur unzureichend untersuchen, inwiefern der Datensatz allen Qualitätsansprüchen genügt.

Das kenne ich tatsächlich aus eigener Erfahrung: In meiner Doktorarbeitszeit haben wir einmal ein Projekt verfolgt, bei dem es darum ging, Baustellen zu erkennen. Die Daten stammten von Kameras, die in Test-Autos hinter der Windschutzscheibe montiert waren. Auf dem Kamerabild war im Wesentlichen zu erkennen, was Autofahrer auch sehen, wenn sie nach vorne schauen. Ziel der Übung war es zu untersuchen, ob wir aus Kamerabildern allein eine Art Assistenzsystem für selbstfahrende Autos mit guten Daten füttern können, die etwa rechtzeitig erkennen, wenn sie auf eine Baustelle zufahren (das Assistenzsystem könnte sich dann auf entsprechend engere Kurvenradien vorbereiten). Zunächst einmal mussten wir genügend Bildmaterial von Baustellen finden, aber auch von Straßen ohne Baustellen. Bei so einer »binären Klassifizierung«, wo es nur Baustelle ja oder nein gibt, kann man eigentlich gleich eine Münze werfen und schon eine Genauigkeit von 50 Prozent erhalten, sofern der Datensatz ausgeglichen ist. Daher ist es wichtig, möglichst viele Varianten von Baustellen und Nicht-Baustellen im Datensatz zu haben.

Moment, werden einige sagen, warum programmiert ihr nicht einfach eine Schildererkennung – vor jeder Baustelle kommt doch ein Schild? Das war eine spezielle Bedingung des Projektpartners: Da die Schildererkennung schon von einem anderen System übernommen wurde, sollten wir die Schilder ausdrücklich nicht mit in unsere Überlegungen einbeziehen. Es kommt wohl auch gelegentlich vor, dass ein Schild vergessen wird und die Baustelle schon längst nicht mehr da ist – oder andersherum: Die Baustelle ist schon in Betrieb, aber das Schild fehlt. Ein robustes System darf sich nie allein auf die Schilder verlassen.

So bekamen wir also Stunden und Stunden an Bildmaterial von Dashcams. Wir programmierten uns ein Tool, um den Beginn sowie das Ende der Baustelle zu markieren. Alle Bilder dazwischen bekamen das Label »Baustelle«. Der Rest war »Nicht-Baustelle«. Es gab viele Diskussionen darum, ab welchem Punkt genau eine Baustelle eine Baustelle ist, wo fängt sie an – und wo hört sie auf? Wir beschlossen, die 500 Meter vor der Baustelle auszuschließen, um kein Problem mit dem Übergangsbereich zu bekommen. Was aber war mit Tages- oder Jahreszeiten? Welche Unterschiede machten verschiedene Witterungsverhältnisse? Es gab eine Unmenge an Fragen zu klären, bevor wir uns einigen konnten. Denn uns war bewusst: Jede Entscheidung zu diesem Zeitpunkt würde die Performance unseres KI-Modells beeinflussen und entsprechend dessen Fähigkeit zu generalisieren. Wir taten unser Bestes, einen Bias auszuschließen.

Nachdem wir fleißig annotiert und einen möglichst ausgewogenen Datensatz generiert hatten, ließen wir verschiedene neuronale Netze auf die Daten los. Es dauerte ein bisschen, bis wir eine geeignete Architektur für unser neuronales Netz gefunden hatten. Dann aber kam der Erfolg: Auf dem Validierungsdatensatz, der natürlich keine Straßen beinhaltete, die auch für das Training verwendet worden waren, konnten wir mit einer Genauigkeit von über 95 Prozent vorhersagen, ob die Kamera gerade eine Baustelle zeigte oder nicht. Der Jubel war groß.

Als wir uns die »failure cases« genauer ansahen, in denen die KI falsche Vorhersagen gemacht hatte, mussten wir zugeben, dass es auch für einen Menschen schwer gewesen wäre, hier richtig zu urteilen. Die große Frage war natürlich: Was hat das Netz denn nun gelernt? Konnte es Bauarbeiter erkennen? Oder diese rot-weiß gestreiften Baken? Im nächsten Kapitel tauchen wir etwas tiefer ein in die Mechanik von modernen neuronalen Netzen und Methoden, um herauszufinden, was sie gelernt haben. Hier will ich dir die Pointe aber nicht vorenthalten. Wir haben laut gelacht, als wir erkannten, worauf das neuronale Netz bei seinen Vorhersagen besonders empfindlich reagiert hatte: Es waren die Fahrbahnmarkierungen! Das neuronale Netz hatte tatsächlich den Zusammenhang herausgefunden, dass in Baustellen die Straße in aller Regel von gelben Fahrbahnmarkierungen gesäumt ist, während die Begrenzungen außerhalb von Baustellen normalerweise weiß sind.

Einerseits waren wir enttäuscht, dass das neuronale Netz keine Bauarbeiter, Bagger oder Baken erkennen konnte. Andererseits waren wir fasziniert, weil dieser Zusammenhang so offensichtlich war – getreu dem Motto »warum kompliziert, wenn es auch einfach geht?« Da hatten wir tatsächlich den Wald vor lauter Bäumen nicht gesehen. Es ist ein bisschen wie bei Till Eulenspiegel: KI-Modelle neigen dazu, sich die einfachste Lösung zu suchen, die die Kostenfunktion minimiert. Wer hätte es dem neuronalen Netz verübeln wollen? Es lieferte uns schließlich nur einen Beleg dafür, dass KIs in der Regel Korrelationen lernen, statt kausale Zusammenhänge: Baustellen und gelbe Fahrbahnmarkierungen treten oft gleichzeitig auf. Aber ist es auch die Regel, dass immer genau dann, wenn die Fahrbahnmarkierung gelb ist, auch eine Baustelle folgt? Laut Straßenverkehrsordnung dürfen durchaus auch weiße Fahrbahnmarkierungen im Baustellenbereich gelten. Sich also allein auf gelbe Streifen zu verlassen wäre tatsächlich gefährlich.

Natürlich hatte das neuronale Netz keine Ahnung, dass es irgendwann vielleicht in einem selbstfahrenden Auto eingesetzt werden sollte und sich schon ein bisschen mehr Mühe geben müsste, um solch wichtige Entscheidungen zu treffen. Daher haben wir uns eines einfach Tricks bedient: Wir programmierten ein Vorverarbeitungsmodul, das zufällig die Sättigung aller Gelbtöne heruntersetzte. So erschienen mit einer gewissen Wahrscheinlichkeit gelbe Markierungen in Grau, und in der Folge konnte sich das neuronale Netz nicht mehr allein auf die Fahrbahnmarkierungen verlassen.

Dieser Trick fällt in die Kategorie »data augmentation«. Gemeint ist damit, dass man die Trainingsdaten künstlich vermehrt und verändert, indem man zufällige Variationen einbaut. Bei der Bilderklassifizierung etwa darf es ja keinen Unterschied machen, ob ein Hund nach links oder rechts schaut. Also kann ich meinen Datensatz verdoppeln, indem jedes Bild zusätzlich in der gespiegelten Version als Trainingsmaterial »gefüttert« wird. Gleiches funktioniert in gewissen Grenzen mit Drehungen, leichten Zuschnitten von Bildern, zufälligem Hinzufügen von Rauschen oder eben mit leichten Änderungen von Farbtönen oder Kontrast.

In unserem Fall erwies sich der Hack mit den Gelbtönen als zielführend: Diese und einige andere Augmentationen lieferten ein einigermaßen robustes neuronales Netz, das auch auf rotweiß gestreifte Baken reagierte und mit etwa 98 Prozent Genauigkeit bei einem Testdatensatz korrekte Daten lieferte. Wohlgemerkt: für diese spezielle Art von Kamera, die bei der Datenerhebung verwendet wurde. Und für die entsprechenden Wetterverhältnisse. Und für die anderen Parameter.

Du siehst: Der Teufel steckt im Detail. Die Aussage »Ach, da trainieren wir einfach mal ein neuronales Netz, das wird schon das Richtige lernen« könnte realitätsferner nicht sein. Vielleicht hilft dir das, wenn du mal wieder jemanden triffst, der glaubt, neuronale Netze und »diese künstliche Intelligenz« stünden kurz davor, die Weltherrschaft an sich zu reißen. Ich empfehle in solchen Fällen dringend, selbst mal ein paar neuronale Netze auf so triviale Aufgaben wie eine Baustellenerkennung zu trainieren. Das hat eine sehr ernüchternde Wirkung.

Jetzt habe ich im Zusammenhang mit der ground truth den Begriff »Label« verwendet – und bestimmt weißt du schon, was ich meine: »Baustelle: ja/nein«, »Tier: Hund/Katze/Maus«, »Krankheit: X/Y/Z«, so etwas sind Labels. Labels oder Klassen brauche ich, wenn ich es mit »kategorischen Problemen« des maschinellen Lernens zu tun habe.

Es gibt aber noch andere Arten von Vorhersagen, die ein KI-Modell liefern kann. Wir haben uns ja schon mit der »Regression« vertraut gemacht, bei der es darum geht, einen numerischen Wert vorherzusagen. Oder die **Segmentierung,** und damit meine ich etwa Zellen in einem Mikroskop-Bild, einzelne Objekte auf einem Foto, einzelne Wörter in einer Sprachaufnahme. Man könnte aber auch Aufgaben stellen, bei denen es um die Erkennung von »Landmarken« geht, und fragen: »Wo sind die Pupillen auf einem Porträt?« Beim Thema Spracherkennung sind natürlich die Umwandlung vom gesprochenem in das geschriebene Wort und umgekehrt mögliche Aufgaben für eine KI. Oder denk einmal an Übersetzungen von Wörtern oder gleich ganzen Sätzen. All das sind Beispiele für sogenannte »überwachte« (**supervised**) Aufgaben. Hierbei wird eine ground truth benötigt, die in der Regel ein Mensch bereitstellen muss. Für manche dieser sogenannten **Annotationen** benötigt man Expertenwissen, etwa bei der Segmentierung von Knochen auf einem Röntgenbild. Andere Aufgaben kann fast jeder lösen, zum Beispiel das Markieren von Bildern mit Zebrastreifen.

Dir kommt das bekannt vor? Sicher kennst du diese kleinen Bilderrätsel, die man im Internet gelegentlich lösen muss, um zu »beweisen«, dass man ein Mensch ist. Das sind sogenannte Captchas. Anfangs wurden diese Tests genutzt, um sicherzustellen, dass kein **Bot** auf eine Website zugreift. Inzwischen sind Captchas ein wesentlicher Bestandteil von Daten-Annotationen, die du und ich kostenlos für Google & Co. erledigen. Hast du dich schon einmal gefragt, warum so oft gefragt wird, auf welchen Bildern Busse, Zebrastreifen oder Ampeln zu sehen sind? Anscheinend hat der Aufgabensteller Interesse daran, Bilder einer Autokamera kostenlos labeln zu lassen. Ob wir so helfen, die selbstfahrenden Autos der Zukunft zu trainieren?

Die Beschaffung von »gelabelten« Daten ist ein lukratives Geschäft. Es gibt ganze Geschäftsmodelle, die darauf basieren,

Daten im großen Stil annotieren zu lassen. Bei Amazon Mechanical Turk beispielsweise kann jeder seine ungelabelten Daten hochladen, eine Vorschrift zur Annotierung verfassen und zu (vergleichsweise) Dumpingpreisen Menschen irgendwo auf dem Planeten Kästchen klicken oder Text abschreiben lassen. Das geht natürlich nicht, wenn spezifisches Expertenwissen gefragt ist, aber für eine Menge einfache Aufgabenstellungen funktioniert das erschreckend gut.

Noch einfacher haben es große Firmen, durch deren Hände ohnehin Unmengen von Daten laufen. Erinnerst du dich noch an die Zeiten, als man bei Facebook auf die Gesichter von Freunden klicken musste, um deren Fotos zu markieren? Inzwischen kann Facebook selbst Gesichter erkennen und Freunde vorschlagen. Der Wert von datengetriebenen Unternehmen wie Facebook, Google, Apple & Co. wächst natürlich umso stärker, je mehr Daten verfügbar sind. Und: je exklusiver und vernetzter, desto besser. Wer hätte vor ein paar Jahren gedacht, dass sich ein Computerhersteller wie Apple für Gesundheitsdaten interessieren könnte? Inzwischen ist Apple nicht die einzige Tech-Firma, die Smartwatches produziert, mit denen man seine Herzaktivität messen kann. Diese Daten für sich allein genommen wären schon recht wertvoll. Verknüpft mit Nutzerprofilen, so wie sie bei fast allen großen Tech-Unternehmen von uns existieren, ist der Wert um ein Vielfaches größer.

Da Speicherplatz heutzutage unfassbar günstig ist, können die Unternehmen problemlos erst einmal alles speichern – frei nach dem Motto: »Wer weiß, welche interessanten Zusammenhänge man daraus später mal herstellen kann.« Selbst ohne eine Verknüpfung mit unserer Identität lässt sich aus Nutzungsprofildaten eine Menge ableiten. Keine Angst, ich vertiefe mich hier nicht in eine Diskussion über den Schutz der Privatsphäre und über die Folgen des Datensammelns. Klar ist, dass die persönlichen Rechte von uns allen geschützt werden müssen. Und es ist tatsächlich und erschreckenderweise so, dass selbst der schlauste KI-Forscher sich trotz eines ausgefuchstesten neuronalen Netzes schwertun wird, es mit den Konzernen aufzunehmen, die auf einem so ungeheuren Datenschatz sitzen, dass sie sogar mit eher einfachen Modellen Aufgaben besser lösen können – allein, weil sie mehr und bessere Daten haben.

Na ja, dann hat so ein Unternehmen möglicherweise eine unglaublich große Menge an, sagen wir, Fotos gesammelt. Das mag dich noch nicht schrecken. Aber in diesem Kapitel haben wir ja schon einmal ausgiebiger besprochen, dass irgendjemand diese Daten mühsam labeln muss, was möglicherweise teuer ist, lange dauert oder vielleicht sogar zu falschen Einschätzungen führen kann, wenn die labelnde Person Fehler macht oder mit einem Mega-Bias daherkommt. Bisher ging es hier ja auch nur um »überwachtes« (supervised) Lernen.

Besonders explosiv wird diese Problematik, wenn man auf gesammelte Datenmengen sogenannte »unüberwacht lernende« oder »unsupervised« Systeme loslässt. Damit sind Methoden gemeint, mit denen KI-Modelle ganz ohne Labels trainieren. Wie das funktioniert, darum geht es im nächsten Kapitel.

LERNEN OHNE LABELS

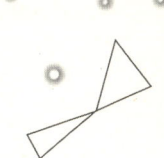

Im vorstehenden Kapitel ging es ganz allgemein um Daten, genauer gesagt um Modalitäten, also Bilder, Videos oder Ton. Du weißt jetzt, dass unabhängig von der Modalität nicht alle Datensätze geeignet sind, um aus ihnen etwas zu lernen. Und wir haben oft ein Problem, wenn wir die Daten erst »labeln« müssen, bevor wir eine KI darauf trainieren können. Im schlimmsten Fall brauchen wir dafür Experten, die möglicherweise nur langsam vorankommen und teuer sind – oder vielleicht gar nicht zur Verfügung stehen.

Uns Menschen gelingt es erstaunlich oft, ganz ohne »Labels« Zusammenhänge zu erkennen. Hast du schon einmal Möbel gekauft, die du zu Hause selbst zusammenschrauben musstest? Sofern du nicht an einen wohlwollenden Hersteller geraten bist, kann es durchaus passieren, dass du neben fünfzig nahezu ununterscheidbaren, dünn lackierten Pressholzplatten eine Plastiktüte mitgeliefert bekommst, in der sich etwa zweihundert verschiedene Schrauben, Stöpsel, Verbindungsstücke und andere Kleinstteile befinden, deren Namen (Label) du nicht im Traum benennen kannst. Die Kunst ist es, die richtige Schraube für den richtigen Schritt beim Aufbau zu verwenden.

Als ich einmal einen großen Kleiderschrank mit verspiegelten Schwebetüren aufbauen wollte, bin ich schier verzweifelt: Im allerletzten Schritt fiel mir auf, dass ich zwei der sieben verschiedenen Arten von Schräubchen verwechselt hatte. Ich hätte ganz am Anfang statt der 4-Millimeter-Schrauben mit rundem Kopf die 5-Millimeter-Schrauben mit flachem Kopf nehmen sollen. Daher fehlten mir am Schluss die passenden Bauteile. Ich erspare dir hier jetzt die höchst subjektive Zusammenfassung meiner Gemütslage und teile lieber die Lernerfahrungen, die ich daraus gezogen habe.

Erstens: Es macht total Sinn, die zweihundert Kleinteile ganz am Anfang minutiös auf dem Boden auszubreiten und in Gruppen zusammenzulegen, wobei millimetergenau auf Unterschiede zu achten ist. Zweitens: Es ist am Ende möglicherweise total egal, ob die Schraube einen runden oder flachen Kopf hat. Mein Verstand sagte mir irgendwann, dass ich diese Vorgabe aus der Anleitung ignorieren konnte. Der Schrank steht noch heute.

Während die zweite Erkenntnis eine philosophisch-ethische Debatte über Entscheidungsprozesse und bewussten Regelbruch motiviert, die ich später im Buch noch aufgreifen möchte, ist es an dieser Stelle der Prozess der ersten Erkenntnis, auf den ich dich hinweisen möchte. Du stehst vor einem Berg unsortierter Schrauben. Du hast keine Ahnung, wie genau sie sich unterscheiden. Dennoch gelingt es dir, sie zu sortieren und Häufchen oder auch »Cluster« zu bilden. Was du da tust, bezeichnet man daher gerne als »Clustering« oder auf Deutsch: Ballungsanalyse.

Beim Clustering geht es darum, in größeren Datenmengen Ähnlichkeiten zu entdecken und so einzelne Datenpunkte in Gruppen zusammenzufassen. Dabei ist entscheidend, welche Merkmale (»Features«) uns zur Unterscheidung oder Beschreibung zur Verfügung stehen. In einer perfekten Welt hätten wir für jede Schraube die Information, wie lang sie ist, welche Gewindehöhe sie hat, ob sie eine Schlitzschraube ist oder Kreuzschlitz, einen Linsenkopf oder eine andere Kopfform hat, und so weiter. Mit all diesen Daten wäre es vielleicht etwas mühsam, aber intellektuell gesehen relativ einfach zu bestimmen, welche Schrauben »gleich« sind. Nun ist unser Problem im wirklichen Leben etwas anders gelagert und kommt in Form eines nicht beschrifteten, sportlich durchmischten Plastikbeutels. Wir müssen also mit unseren Sinnen Eigenschaften der

Schrauben ableiten, die es uns ermöglichen, sie zu clustern. Hierbei verwenden wir natürlich unsere Lebenserfahrung einschließlich diverser schlechter Erlebnisse (hast du auch schon einmal diese kleinen Holzstäbchen, die zwei Holzteile zusammenhalten sollen, ins falsche Bohrloch gesteckt und nicht wieder herauspfriemeln können?). Der entscheidende Punkt ist aber: Die Aufgabe lässt sich auch dann lösen, wenn du noch nie im Leben ein Label für einen der verschiedenen Datenpunkte bezüglich der **Features** von Schrauben genannt bekommen hast! **Clustering** ist ein Beispiel für unüberwachtes (unsupervised) Lernen.

Beim maschinellen Lernen gibt es eine Vielzahl von Verfahren fürs Clustering. Sie haben ihre Vor- und Nachteile. Doch sie alle benötigen als Eingabedaten nützliche Features. Und das bringt uns zur Dreh- und Angelfrage: Was ist ein nützliches Feature? Eines, das sich möglichst gut eignet, um Daten zu separieren, also aufzuteilen. Würden wir bei den Schrauben zum Beispiel das Feature »Farbe« angeben, würde uns das vermutlich kaum helfen, verschiedene Arten von Schrauben zu unterscheiden, da die Farbe bei den meisten Schrauben mehr oder weniger gleich ist. Würden wir von jeder Schraube ein Foto verwenden, hätten wir schon mehr Eigenschaften eingefangen, aber für den Computer zumindest wäre es immer noch ziemlich schwer, allein auf der Grundlage von vielleicht 200 Fotos unserer Kleinteile ein vernünftiges Clustering hinzubekommen.

Warum? Sicher erinnerst du dich an das vorstehende Kapitel: Diese ganzen Fotos sind für Computer nichts als Pixelsammlungen, bei denen nicht definiert ist, welcher Pixel jetzt Schraube ist und welcher Hintergrund. Wo ist der Kopf der Schraube, wo die Spitze? Zwei Fotos von ein und derselben Schraube, allerdings aus verschiedenen Winkeln betrachtet, sehen für den Computer erst einmal aus wie zwei völlig unterschiedliche Sammlungen von Pixeln.

Um sinnvoll vergleichen zu können, müsste der Computer die Bilder zunächst segmentieren und die Segmente so hindrehen, dass die Schrauben auf allen Bildern gleich ausgerichtet sind.

Um mit meiner Story mal auf einen grünen Zweig zu kommen, vereinfachen wir das Problem ein bisschen und stellen uns vor, wir hätten eine kleine Waage, mit der wir das Gewicht der Schrauben im Handumdrehen bestimmen, und ein Zentimetermaß, mit dem wir die Länge jeder Schraube messen. Und wir nehmen einfach mal an, dass diese beiden Features ausreichen, um alle Schrauben aus dem Beutel zu unterscheiden. Dann könntest du auf dem Teppich (bleiben, Scherz beiseite) in Gedanken ein Koordinatensystem aufmalen:

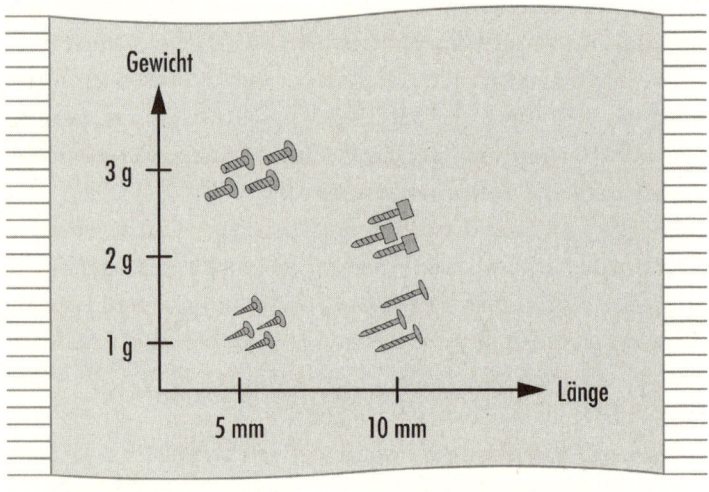

Schrauben-Koordinatensystem – dann gelingt die Möbelmontage.

Beutel auf und dann geht es los. Jede Schraube wiegen und messen und entsprechend der Messwerte auf dem Teppich-Koordinatensystem ablegen – automatisch bilden sich erste Cluster-Häufchen. Bei den kleinen, leichten Schrauben, aber auch bei den kleinen, schwereren Schrauben, bei den langen leichten und bei den langen schweren und so weiter. Da wir nicht soooo genau messen und wiegen können, landen gleiche Schrauben nicht genau auf demselben Punkt, sondern die Häufchen haben eine gewisse Breite. Und je ungenauer wir messen, desto breiter werden die jeweiligen Häufchen.

Das »Messen und Wiegen« ist gleichsam die »**Feature Extraction**«. Du hast für die Datenpunkte (Schrauben) relevante Features (Länge und Gewicht) abgeleitet, die es dir erlauben, mit den Daten quantitativ in einem Koordinatensystem umzugehen und eine Aufgabe (Clustering) zu lösen. Dieses Koordinatensystem – bzw. den Teppich mit seinen Markierungen – könnten wir auch »Feature Space« nennen. Der Feature Space ist ein Raum, in dem jede Dimension einem Feature entspricht. Ich habe mir didaktisch schlauerweise zwei Features ausgedacht, weil man sich das leichter vorstellen kann als die Unmengen an Dimensionen, die ein Computer erinnern kann: Die x-Achse (Längsseite des Teppichs) entspricht dem Feature »Länge der Schraube« und die y-Achse (Querseite des Teppichs) entspricht dem »Gewicht der Schraube«.

Der nächste Schritt ist für das menschliche Auge einfach: Cluster von Schrauben mit Daten ähnlicher Eigenschaften zu finden. Dazu schauen wir einfach hin und erkennen die Häufchen und ihre Begrenzungen. Jedes Häufchen ist ein Schraubentyp, und wir können bei jeder einzelnen Schraube leicht sagen, zu welchem Cluster sie gehört.

Jetzt soll das aber der Computer machen. Dazu müssen wir den komplexen Prozess, der in unserem Gehirn abgeht, in einen Algorithmus verwandeln.

Sofern wir die Daten mit geeigneten Features quantitativ beschreiben können, kann auch ein Computer die entsprechenden Gruppen finden. Besonders leicht geht das, wenn die Cluster gut separierbar sind, weil die einzelnen Haufen unserer Schrauben kompakt sind und genug Abstand haben. Das

Gegenteil von »gut separierbar« bekommst du, wenn du Salz und Pfeffer gemischt auf einen Teller kippst – das von Hand wieder auseinanderzukriegen, ist recht aussichtslos.

Hat unser Computer jetzt also für jede Schraube die Features Länge und Gewicht, kann er ein Clusteringverfahren anwenden. Es gibt gängige Verfahren, die sich immer wieder auf andere Aufgaben übertragen lassen, und dann ist es egal, ob ich Schrauben, Autos oder Tiere clustern will – das Verfahren (die Handlungsanweisung oder der Algorithmus) ist immer gleich. Ein Klassiker unter diesen Anwendungsverfahren ist k-Means. Der k-Means-Algorithmus macht so viel Spaß, dass ich ihn hier kurz skizzieren möchte.

Dazu muss ich allerdings noch ein paar neue Begriffe einführen, damit wir über dasselbe reden und du den Überblick behältst. Ein Cluster ist eine Menge von Datenpunkten, die »zusammengehören«. Bei den Schrauben wissen wir intuitiv, was gemeint ist. Da der Computer aber nur die beiden Features Länge und Gewicht kennt, müssen wir die Zusammengehörigkeit anders definieren. Am einfachsten ist die Definition, dass zwei Schrauben »zusammengehören«, wenn keine andere Schraube näher auf dem Teppich liegt. Soll heißen: Wenn ihr Abstand im Feature Space kleiner ist als zu jeder beliebigen anderen Schraube.

Und weiter geht es mit den Begriffen: Der gedachte Mittelpunkt eines Clusters heißt Centroid. Wenn wir beim Messen Fehler machen, schwanken natürlich Länge und Gewicht für jede Schraube um einen gewissen Mittelwert. Der Centroid eines Clusters ist genau dieser Mittelwert. Du kannst dir in unserem Beispiel den Centroid vorstellen als die »Musterschraube« für jeden verschiedenen Schraubentyp. Unser Ziel ist es, diese Centroids zu finden und für jede einzelne Schraube zu sagen, zu welchem Centroid sie gehört.

Die Kernidee des Algorithmus namens k-Means ist es jetzt, einfach mal mit zufällig gewählten Centroids anzufangen und diese dann zu optimieren. Die Centroids hier können wir uns vorstellen als verschiedenfarbige Reißzwecken, die wir auf den Teppich werfen. Für jede Schraube schauen wir dann, welche Reißzwecke am nächsten ist. In Gedanken ordnen wir die Schrauben also den Reißzwecken zu. Als Nächstes gehen wir alle Reißzwecken durch. Für jede Reißzwecke definieren wir genau, welche Schrauben ihr zugeordnet sind, und bewegen dann die Reißzwecke in die Mitte aller zugeordneten Schrauben. Und dann geht das Spiel wieder los: Für jede Schraube schauen wir, welche Reißzwecke am nächsten ist, und ordnen sie ihr zu. Da die Reißzwecken ja ihren Ort geändert haben, werden ein paar Schrauben jetzt zu einer anderen Reißzwecke gehören. Diese beiden Schritte führen wir ein paarmal abwechselnd durch, bis sich die Reißzwecken nicht mehr bewegen. Dann ist unser Clustering-Algorithmus »konvergiert«. Die Ergebnisse sind die Positionen der Reißzwecken (Centroids) und die Zugehörigkeiten der Schrauben zu jeweils genau einem Centroid. Alle Schrauben, die zum gleichen Centroid gehören, formen ein Cluster.

Hier noch mal in Rezeptform:

Schritt 1: Definiere die Anzahl der Cluster. Angenommen, wir wissen, dass es genau vier Arten von Schrauben gibt, dann definieren wir k=4. Das ist logischerweise dann auch die Anzahl der Centroids.

Schritt 2: Wähle zufällig k-Positionen im Feature Space als Centroids.

Schritt 3: Bestimme für jeden Datenpunkt (Schraube) den im Feature Space nächsten Centroid (Reißzwecke) und speichere diese Zugehörigkeit.

Schritt 4: Bestimme für jeden Centroid (Reißzwecke) die zugeordneten Datenpunkte (das Cluster) und bewege den Centroid in die Mitte des Clusters.

Wiederhole Schritt 3 und 4, bis sich die Centroids nicht mehr bewegen.

Das Geniale ist, dass wir nachher nicht nur jede Schraube vernünftig eingeordnet haben, sondern auch gratis die Musterschrauben rausbekommen haben. Wir müssten also nur noch k-Musterschrauben im Katalog nachschlagen und benennen – und hätten so alle x-hundert Schrauben aus der Tüte gelabelt. Dabei haben wir für den eigentlichen Clustering-Algorithmus kein einziges Label gebraucht – nur eben gute Features. Clustering ist ein tolles Beispiel für unüberwachtes Lernen.

Wie immer im Leben ist auch hierbei nicht alles perfekt: Ein wesentlicher Nachteil von k-Means ist, dass ich vorab definieren muss, wie viele Cluster es gibt. Was soll ich tun, wenn ich keine Ahnung habe, welchen Wert ich für k einsetzen soll? Natürlich gibt es auch hierfür verschiedene Lösungsansätze. Zum Beispiel folgenden: Man kann ein relativ großes k wählen und danach Centroids, die deutlich näher beieinander sind als andere, zusammenfassen. Das wäre also ein mehrstufiges Verfahren, bei dem die (übermäßig vielen) Centroids aus dem ersten Clustering dann noch einmal selbst geclustert werden.

Das ist ein wenig so, als wollte man alles im Kinderzimmer verstreute Spielzeug in Kisten packen. Im ersten Schritt habe ich sehr viele Kistchen, in die ich den Kram einsortiere. Und dann kann ich die Kistchen selbst noch mal in größere Kisten stecken, um alles schneller wiederzufinden.

Ein anderes Problem ist die Initialisierung der Centroids, also die Zuweisung eines Anfangswerts. Wenn die Daten sehr ungleichmäßig im Feature Space verteilt sind, kann ich natürlich durch eine ungeschickte Einteilung der Daten ganze Cluster übersehen. Denn das Teppichbeispiel ist ja nur ein Beispiel, und ein Computer muss tatsächlich beigebracht bekommen, ab welchem Anfangswert er was wie einteilt und – bewertet.

Aber keine Sorge, du musst dich persönlich vermutlich nicht mit k-Means herumschlagen – es gibt eine Vielzahl weiterer Clustering-Algorithmen, die die angesprochenen Probleme nicht haben. Und jedes dieser Programme bringt ja auch ganz eigene Vorteile mit sich. Auch wenn du nicht gleich morgen anfangen willst, deine eigene KI zu programmieren, lohnt es sich, einmal nachzuvollziehen, mit welchen Problemen Programmierer kämpfen. Gerade weil sich dadurch unser Verständnis von dem relativiert, was eine KI kann oder in näherer Zukunft können könnte – und darum geht es ja hier im Buch.

Eine entscheidende Herausforderung hast du vielleicht schon ausgemacht, sie liegt nach wie vor in der Auswahl der Features. Auch das ausgefuchsteste Clustering-Verfahren wird scheitern, wenn es auf schlechte Features losgelassen wird, die nicht das Wesentliche der Daten beschreiben. Und natürlich ist es reichlich mühsam, Features von Hand zu generieren wie in unserem Schraubenbeispiel. Das nächste Level wäre sicherlich erreicht, wenn wir, statt von Hand zu messen, die Schrauben irgendwie per Foto clustern könnten. Wiegen und messen könnten wir uns sparen, wenn wir mit Fotos der einzelnen Schrauben arbeiten würden. Oben hatte ich ja schon einige Schwierigkeiten beschrieben, die damit einhergehen. Wollten wir aber auf Teufel komm raus eine KI programmieren, die die Schrauben anhand von Fotos clustert, müssten wir uns einen Trick überlegen, mit dem wir aus jedem Foto eine Menge von Features extrahieren können, die unabhängig von Blickwinkel oder Drehung der Schraube sind.

Wollte man dies einfach mal so mit einem neuronalen Netz machen, hätte man das Problem, dass die KI ja gar keine Labels für die Schrauben hat. Wir müssten ihr erst gelabelte Daten in ausreichender Zahl liefern, mit denen wir alle Varianten der Schrauben und Blickwinkel abdecken könnten – was natürlich nicht im Handumdrehen zu haben ist: Wir hätten in dieser Zeit den Schrank fünfmal aufgebaut, auch mit den falschen Schrauben.

Bevor wir uns auf Tricks stürzen, mit denen es doch klappen kann, neuronale Netze ganz ohne Labels für solche Zwecke einzusetzen, machen wir es uns doch erst mal etwas einfacher und schauen uns die Frage an, wie man eine »Feature Extraction aus Bildern ohne Labels« noch angehen könnte: Wir könnten beispielsweise auf »handgemachte« Feature Extraktoren zurückgreifen.

Tatsächlich hat man in der Bild- und Mustererkennung lange Zeit mit Methoden gearbeitet, bei denen eine Reihe von händisch definierten »**Filtern**« eingesetzt wurden, um interessante Merkmale aus den Eingabedaten herauszufiltern. Die Kernidee ist es ja, ein Bild auf aussagekräftige Muster zu untersuchen. Solche Muster kann man schon mal durch einfaches Nachdenken festlegen: Aus welchen elementaren Bausteinen besteht ein Bild? Auf den kleinsten gemeinsamen Nenner gebracht, wird man in fast jedem Bild eine einzigartige Anordnung von Ecken und Kanten finden: horizontale Kanten, vertikale Kanten, schräge Kanten, Ecken, parallele Kanten und so weiter. Diese Muster könnten also nützlich sein. Folglich definieren wir eine Reihe von Filtern, die beispielsweise so aussehen könnten:

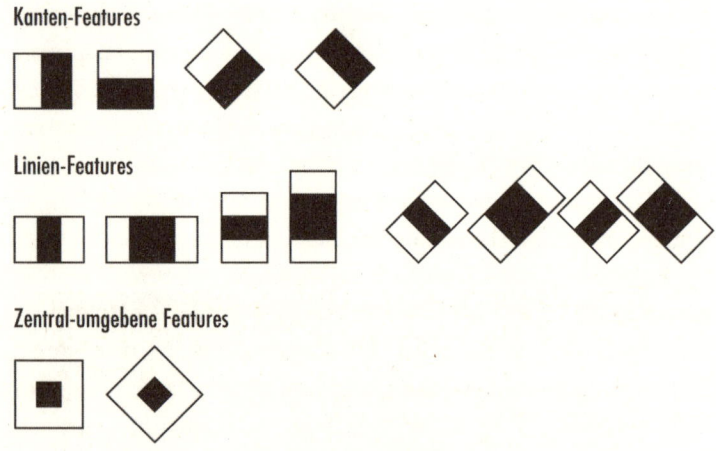

»Haar-like features« repräsentieren die grundlegendsten Bausteine von Bildern.

Was bedeutet denn jetzt »Filter«? Ein Filter wie in der Grafik ist im Prinzip ein kleines Fenster mit einem Muster. Dieses kleine Fenster kann ich über mein Bild laufen lassen. Von oben links zeilenweise bis unten rechts. Der Einfachheit halber nehmen wir mal ein Bild in Graustufen – so müssen wir uns keine Gedanken um die verschiedenen Farbkanäle machen. Für jede Position des Filters berechne ich die Ähnlichkeit zwischen dem Bildausschnitt unter dem Fenster und dem Filter. So eine Ähnlichkeitsberechnung verläuft zum Beispiel oft so, dass man die Differenz der einzelnen Helligkeitswerte pro Pixel von Filter und Bildausschnitt berechnet und die entsprechenden Beträge aufsummiert. Ist das Bild an einer Stelle exakt identisch mit dem Muster aus dem Filter, erhalte ich für diese Stelle dann zum Beispiel eine Ähnlichkeit von 100 Prozent. Hat das Bild an einer Stelle überhaupt gar keine Charakteristik, die mit dem Filter übereinstimmt, werde ich eher etwas um die 0 Prozent rausbekommen.

Wenn ich demnach für jede Stelle auf dem Eingabebild einen Wert für die Übereinstimmung mit einem bestimmten Filter berechne, bekomme ich eine gefilterte Version meines Bildes, in der die Stellen hervorgehoben sind, an denen das Merkmal aus dem Filter besonders stark vertreten ist. Solche Filterergebnisse nennt man auch Activation oder Response Maps. Der Denkansatz hier ist, dass wir uns eine Art Landkarte des Eingabebilds gebaut haben, die an manchen Stellen zeigt, wo das Feature aktiv war beziehungsweise wo es eine Antwort (response) auf die Frage »Ist das Merkmal hier vorhanden?« gab.

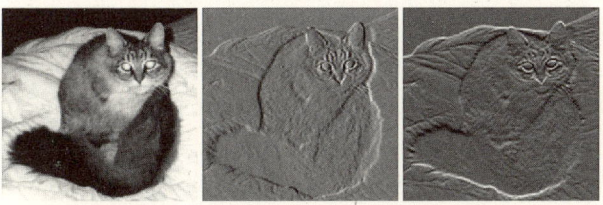

Das Originalfoto (links) wurde mit dem Filter für vertikale (Mitte) und horizontale Kanten (rechts) gefiltert.

Diese Filterung kann ich jetzt mit jedem meiner vordefinierten Filter durchführen. Was aber bringt mir die Sammlung der auf diese Weise entstandenen Kunstwerke? Für manche Anwendungen ist so eine Kantenerkennung tatsächlich nützlich, etwa wenn es darum geht, auf einem Röntgenbild Umrisse automatisch einzuzeichnen. Wir wollten ja aber eigentlich Feature Extraction betreiben, also Features herausfiltern. Daher müssen wir noch einen weiteren Schritt durchführen und die verschiedenen Feature Maps miteinander kombinieren. Eine ganz plumpe Möglichkeit wäre es, ein Histogramm anzufertigen – das ist eine Darstellungsform, die zählt, wie oft responses auf die jeweiligen Filter im ganzen Bild gefunden wurden. So ein Histogramm ist gleichsam der Fingerabdruck eines Bildes – für die Fingerabdruckanalyse werden ja auch nur die Ecken und Kanten abgesucht, du kennst das vielleicht aus dem Tatort oder verschiedenen True Crime-Formaten? Der Täter wird überführt, weil entscheidende Punkte, Ecken oder Linien eines Fingerabdrucks mit dem in der Datenbank gespeicherten übereinstimmen.

Bei der Bilddatenanalyse sind solche Ecken und Kanten natürlich zumeist richtungsabhängig. Es wäre von Vorteil, wenn die Schrauben auf allen Bildern gleich ausgerichtet wären. Aber auch das kann ich wiederum mit meinem rudimentären Feature Extractor machen: Ich lasse den Computer das Bild so lange drehen, bis die Response auf den Filter für vertikale Kanten maximal ist. Kleiner Hack am Rande.

So erreiche ich aber ganz einfach mein Ziel und erzeuge am Ende der Übung für jedes Bild ein Histogramm, das meiner KI schon sehr viel mehr sagt als ein Haufen Pixelwerte auf einem Graustufenbild, das eine Schraube zeigt. Diese aus Bildern extrahiertern Features beinhalten vermutlich auch schon deutlich mehr nützliche Eigenschaften als unsere Messungen von Länge und Gewicht. Wenn ich dann zum Schluss einen Clustering-Algorithmus über die Features aus den Fotos laufen lasse, kann ich mit meiner KI vielleicht echt schon was anfangen.

Die Sache ist nicht ganz so einfach, wie es uns im Fernsehen und anderen Medien so gerne weisgemacht wird – wir erinnern uns an die blitzschnelle Erkennung von Fingerabdrücken im Krimi. Ich jedenfalls musste ganz schön viele Annahmen und Einschränkungen machen, um ein so trivial erscheinendes Problem wie »Schrauben sortieren« in einen Algorithmus zu verwandeln, mit dem der Computer etwas anfangen kann. Aber wenn man das Prozedere Schritt für Schritt aufdröselt, wird genauso klar: Das ist kein Hexenwerk, sondern das Ergebnis logischen Denkens.

Viele Aufgabenstellungen aus der echten Welt, die uns Menschen total einfach erscheinen, erweisen sich als überraschend schwierig für einen Computer, der eben nicht auf eine gewisse Lebenserfahrung zurückgreifen kann. Aber bricht man einzelne Erkenntnisse Schritt für Schritt auf überschaubare Algorithmen runter, dann kann auch unsere KI mit ihren Routinen die eine oder andere Aufgabe rascher bewältigen, als wir Menschen es könnten. Voraussetzung: das Rezept – äh, der Algorithmus stimmt.

Mit Verfahren, wie ich sie beschreibe, lassen sich schon einige tolle Anwendungen bauen. Frühe Gesichtserkennungs-Algorithmen beispielsweise wurden auf exakt diese Art und Weise implementiert: Man definierte Kombinationen von Ecken und Kanten und berücksichtigte, dass Augen und Augenbrauen im Vergleich zur Stirn als eine horizontale Kante erscheinen, der Nasenrücken als helle vertikale Kante, der Mund darunter wieder als kürzere horizontale Kante und so weiter.

Ein zentrales Motiv lässt sich hier festhalten: Je effizienter die Feature Extraction, desto besser funktioniert mein Modell. Wem es gelingt, das Wesentliche aus den Eingabedaten herauszuziehen, und das bestenfalls in vertretbarer Rechenzeit, der hat gewonnen.

Vielleicht erinnerst du dich noch an das Jennifer-Aniston-Neuron? Dieses Beispiel ist hier genau richtig, denn unser

Gehirn komprimiert das Konzept einer Schauspielerin mit verschiedensten Assoziationen effizient im Gehirn. Das Beeindruckende daran: Diese Komprimierung hat das Gehirn von selbst gelernt – ohne dass jemand erst einmal einen Feature Extractor definiert hätte.

Ich habe jetzt oft den Begriff »Fingerabdruck« verwendet, um das Ergebnis einer Feature Extraction zu beschreiben. Ich finde dieses Wort recht intuitiv begreifbar, denn der Fingerabdruck eines jeden Menschen ist einzigartig. Und obwohl der sprichwörtliche Fingerabdruck mit Stempelfarbe auf einem Blatt Papier jedes Mal ein bisschen anders aussieht, ist es Profis immer möglich, zwei Fingerabdrücke übereinanderzulegen und zu sagen: »Die sind identisch«. Und beim maschinellen Lernen entspricht der Fingerabdruck einer eindeutigen Kombination von Features, die zum Beispiel für einen bestimmten Schraubentyp stehen.

Diese Einbettung von Daten aus der echten Welt in einen Feature Space heißt auf Englisch »**Embedding**«. Einbettung klingt auf Deutsch lange nicht so spannend, sondern eher verschlafen. Gemeint ist aber die Einbettung von Daten, und egal, ob es die Schrauben auf dem Teppich sind, Jennifer Aniston an mehr oder weniger als nur einer Stelle im Gehirn oder ob ich ein Foto mittels Filter in ein Histogramm transformiere und die Werte unter jedem Balken als Koordinaten in einem vieldimensionalen Raum interpretiere: Im Idealfall ist es so, dass gleiche Eingabedaten sehr ähnliche Features haben – unabhängig von allen zu erwartenden Variationen – und in der Folge nah beieinander im Feature Space liegen. Diese Embeddings, also die Darstellung von Daten, die eine KI lernt, spielen noch eine wichtige Rolle.

Was mir das bringt auf meinem Weg zu einer selbstlernenden KI? Unüberwachte Lernverfahren sind bestens geeignet, um etwa große Datensätze zu durchforsten und Strukturen und Zusammenhänge darin zu finden. Und ich meine Datensätze, die zu groß sind, als dass wir Menschen das mal eben so auf einem Teppich ausbreiten oder in einer Tabelle durchblicken könnten. Die Rede ist von richtig große Datenmengen, wie sie beispielsweise bei der Genomsequenzierung anfallen, also bei dem Versuch, die Gesamtheit der DNA-Folgen eines Organismus einmal zu kartieren. Hier haben es die Forscherinnen und Forscher mit schier endlosen Zahlenreihen zu tun, die die Abfolge der einzelnen DNA-Bestandteile repräsentieren. Wollte man Muster finden, die bei verschiedenen Menschen immer gleich sind, wäre man aufgeschmissen, denn das gelingt nicht mal eben so. Stattdessen können hier unüberwachte KI-Systeme zum Einsatz kommen, die helfen, Gemeinsamkeiten zu finden – ähnlich wie beim Clustering. So konnten etwa bestimmte Gene entdeckt werden, die mit Krankheiten in Verbindung stehen.

Dürfen es ein paar Beispiele mehr sein? Unüberwachtes Lernen kann in zahllosen Bereichen effektiv eingesetzt werden. Eine interessante Anwendung ist etwa auch die Anomaliedetektion. Eine Anomalie ist eine Abweichung von einem Normalzustand. Wenn meine Kreditkarte plötzlich viel häufiger mit ungewöhnlichen Beträgen an Orten genutzt wird, die ich noch nie besucht habe, wäre es gut, wenn irgendwo Alarm geschlagen würde. Oder wenn eine Maschine in einer Fabrik Werte liefert, die normalerweise so nicht auftreten – vielleicht weil es ein Problem gibt. Eine Smartwatch könnte auch erkennen, wenn sich die Herzfrequenz plötzlich anders zu meinem körperlichen Aktivitätslevel verhält als »normal«. Überall hier kann Anomaliedetektion helfen, Gefahren frühzeitig zu erkennen. Ganz entscheidend ist dabei, dass meine KI eine gute »Vorstellung« davon hat, welche Bereiche des Feature Space »normal« sind. Übertragen auf die Schrauben auf unserem Teppich, ist der »normale« Feature Space definiert durch die Häufchen, die ich mit den Schrauben aus der Tüte gebildet habe. Kommt jetzt eine neue Schraube dazu, die keinem Häufchen beziehungsweise Cluster zugeordnet werden kann, könnte es sich um eine

»Anomalie« handeln. Klingt dramatischer, als es ist. Vielleicht habe ich einen Messfehler gemacht oder die Schraube gehört gar nicht zu diesem Schrank (Ha, es ist ein Nagel!). Letztendlich aber sind der Fantasie hier keine Grenzen gesetzt.

Ein guter Feature Space eignet sich vor allem, um etwas Komplexes einfacher zu machen. So hatten wir ihn ja am Anfang definiert: Wir wählen Features aus, die die Schrauben möglichst gut unterscheiden. Anstatt die Schrauben dann kompliziert mit Worten zu beschreiben, geben wir ihnen einen Fingerabdruck, der etwa aus Länge und Gewicht besteht – oder aus den Features, die wir aus Fotos von Schrauben extrahiert haben. Wenn du beim nächsten Schrankbau-Abenteuer meine Versuchsanordnung nachstellen willst, kannst du zusätzlich Eindruck schinden, wenn du erklärst, dass es sich hier um eine Art der Dimensionalitätsreduktion handelt. Dimensionalitätsreduktion bedeutet, dass die Anzahl der Features (die Anzahl der Dimensionen unseres Feature Spaces) so reduziert werden, dass ich annähernd die gleiche Information mit weniger Features beschreiben kann.

Ein gutes Beispiel, um diese ziemlich technische Definition mit Leben zu füllen, ist wieder einmal die Bilderkennung. Ein Bild besteht aus möglicherweise Millionen von Pixeln, aber für unsere Aufgabe ist es vielleicht gar nicht relevant, welche Schattierung von Blau der Himmel darauf hat. Wenn ich einem Bild einen Fingerabdruck geben kann, der nicht aus Millionen von Zahlenwerten, sondern vielleicht nur aus tausend Zahlen besteht, habe ich die Dimensionalität drastisch reduziert.

Ideal wäre es also, wenn unsere KI lernen könnte, Daten effizient in einem möglichst niedrigdimensionalen und zweckmäßigen Feature Space zu repräsentieren. Neuronale Netze sind gerade bei Bilddaten darin inzwischen unübertroffen. Vor allem die sogenannten »Convolutional Neural Networks«, kurz **CNNs**. Sie kombinieren mehrere geniale Konzepte miteinander: Ganz ähnlich wie in unserem Beispiel von gerade eben haben CNNs auch Filter, die die Eingabedaten in ihre wesentlichen Bestandteile zerlegen. Der Trick ist: Diese Filter werden gelernt! Und immer wieder aufs Neue miteinander verknüpft! Damit du dir davon ein Bild machen kannst, schauen wir uns das im nächsten Kapitel genauer an.

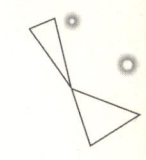

DIE (FAST-)ALLESKÖNNER: CONVOLUTIONAL NEURAL NETWORKS

Achtung: Dieses Kapitel kann Spuren von Mathe enthalten. Die Kenntnis der beschriebenen Konzepte könnte dich jedoch in die Lage versetzen, einige der entscheidenden KI-Anwendungen spielend zu verstehen. Dieses Geheimwissen darf unter keinen Umständen geheim bleiben. Deshalb folge mir unauffällig.

Eines der großen Probleme der Art von neuronalen Netzen, wie ich sie bisher beschrieben habe, ist, dass sie enorm viele Stellschrauben haben, die es beim Training zu justieren gilt. Ein Netz mit ein paar hundert Neuronen hat schnell viele zigtausend Verbindungen, die ja alle vernünftig eingestellt werden sollen. Du erinnerst dich: Jedes Neuron eines **Layer** ist mit jedem Neuron des folgenden Layer verbunden!

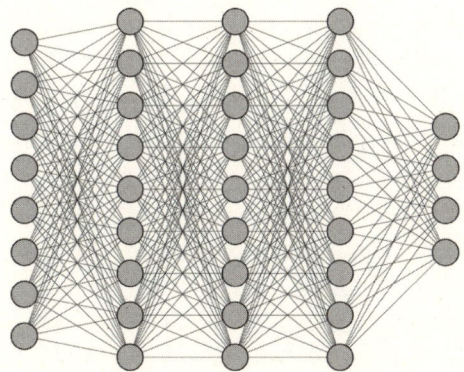

Ein »Fully Connected Neural Network«.

Je mehr Parameter mein Modell hat, desto mehr Trainingsdaten brauche ich auch dafür. Bei den »Fully Connected Neural Networks« – die Abbildung zeigt ein Beispiel – tritt noch ein weiteres Problem auf. Angenommen, wir wollen Bilder klassifizieren. Dann stellen wir uns doch mal vor, was passiert, wenn ein Bild von sagen wir mal 200 x 200 Pixeln in so ein Netz geschoben wird. Dann entspricht jeder Pixel einem künstlichen Neuron. Das heißt, ich muss eine Verbindungsgewichtung von jedem Pixel zu jedem Neuron des folgenden Layers lernen. Damit die Bilderkennung gut funktioniert, darf es keine Rolle spielen, ob ein Objekt jetzt eher in der linken oder in der rechten Bildhälfte ist. Was bedeutet, dass mehrere Verbünde von Neuronen an verschiedenen Stellen dieselben Muster lernen müssen, um diese sogenannte Translationsinvarianz zu leisten. Translation bedeutet Verschiebung und Translationsinvarianz meint, dass ein Modell immer gleich gut funktioniert, egal ob ich in unserem Fall das zu erkennende Objekt auf dem Eingabebild nach links, rechts, oben oder unten verschiebe.

Translationsinvarianz ist aber eine ganz wesentliche Eigenschaft des menschlichen Sehens. Uns macht es ja wirklich nicht viel aus, wo im Blickfeld wir einen Gegenstand sehen. Eine Katze links unten oder rechts oben im Bild ist und bleibt eine Katze. Wie könnte man so eine räumliche »Flexibilität« auch in einem neuronalen Netz schaffen?

Die Lösung ist genial und hat zu einigen Durchbrüchen in der KI-Forschung geführt. Anstatt ein 200 x 200 Gitter von Neuronen für das erste Layer zu lernen, definieren wir mehrere kleine Neuronenverbünde von vielleicht nur 3 x 3 Neuronen. So ein kleinerer Neuronenverbund wird »**Kernel**« genannt – wir kommen buchstäblich zum »Kern« der Sache. Das kann man sich wie ein kleines Fenster vorstellen, das wir als Nächstes über das Eingabebild mit seinen 200 x 200 Pixeln wandern lassen. An jeder Position lassen wir den jetzt nur 3 x 3 großen

Bildausschnitt durch den Kernel laufen und halten das Ergebnis in der sogenannten **Feature Map** fest.

Selbst wenn wir uns 64 Kernels im ersten Layer leisten, haben wir nur 3 x 3 x 64 = 576 Parameter, verglichen mit 200 x 200 x 64 = 2 560 000 Parametern bei einem **Fully Connected Network** mit 64 Neuronen! Eine enorme Einsparung. Und gleichzeitig können wir die Information, die das neuronale Netz in jedem Kernel gelernt hat, für das ganze Eingabebild verwenden, unabhängig von der Position. Diese Art von Architektur heißt **Convolutional Neural Network,** und schon hast du zumindest die Kapitelüberschrift verstanden.

Der Urtyp dieser Art von »Network« wird dem Forscher Yann LeCun zugesprochen, der seit 2013 übrigens die KI-Abteilung bei Facebook leitet (neben seinem Job als Uni-Prof, aber das nur für uns Nerds am Rande). Sein ursprünglicher Vorschlag wurde seither zigfach kopiert, verbessert und weiterentwickelt. Im Wesentlichen besteht so ein Convolutional Neural Network aus einem großen Sandwich von Schichten, den Layern, die ich dir hier nenne, die Beschreibung en detail folgt dann gleich nach der Grafik. Die wichtigsten Layer sind das »**Convolutional Layer**«, bestehend aus den Kernels und einer nicht-linearen Aktivierungsfunktion. Und dann gibt es noch »Pooling Layer«, die ihren Input komprimieren. Nach einigen abwechselnden Folgen dieser Schichten kommt oft noch ein »Fully Connected Layer«, in dem wieder klassischerweise alle Neuronen mit allen Neuronen des Folge-Layers verbunden sind.

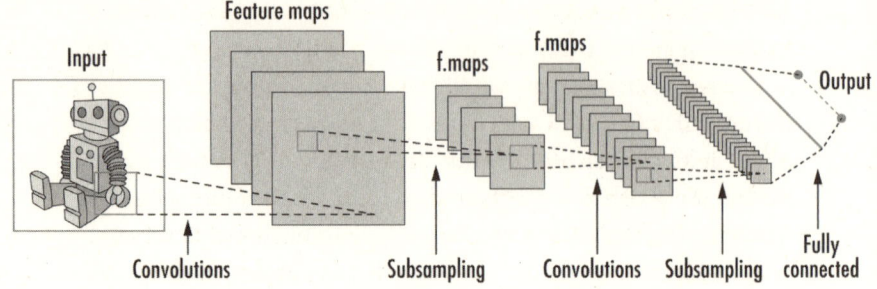

Um genauer zu verdeutlichen, was hier passiert, gehen wir jetzt Schritt für Schritt so eine Folge von Layern durch. Los geht es mit dem Convolutional Layer. Das, was dieses Layer lernen soll, sind die Kernels. Stellen wir uns diese Kernels wie kleine Filter vor, die jeweils ein Feature im Blick behalten – so ähnlich wie im letzten Kapitel beschrieben. Dort waren die Filter ja »von Hand« definiert. Der große Unterschied hier ist, dass das neuronale Netz die Filter selbst lernt. Später zeige ich, wie solche gelernten Filter aussehen können! Um es nicht so kompliziert zu machen, nehmen wir jetzt aber einfach mal an, dass einer der gelernten Filter eine vertikale Kante repräsentiert.

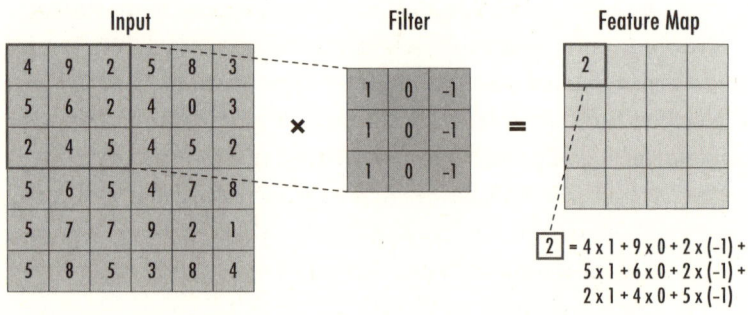

Convolution: Der Filter (Mitte) wird schrittweise über den Input (links) geschoben, alle Zahlen werden multipliziert, summiert und an der entsprechenden Stelle rechts festgehalten.

Als Erstes platziert der Algorithmus den Kernel in der oberen linken Ecke des Eingabebildes. Dann multipliziert er die Werte des abgedeckten Bereiches auf dem Bild mit den Werten des Kernels. Das Ergebnis wird summiert und auf der Feature Map oben links festgehalten. Dann schiebt der Algorithmus den Kernel um eins nach rechts und wiederholt das Spiel. Das Ergebnis kommt dann entsprechend um eins nach rechts versetzt in die Feature Map. Zeile für Zeile wird so das Eingabebild mit diesem Kernel gefaltet. Ja, Faltung ist hier ein mathematischer Begriff und hat nichts mit Servietten oder Origami zu tun. Auf Englisch klingt es dann auch viel spannender: Convolution. Daher auch der Name Convolutional Neural Network, kurz CNN. Da der deutsche Begriff »faltendes neuronales Netzwerk« absolut ungebräuchlich ist, hoffe ich, du gestattest mir, dass ich hier im Buch nur noch den englischen Begriff verwende – und mit CNN ist keineswegs der amerikanische Fernsehsender gemeint, das aber wirklich nur am Rande, diese Information darfst du gleich wieder rausfiltern.

Die Feature Map können wir übrigens wie im letzten Kapitel auch interpretieren als Landkarte, die vermerkt, an welchen Stellen das im Kernel dargestellte Feature präsent war. Der Trick ist jetzt, dass das neuronale Netz mehrere Filter gleichzeitig lernt und diese gleichsam über den jeweiligen Input schiebt. Auf die Feature Map wird dann in der Regel eine **nicht lineare Funktion** angewendet, die Aktivierungsfunktion. Sie hat den gleichen Effekt wie der Schwellenwert, der verhindert, dass zu schwache Signale von Neuronen weitergeleitet werden. Eine der beliebtesten »Nichtlinearitäten« ist die »Rectified Linear Unit« (ReLU), eine Art Gleichrichter. Alle Eingabewerte kleiner null werden unterdrückt und alles über null wird direkt weitergegeben. Um im übertragenen Sinne den Schwellenwert zu justieren, muss zu jedem Kernel noch ein Bias gelernt werden, der vor der Aktivierungsfunktion hinzugefügt wird.

Geht es nicht ein bisschen einfacher – und wozu das Ganze?

Die Aktivierungsfunktion lässt sozusagen nur die starken Signale durch, so ein bisschen wie die Kontrastverstärkung an deinem Fernseher. Und hat das erste Layer etwas Nennenswertes gefunden, leitet er das Signal quasi weiter, während er das Hintergrundrauschen wegfiltert.

Nach einem Convolutional Layer folgt oft ein Pooling Layer. Es hat den Zweck, die Datenmenge zu reduzieren und nur das Wesentliche weiterzuleiten. So ein bisschen nach dem Motto: »Hab ich grob oben links eine bestimmte Kombination von Ecken und Kanten gefunden?«

Wieder definiert man ein Fenster bestimmter Größe, das über die Feature Map geschoben wird. An jeder Stelle wählt das »Pooling Layer« den größten Wert im entsprechenden Fenster aus und gibt nur diesen weiter.

Pooling hat den großen Vorteil, dass ich erheblich weniger Daten speichern muss auf dem Weg durch das Netzwerk. Zum anderen fasse ich Strukturen räumlich zusammen. Nach jeder »Pooling Operation« verliere ich ja immer ein wenig räumliche Information, da das Pooling Layer nur sagt, *ob* es eine Response oder Datenantwort auf einen Filter gefunden hat, aber nicht so genau *wo* (im jeweiligen Fenster). Nach und nach kann das neuronale Netz entsprechend mehrere Features räumlich in Zusammenhang bringen. Gerade bei der Objekterkennung ist es weniger relevant, die exakte Position zu bestimmen als vielmehr die einzigartige Kombination von Features, die die Klassifizierung der entsprechenden Objektkategorie erlaubt.

Lass dich von dieser recht mathematisch-technischen Beschreibung nicht abschrecken – schlimmer wird's nicht mehr, versprochen!

Die Konsequenz aus diesem sandwichartigen Aufbau von Convolutional Neural Networks ist, dass diese Modelle eine Hierarchie von Features lernen. Es geht los mit sehr lokalisierten rudimentären Features wie Ecken und Kanten und steigert sich bis hin zu komplexeren Mustern und abstrakteren Zusammenhängen. Diese High Level Features repräsentieren den Input möglichst effizient. Im letzten Kapitel haben wir ja ausführlich über Embeddings gesprochen. Tatsächlich konnte man zeigen, dass sich gerade diese letzten Schichten eines CNNs super als »Fingerabdruck« etwa eines Bildes eignen. Das bedeutet, dass nicht nur visuell, sondern auch zum Teil semantisch vergleichbare Bilder in der Regel zu ähnlichen Aktivierungen in den oberen Schichten des CNNs führen. Solche effizienten Embeddings eignen sich in der Konsequenz dann natürlich auch besonders gut zur Klassifizierung. Und genau das ist die Aufgabe so eines Fully Connected Layers: die Umformung von Embedding zu Klassifizierung. Schritt zwei verstanden – das zweite Layer hier im Kapitel ist überwunden, mein Input hat eine weitere Schicht in deinem Hirn erreicht: Gratulation!

Vielleicht fragt sich der eine oder die andere, wie viele solcher Convolutional Layer nötig sind. Welche Kernel-Größen an welchen Stellen im Netzwerk gewählt werden sollten. Oder wie viele Filter in den entsprechenden Schichten Sinn ergeben.

Diese Fragen fallen in die Kategorie »Hyperparametersuche«, denn hier geht es um architekturale Entscheidungen, und genau die werden von »Hyperparametern« getroffen. In den letzten Jahren haben sich Wissenschaftler auf der ganzen Welt die wildesten Architekturen für neuronale Netze ausgedacht. Das Originalnetz von Yann LeCun aus dem Jahr 1989 zur Erkennung von handgeschriebenen Ziffern, LeNet genannt, bestand aus drei Schichten von Convolutional Layern plus Pooling Layern, wobei das letzte Pooling Layer durch ein Fully Connected Layer ersetzt wurde. Diese einfache Architektur zusammen mit dem Backpropagation Algorithmus (siehe Kapitel 4) machte es möglich, dass Computer verlässlich und schnell handgeschriebene Postleitzahlen erkannten.

Aufgrund der beschränkten Rechenkapazitäten damals mussten neuronale Netze eher klein bleiben. Der Input bei LeNet bestand aus gerade einmal 20 x 20 Pixeln!

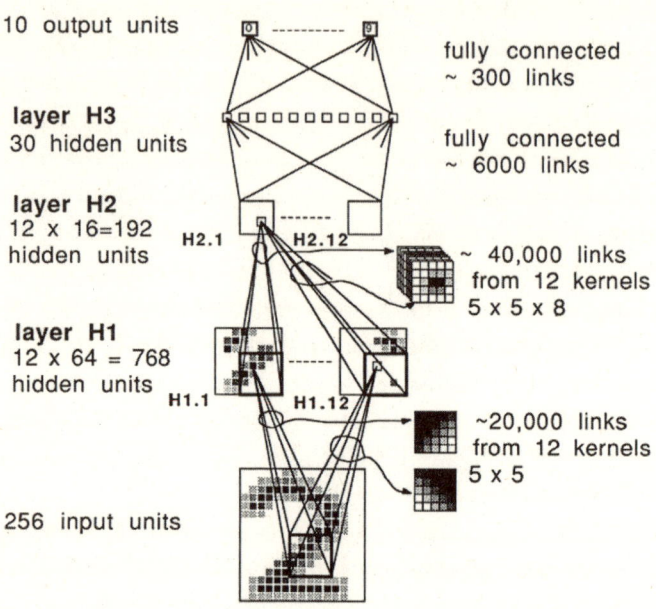

Originalabbildung des »LeNet« aus dem bahnbrechenden Paper von Yann LeCun.

Ein weiterer Durchbruch kam 2012 mit AlexNet, erfunden von Alex Krizhevsky in Zusammenarbeit mit Ilya Sutskever und Geoffrey Hinton (der oft als Mit-Erfinder des Backpropagation Algorithmus erwähnt wird und zu jener Zeit Krizhevskys Doktorvater war. Nerdinput.). Das Paper trug den Titel »ImageNet Classification with Deep Convolutional Neural Networks« und in der Tat war das Neuronale Netz, das sich diese Gruppe ausgedacht hatte, verhältnismäßig »tief«: Fünf Convolutional Layer, manche davon mit Pooling Layern, gefolgt von drei Fully Connected Layern. Damit knackten die Forscher 2012 die ImageNet Bildklassifizierungs-Challenge und eine der größten Computer-Herausforderungen der frühen Zweitausenderjahre.

Das AlexNet bestand aus über 60 Millionen Parametern, also etwa Werten, die die Filter und Gewichte zwischen Neuronen definieren. Wenn man ein 200 x 200 Pixel-Bild durch das Netzwerk schiebt, sind über eine Milliarde einzelne Rechnungen nötig, also etwa Multiplikationen und Additionen. Und trotzdem: Die Anzahl der Parameter und die Menge des benötigten Speicherplatzes waren in diesem Netzwerk dank der genialen Architektur um ein Vielfaches geringer, als sie es bei einem ähnlichen Aufbau etwa mit einem klassischen Fully Connected Network gewesen wären, das die gleiche Aufgabe zu lösen hätte.

Dadurch, dass Convolutions so viele Parameter einsparen, war es möglich Netze »tief« zu machen. Soll heißen: lieber viele Schichten, die nach und nach eine Hierarchie von Features lernen, statt mit wenigen Schichten (aber enorm vielen Parametern) alles auf einmal zu lernen. Aus diesem Grund heißt diese Disziplin in der Welt der künstlichen Intelligenz auch »Deep Learning«. Und Deep Learning wird seither mit dem Gestalten und Trainieren von Convolutional Neural Networks gleichgesetzt.

Möglich gemacht hat diese Entwicklung unter anderem die geniale Idee, eine bestimmte Art von Prozessor zweckzuentfremden: Grafikkarten. In jedem Computer steckt eine mehr oder weniger leistungsstarke Grafikkarte, englisch »Graphics Processing Unit« oder kurz »GPU«. Eine GPU ist die Rechnereinheit, die auf Anforderung von Programmen die Bildpunkte berechnet, die auf dem Bildschirm angezeigt werden sollen. Manche Programme haben mehrere Schichten, die übereinander gelegt werden. Schnell wird so eine Aufgabe komplex – man denke an aufwändige Computerspiele mit realistisch aussehenden Wolken oder der Reflexion vom Schein einer Flamme. Damit so etwas schnell berechnet werden kann, wurden in den 1980er-Jahren die Grafikkarten erfunden, die insbesondere gut darin sind, parallel viele Multiplikationen und Additionen auszuführen. Und genau diese Rechenarten brauchen wir ja in neuronalen Netzen die ganze Zeit.

Forscher um Andrew Ng von der Stanford University publizierten 2009 ein enorm beeindruckendes Paper, in dem sie bahnbrechend vorschlugen, Grafikkarten für Deep Learning einzusetzen. Die Hypothese war, dass man eine Aufgabe besser lösen kann, wenn man sehr viele Daten zum Training nutzt, anstatt zu versuchen, die Aufgabe mit einem besseren Algorithmus zu lösen. Eine spannende Aussage, denn letztendlich bedeutete es, dass die Menge und Qualität der Daten entscheiden und dass ich mit einer mittelmäßigen Netzwerkarchitektur trotzdem einen Preis gewinnen kann!

Die Verwendung von GPUs zu diesem Zweck katapultierte die Entwicklung von Deep Learning auf ein ganz neues Level. Früh erkannt hat das der Hersteller NVIDIA (Sprich: »Envidia.«). War die kalifornische Firma lange meist eher unter Gamern und einigen Profi-Anwendern bekannt, kommt heute kaum ein KI-Forscher um die GPUs von NVIDIA herum. Es gibt zwar durchaus andere GPU-Hersteller, aber NVIDIA hat frühzeitig Treiber speziell für Deep-Learning-Anwendungen zur Verfügung gestellt. Darauf aufbauend haben Forscher ganze »Frameworks« zum Training von neuronalen Netzen geschrieben, dank derer man immer komfortabler seine neuronalen Netze zusammenbasteln konnte. Und so hat sich die KI-Welt mehr oder weniger abhängig gemacht von einem Unternehmen, dessen Aktienkurse seither regelmäßig Rekorde einfahren. Später in diesem Buch wird es noch mehr um die Rolle von einzelnen Unternehmen bei der Entwicklung von KI gehen.

Mit immer leistungsfähigeren GPUs waren plötzlich immer ausgefallenere Architekturen möglich. GoogLeNet (du errätst nie, von welcher Firma das erfunden wurde …) hatte 22 Schichten und gewann 2014 die »ImageNet Challenge«, ein Jahr später lag ein CNN von Microsoft mit über 100 Layern im Wettbewerb vorne.

Wenn du dir allein die Namen der Erfinder ansiehst, wird deutlich, dass längst nicht mehr kleine Forschergruppen an Universitäten das Spiel beherrschen. Tech-Giganten wie Google, Microsoft oder Facebook mit ihren schier unermesslichen

Ressourcen betraten die Bühne der öffentlichen KI-Forschung. Was man im Geheimen schon alles programmiert hatte, kann ich mir kaum vorstellen.

Trotzdem haben auch immer wieder mehr oder weniger firmenunabhängige Forscher tolle Durchbrüche gefeiert. An vielen Unis weltweit gelang es auch ohne gigantische Rechencluster, revolutionäre Modelle zu entwickeln und mit neuen Methoden zu trainieren, die eine Vielzahl von Aufgaben lösen konnten, die man einem Computer lange nicht zugetraut hatte. Dabei waren es manchmal eben doch geistreiche Ideen für Algorithmen oder innovative Netzwerkarchitekturen, die den Unterschied machten – und nicht allein die unendliche Datenflut, auf die die weltweit agierenden und Daten sammelnden Tech-Giganten Zugriff haben und die sie in ihren Datencentern parallel verarbeiten können.

Zwischen 2012 und 2018 überschwemmte eine regelrechte Flut von neuen Anwendungen neuronaler Netze die wissenschaftlichen Konferenzen dieser Welt. Als ich 2014 meine Doktorarbeit begann, erschienen fast täglich neue Papers, die zeigten, wie etwa klassische Probleme aus der Bild- und Videoverarbeitung jetzt mithilfe von neuronalen Netzen gelöst werden konnten.

Beispielsweise die Aufgabe der semantischen Segmentierung. Genauer gesagt geht es darum, auf einem Bild Objekte oder Lebewesen pixelgenau zu bestimmen. Im Gegensatz zur reinen Bildklassifizierung, die wir bisher im Fokus hatten, bekommt ein Foto hier nicht nur ein Label, sondern das Bild wird in einzelne Objekte segmentiert und jedes Objekt bekommt dann ein Label. So können auf einem Foto sogar mehrere Personen auseinandergehalten und quasi ausgeschnitten werden.

Ein Gruppe aus Berkeley hatte die geniale Idee, ein neuronales Netz direkt so zu trainieren, dass es nicht nur einen Klassifizierungsvektor ausgibt, sondern eine pixelweise Vorhersage für die Klassenzugehörigkeit. Bisher hatte man neuronale Netze oft eher so gestaltet, dass im Ergebnis nur eine einzige Ausgabe erzielt wurde – etwa eben ein Label für das ganze Bild. Jetzt konnten neuronale Netze wiederum ganze Bilder ausgeben. Dadurch, dass das neuronale Netz während des Trainings gelernt hatte, welche Variationen bei verschiedenen Objekten auftreten, war es viel einfacher, zusammengehörige Pixel auch als ein und dasselbe Objekt zu erkennen.

Die Ground Truth für diese Aufgabe war natürlich deutlich schwieriger zu generieren, denn Menschen mussten Tausende von Bildern von Hand segmentieren und annotieren. In der KI-Forschungs-Community ist es zum Glück üblich, Datensätze zu veröffentlichen. Das ist deshalb so wichtig, weil damit die Ergebnisse aus wissenschaftlichen Arbeiten von anderen reproduziert werden können. Was bringt es, wenn ich ein Paper schreibe und behaupte, ein neuronales Netz erfunden zu haben, das Mikroskopiebilder perfekt segmentieren kann, wenn kein Mensch die Chance hat, das zu überprüfen, weil ich den Datensatz geheim halte? Das wäre wie bei Kochrezepten mit Zutaten, die kein Mensch auftreiben kann. Dann kann ich auch das noch so köstliche Gericht nicht nachkochen (»reproduzieren«) und mich davon überzeugen, dass das Rezept (»der Algorithmus«) wirklich toll ist. Deshalb veröffentlichen auch die meisten KI-Forscher den Quellcode. So können ihre Kollegen weltweit Arbeiten auf Plausibilität überprüfen, Ergebnisse reproduzieren und vor allem: Sie können sie weiter verbessern. Durch diese Offenheit wird die Entwicklung im Forschungsfeld KI enorm beschleunigt.

Eine der genialen Ideen, die das Training von neuronalen Netzen verbesserte, ist »Dropout«. Dropout kam auch im oben zitierten AlexNet zum Einsatz. Kurz zur Idee: Dropout soll verhindern, dass sich das neuronale Netz das Leben zu einfach macht. Wie bei einem Multiple-Choice-Test, bei dem du die Fragen vorher kennst. Wenn du vor einem Multiple-Choice-Test genug Zeit hast, kannst du die Antworten einfach auswendig lernen, ohne etwas von der Sache zu verstehen. Schlimmer noch: Du müsstest dir vielleicht nicht einmal die ganze Antwort merken, sondern nur einzelne Stichwörter. Dann könntest du die Prüfung mit 100 Prozent bestehen, wärst jedoch aufgeschmissen, wenn die Frage leicht abgewandelt drankäme. Übertragen auf unsere neuronalen Netze sind wir hier wieder beim Thema Overfitting: Wir wollen verhindern, dass das Netz sich kleine Details in den Daten merkt, mit denen es die Trainingsaufgabe perfekt löst, obwohl es eigentlich gar nichts von der grundlegenden Aufgabe verstanden hat. Und dazu haben einige schlaue Leute wie Geoffrey Hinton Dropout erfunden: Während die Daten ein neuronales Netz beim Training passieren, schält der Trainingsalgorithmus zufällig einzelne Neuronen aus. Ihr Output wird sozusagen fallen gelassen. Im Voraus kann ich bestimmen, mit welcher Wahrscheinlichkeit das passieren soll, beispielsweise 20 Prozent. Wenn mit dieser Wahrscheinlichkeit Daten an verschiedenen Stellen im Netz einfach rausgekickt werden, muss das neuronale Netz lernen, sich nicht auf einzelne Neuronen zu verlassen, sondern »robuster« zu werden. In unserem Gehirn führen ja auch mehrere Wege zum Ziel, und nur weil vielleicht gerade eine bestimmte Nervenverbindung schwächelt, können wir immer noch wichtige Aufgaben lösen. Mit Dropout kann ich das Netz also zwingen, viele verschiedene Merkmale der Daten für seine Entscheidungen heranzuziehen und sich nicht so sehr auf die einfachsten Features zu verlassen.

Wenn das Training abgeschlossen ist und ich das Netz dann auf neue Daten anwende, schalte ich Dropout ab, denn jetzt soll das Netz ja alle zur Verfügung stehende Features nutzen, um die bestmögliche Vorhersage zu machen.

Dropout ist eine Form der sogenannten Regularisierung. Regularisierung bedeutet, dass ich zusätzliche Rahmenbedingungen definiere, die vom Netz erfüllt werden müssen.

Eine andere Gruppe von Netzwerkarchitekturen sind sogenannte **Autoencoder.** Die Idee dahinter ist echt smart. Es geht um die Frage, wie man ein neuronales Netz designen kann, sodass es lernt, das Wesentliche etwa aus einem Bild herauszuziehen, ohne aber bestimmen zu müssen, was das Wesentliche ist – etwa durch Labels. Dazu ein Gedankenexperiment: Stell dir vor, man zeigt dir ein Foto und einen Tag später sollst du es aus dem Gedächtnis nachmalen. Um das gut hinzukriegen, wirst du dir vermutlich nicht die einzelnen Pixel gemerkt haben, sondern vielleicht eher, was inhaltlich abgebildet war. Du hast das Foto komprimiert abgespeichert. Wenn du es dann reproduzierst, kommt vielleicht nicht alles auf den Millimeter genau hin, aber wahrscheinlich wirst du das Wichtigste korrekt wiedergeben können.

Ganz ähnlich funktionieren Autoencoder: Sie bekommen einen Input und werden gezwungen, diesen Input zu komprimieren. Dabei extrahieren sie Features ganz ähnlich wie ein neuronales Netz zur Bildklassifizierung. In der Mitte des Autoencoders ist das **Bottleneck,** eine Engstelle, die die Daten passieren müssen. An dieser Stelle muss die Darstellung der Daten maximal effizient sein. Denn jetzt kommt der »Dekodierungs-Teil«: Die zweite Hälfte des Netzwerks kehrt sozusagen das um, was im ersten Teil, dem »**Encoder**«, eingedampft wurde. Der **Decoder** hat die Aufgabe, den ursprünglichen Input möglichst weitgehend zu rekonstruieren, allein aus dem Embedding in der Mitte. Die Annahme ist natürlich, dass diese Rekonstruktion genau dann besonders gut klappt, wenn das Embedding im Bottleneck möglichst effizient ist, und dass es das Wesentliche des Eingabebilds möglichst gut zusammenfasst.

Eine Kostenfunktion könnte beispielsweise ein stupider pixelweiser Vergleich von Eingabe und Ausgabe sein.

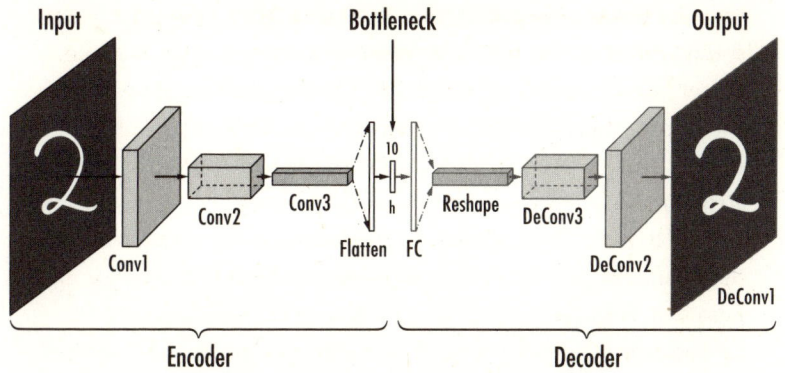

Ein Autoencoder lernt von selbst, Bilder (links) so effizient zu komprimieren (Mitte), dass sie möglichst gut wieder rekonstruiert werden können (rechts).

Autoencoder haben den großen Vorteil, dass sie unüberwacht trainiert werden können. Ich muss die Daten nicht erst mühevoll von Hand labeln oder sonstwie annotieren: Der Autoencoder lernt quasi von selbst. Im Idealfall habe ich dann völlig ohne Labels einen sehr guten Feature Extractor trainiert, den ich gleich für etwas anderes einsetzen kann. Ich kann beispielsweise nach dem Training nur mit der ersten Hälfte des Autoencoder-Netzwerks, dem Encoder, weiter machen. Den auf diese Art vortrainierte Encoder könnte ich etwa mit einem Fully Connected Layer ergänzen und dann auf eine Klassifizierungsaufgabe »fine tunen«. So brauche ich möglicherweise nur noch eine kleine Menge gelabelte Daten, da der Encoder ja schon gelernt hat, die Eingabe ein Stück weit zu verstehen.

Gleichzeitig stellt sich hier natürlich die Frage, ob die bloße pixelweise Rekonstruktion eines Bildes den Schluss zulässt, dass das Netzwerk gelernt hat, den Inhalt zu verstehen. Ich denke wieder an ein Foto eines Vogels vor blauem Himmel. Wenn die Kostenfunktion keinen Unterschied zwischen den Pixeln macht, wird ein Autoencoder dazu neigen, Feinstrukturen zu verwaschen und große Flächen zu bevorzugen, denn da kann er quasi »Punkte sammeln«, ohne viel gelernt zu haben. Wenn der Vogel nur ein paar wenige Pixel ausmacht, kann sich das Netz hier einen kleinen Fehler leisten, denn die Vogelpixel fallen insgesamt nicht so ins Gewicht, wenn dafür die meisten anderen Pixel blau und damit richtig rekonstruiert sind.

Die Wahl der richtigen Kostenfunktion ist entscheidend. Schlaue Forscher haben das so weit perfektioniert, dass sie die Güte der Rekonstruktion irgendwann nicht mehr von einer einfachen Fehlerfunktion bewerten ließen, sondern – wer hätte es gedacht – von einem neuronalen Netzwerk! Denn es ist relativ einfach, ein neuronales Netz ein anderes neuronales Netz überprüfen zu lassen. Dieses würde die Rekonstruktion und das Original miteinander vergleichen.

Die Aufgabe des Autoencoders ist es dann, täuschend echte Rekonstruktionen zu generieren, während das »Bewertungsnetz« bestmöglich die Rekonstruktion vom Original zu unterscheiden hat. Wie so etwas funktioniert, erkläre ich noch genauer. Mir ist das wichtig, weil dieses Prinzip neuronale Netze inspiriert hat, die selbstständig Bilder und sogar Videos generieren können. Man nennt sie: Generative Adversarial Networks. Ist das dann kreativ? Oder möglicherweise sogar Kunst? Wir widmen uns später der Frage.

Viele weitere Architekturen und Trainingsschemata von neuronalen Netzen haben tatsächlich eher pragmatische Anwendungen. Mit dem »U-Net« beispielsweise haben Forscher von der Uni Freiburg weltweit Erfolge eingefahren. Ihre Netzwerkarchitektur hat die Form eines U, wobei oben links der Anfang ist und oben rechts das Ende. Dazwischen gibt es Verbindungen, die die Darstellungen vom Anfang des Netzes mit denen am Ende verbinden. Zu den zahlreichen konkreten Anwendungen gehört die biomedizinische Bildsegmentierung. Das Netz kann aus den vielen Eingabepixeln vom Inhalt her zusammengehörige Bereiche segmentieren und klassifizieren und dabei gleichzeitig die Feinstruktur beibehalten. Klassischerweise lernen neuronale Netze in ihrer Hierarchie der Schichten sehr präzise das Was, verlieren aber die Information über das Wo aus den Augen. Die Zwischenverbindungen helfen dem Netz nun, das Wo richtig zuzuordnen. Ja, in der Biomedizin ist das Wo natürlich ein lebenswichtiger Punkt – wie gut, dass das U-Net die Fähigkeit beherrscht, buchstäblich den Überblick nicht zu verlieren.

Jetzt hast du Einblick erhalten in das weite Feld der CNN-Modelle. Jeden Tag werden neue neuronale Netze erfunden. Welches ist das richtige für meine Aufgabe? Wie muss ich es anpassen? Das sind typische Fragen aus dem Alltag eines KI-Forschers.

Nicht immer ist es leicht, den Überblick zu behalten. Auch nicht als einer, der (zumindest eine Zeit lang) an der vordersten Front mitgeforscht hat. Wenn man meint, eine geniale Idee entwickelt zu haben, kann es sein, dass ein anderes Forscherteam darüber schon ein Paper geschrieben hat. Und falls nicht, könnte es daran liegen, dass die Idee vielleicht doch nicht so genial ist. Ich musste immer wieder die Erfahrung machen, dass sich Forschungsprojekte als deutlich schwieriger herausgestellt haben, als zunächst angenommen. Der Teufel steckt im Detail. Oder in den Trainingsdaten. Oder im Algorithmus. Ein neues neuronales Netz zu entwickeln, ist beinahe eine Art von Kunst. Recht mathematisch, zugegeben, aber keineswegs etwas, was man mal eben so aufsetzt, ein bisschen trainiert, und dann kommt schon alles von selbst raus. Davon, dass sich neuronale Netze & Co. wie von Zauberhand auf alle möglichen neuen Aufgaben selbst trainieren, sind wir noch ein ganzes Stück entfernt.

WAS HAT MEINE KI GELERNT? ODER: KI AUSTRICKSEN LEICHT GEMACHT!

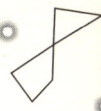

E rinnerst du dich noch an unser neuronales Netz, das Baustellen erkennen sollte? Wir hatten es mit Unmengen Daten von Dashcams gefüttert, und es konnte mit fantastisch großer Genauigkeit vorhersagen, ob das Auto sich gerade in einer Baustelle befand oder nicht. Und natürlich waren wir neugierig, wie das neuronale Netz denn nun zu seinen Entscheidungen kam. Ich hatte schon vorweggenommen, dass es die gelben Fahrbahnmarkierungen waren, die das Netz erkannte und so in den meisten Fällen richtig lag. Woher wussten wir aber, dass das Netz diesen einfachen Trick gelernt hatte? Wie kann man allgemein herausfinden, was ein neuronales Netz eigentlich gelernt hat? Und wie einfach ist es, ein neuronales Netz auszutricksen? Was können wir daraus über die »Intelligenz« von neuronalen Netzen ableiten? Genau um diese Fragen soll es in diesem Kapitel gehen.

An neuronalen Netzen wird wiederholt kritisiert, dass es ziemlich schwer ist, genau zu verstehen, was sie eigentlich gelernt haben. Viele sehen in neuronalen Netzen eine Art »black box«, die zum Beispiel ein Bild als Eingabe bekommt, dann irgendwelche magischen Operationen ausführt und am Ende etwas ausspuckt, das zum Teil beeindruckend gut ist, gelegentlich aber auch total falsch. Zugegeben, diese Kritik ist nicht ganz unberechtigt. Denk mal an die vielen Millionen Parameter, die etwa AlexNet hat, eines der gängigen Netze für die Bildklassifizierung. Wenn du alle Verbindungen zwischen allen Neuronen aufmalen wolltest, bräuchtest du einen riesigen Stapel Papier. Dann zu versuchen, jede einzelne Aktivierung, die bei einem Vorwärtspass durch das Netzwerk »aufleuchtet«, zu verstehen und zu erklären – das wäre einfach nicht machbar.

Tatsächlich ist es gar nicht zweckmäßig zu versuchen, jedem einzelnen Gewicht in einem neuronalen Netzwerk eine Bedeutung zu geben, die für uns Menschen einfach zu interpretieren wäre. Machen wir uns noch einmal kurz klar, wie neuronale Netze arbeiten. Schritt 1: Neuronale Netze dröseln die Eingabedaten in statistisch bedeutsame Bausteine auf. Schritt 2: Die Kombination von vielen verschiedenen Mustern ergibt letztendlich die Interpretation eines Bildes für das neuronale Netzwerk. Schritt 3: Und genau darauf beruht die Vorhersage, etwa für eine Klasse. Dabei sind diese einzelnen Schritte oder Bausteine, die das Netz für nützlich erachtet, um seine Aufgabe zu lösen, beliebig komplex.

Trotzdem gibt es Visualisierungstechniken. Du willst ja wenigstens einen Eindruck davon haben, ob dein neues neuronales Netz etwas gelernt hat, das mit dem Datensatz zu tun hat, den du eingegeben hast – oder ob das Training möglicherweise in die falsche Richtung geht. Wieder beschränke ich mich hier auf das Beispiel Bildverarbeitung. Natürlich lässt sich vieles aus diesem Bereich auf andere Modalitäten übertragen.

Bei einem Convolutional Neural Network ist der einfachste Schritt, zu Beginn direkt die Filter im ersten Layer zu visualisieren. Hier müssen wir noch mal kurz in die Anatomie von CNNs einsteigen: In jeder Schicht lernt ein CNN ja Filter, die die Eingabedaten nach relevanten Mustern absuchen. Die Ausgabe ist eine Feature Map, die anzeigt, an welchen Stellen das entsprechende Feature präsent ist, das der jeweilige Filter gelernt hat. Wenn ich ein Bild mit Rot-, Grün- und Blaukanal eingebe, muss so ein Filter des ersten Layers auch drei Kanäle haben. Die Feature Map hat aber nur einen Kanal, sie wirft sozusagen »Graustufen« aus, wenn man sie visualisieren wollte.

Das Praktische ist: Ich kann diese gelernten Filter wiederum als Bild interpretieren und sie so leicht visualisieren. Man nennt das auch »plotten« – gemeint ist damit in diesem Fall, Daten als Bild und Zahlenwerte als Helligkeitsstufen zu interpretieren. Stehen die Zahlen für ein Bild, sieht man das Bild. Stehen die Zahlen für etwas anderes, liefern sie im Ergebnis eine Grafik, die mir zeigt, wo hohe und wo niedrige Zahlenwerte sind.

Was herauskommt, wenn man die Filter aus einem neuronalen Netz plottet, ist echt interessant: Denn bei CNNs, die auf Fotos und Bildern aus der echten Welt trainiert wurden, sieht man bei den Filtern im ersten Layer oft Zebrastreifen verschiedener Dichte und Ausrichtung sowie Farbkleckse.

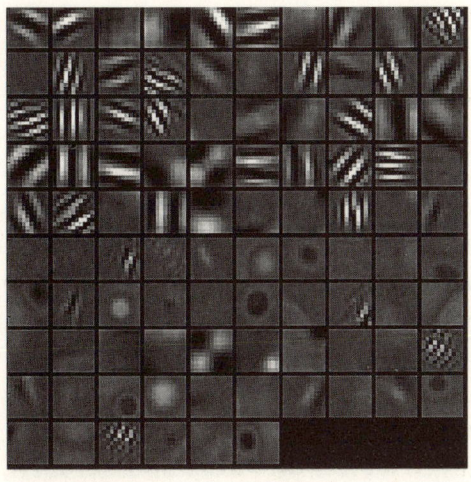

Visualisierung der Filter (Kernels), die ein CNN im ersten Layer oft lernt. Deutlich zu erkennen: Ecken und Kanten – die Grundbausteine von Bildern.

Was das bedeutet? Das neuronale Netz hat gelernt, im allerersten Schritt ein Bild nach seinen rudimentärsten Bestandteilen zu filtern. Was ist der kleinste gemeinsame Nenner von tausend Fotos? Sie alle haben Ecken, Kanten und Farben. Genau das können wir hier sehen. Schaut man sich die entsprechenden Feature Maps an, erkennt man, dass beispielsweise in der Feature Map für eine vertikale Kante überall dort helle Stellen (also hohe Aktivierungen) zu finden sind, wo im Eingabebild auch vertikale Kanten auftreten. Dass die Filter im ersten Layer also Ecken, Kanten und Farben gelernt haben, zeigt, dass das neuronale Netz das Bild in Schritt 1 in genau diese grundlegenden Bausteine zerlegt. Wenn du ein neuronales Netz trainierst und sich im ersten Layer solche Filter entwickeln, bist du vermutlich auf dem richtigen Weg.

Das Problem ist nur, dass es immer schwieriger wird, die Filter direkt zu interpretieren, die das Netz im weiteren Verlauf der folgenden Layer Schicht für Schicht lernt. Der Grund dafür ist folgender: Im ersten Layer war unser Input ja ein Bild. Folglich haben die Filter im ersten Layer auch drei Kanäle, weil jeder Farbkanal der Eingabe verarbeitet werden muss: rot, grün und blau. Jetzt hat das erste Layer ja aber eine Menge Filter, die viele verschiedene Merkmale lernen – wie in der Abbildung gezeigt. Jeder Filter produziert eine Feature Map und all diese Feature Maps zusammen bilden den Input für das nächste Layer. Da kommen ganz schön viele Features zusammen. Wenn wir also im ersten Layer 64 Filter lernen, hat der Input in das zweite Convolutional Layer 64 Kanäle, in denen etwa Ecken, Kanten und Farben verschiedenster Art enkodiert sind. Das bedeutet, dass die Filter, die im nächsten Layer gelernt werden müssen, entsprechend 64 Eingangskanäle haben. Die könnte man zwar auch alle einzeln visualisieren, aber das würde schnell richtig unübersichtlich.

Daher ist es zweckmäßiger, sich die Feature Maps anzuschauen, die ein einzelner Filter produziert. Vergleiche ich Eingabebild und Feature Map, kann ich manchmal Zusammenhänge erkennen: Aha, an der Stelle, wo die Augen im Gesicht sind, sehe ich erhöhte Werte in der Feature Map – vermutlich hat der entsprechende Filter gelernt, Augen zu enkodieren! Er hat also einen semantischen Zusammenhang gelernt! Darf man sich ruhig freuen als Programmierer. Doch dadurch, dass die Filter im Netzwerk immer komplexere Muster repräsentieren, die dem Netz etwa bei der Bestimmung Tausender Klassen helfen, reagiert nicht jeder Filter bei jedem Bild so, wie wir es mit unseren menschlichen Kategorien erwarten. Schlimmer noch: Ein Filter mitten im Netz wird ja nicht direkt auf das Bild angewendet, sondern auf die Feature Maps der vorigen Layer. Und die wiederum haben das Bild ja schon in eine Menge Teile zerlegt. Der langen Rede kurzer Sinn: Mit der Idee, einfach mal die Filter zu plotten, komme ich nicht besonders weit in diesem Datensalat. Gar nicht so einfach, einem Computer beim Lernen ins Heft zu schauen.

Aber wir können einen Trick anwenden. Suchen wir uns einfach mal irgendeinen Filter mitten im Netzwerk aus. Wovon wir ausgehen können: Jedes Eingabebild erzeugt eine bestimmte Feature Map für diesen Filter. Jetzt könnte ich ja meinen kompletten Datensatz Bild für Bild durch dieses eine Netz schieben und schauen, wie stark jedes Bild in der Feature Map meines ausgesuchten Filters für Aktivierungen sorgt. Natürlich macht man das nicht von Hand, sondern man schreibt sich einen Algorithmus und lässt das den Computer automatisch machen. Der erstellt mir dann eine Tabelle, in der für jedes Bild festgehalten ist, wie groß die Aktivierung bei diesem einzelnen Filter war. Und am Ende sortiere ich die Tabelle so, dass ich mir die Bilder anschauen kann, auf die der Filter am stärksten angesprochen hat. Jetzt finde selbst ich mit dem menschlichen Auge vielleicht Gemeinsamkeiten.

Bilder, sortiert nach der Aktivierung verschiedener Filter.

144

Will ich dieses Verfahren weiter verbessern, könnte ich natürlich anfangen und die Aktivierungen meines Lieblingsfilters im Netz zurückverfolgen bis zum Eingabebild. So finde ich heraus, welche Pixel hauptsächlich dafür verantwortlich waren, dass die entsprechende Feature Map entstanden ist.

Matt Zeiler und Rob Fergus von der New York University haben das getan. Sie haben das fertig trainierte AlexNet genommen und für verschiedene Filter in den verschiedenen Layern Bilder gesucht, die für eine große Aktivierung gesorgt haben. Diese Aktivierungen haben sie dann auf das Eingabebild zurückprojiziert. Das geht, indem man den Backpropagation-Algorithmus zweckentfremdet. Du erinnerst dich: Backpropagation, oder Fehlerrückführung, ist eigentlich das Verfahren, mit dem wir beim Training die Gewichte des Netzes verändern. Ausgehend von der Vorhersage ganz am Ende des Netzes – genauer gesagt von dem Fehler, den das Netz macht, wenn es falsch vorhersagt –, führt der Algorithmus Layer für Layer rückwärts den Fehler durch das Netz, immer entsprechend der Gewichtungen, und verbessert an jeder Stelle ein kleines bisschen die Stellschrauben, die am meisten für den Fehler verantwortlich waren.

In diesem Fall wollen wir jetzt aber nicht die Parameter des Netzes verändern, denn das Netz ist ja schon fertig trainiert. Wir starten ausgehend von der Feature Map, die wir auf das Eingabebild projizieren wollen, und führen diese Aktivierung – anstatt eines Fehlers – rückwärts durch das Netz. Die Parameter des Netzes bleiben natürlich unverändert, aber durch diesen Trick gelingt es, eine Darstellung zu generieren, die sozusagen auf der Bildebene liegt und uns Rückschlüsse darauf gibt, was »den Ausschlag« gegeben hat, den wir wahrgenommen haben.

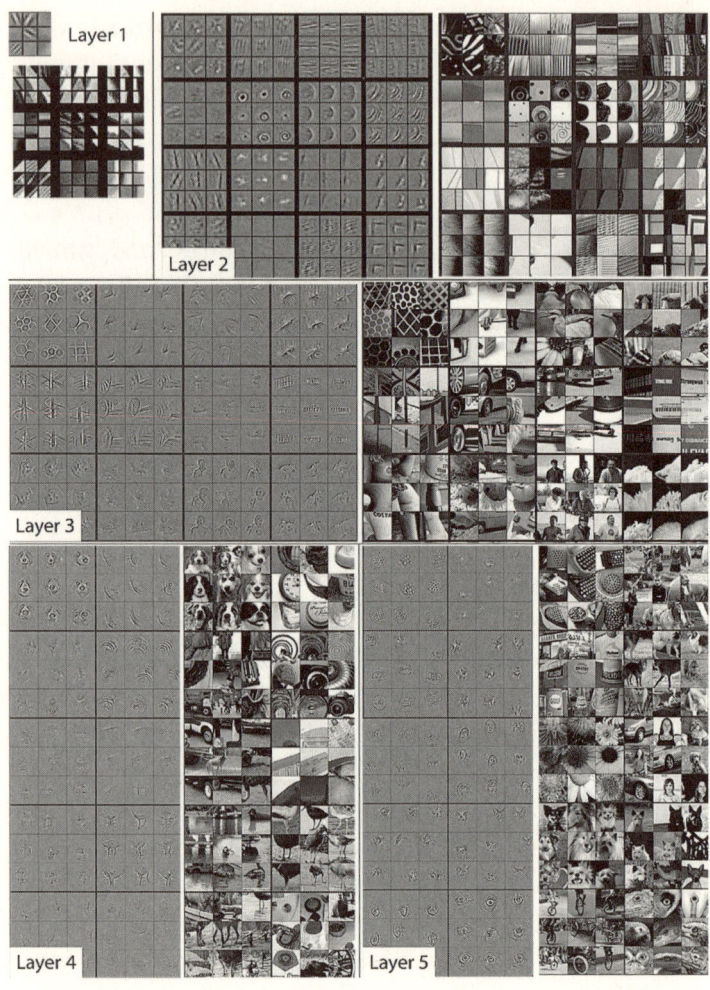

Bildausschnitte, die Filter verschiedener Layer besonders aktivieren, daneben jeweils die auf Input-Ebene backpropagated Feature Maps. Man erkennt, dass Filter in höheren Schichten auf komplexere Muster reagieren.

Die Abbildung zeigt, wie das dann aussieht. Und wir erkennen einige spannende Eigenschaften eines neuronalen Netzes. Layer 1 zeigt die Ecken und Kanten, die wir bereits entdeckt haben,

146

als wir einfach die Filter des ersten Layers visualisiert hatten. Die Bildausschnitte, die hier für maximale Aktivierung gesorgt haben, sind auch gezeigt: Ecken und Kanten – das ist keine Überraschung.

Spannender wird es in Layer 2 – hier konnten wir ja schon die Filter nicht mehr direkt visualisieren. Durch den Trick, Bilder zu finden, die für eine starke Aktivierung sorgen, und dann die Feature Map zurückzuprojizieren, zeigt sich, dass die Filter in dieser Schicht auf komplexere Kombinationen von Ecken und Kanten reagieren, ja, sogar auf ganze Kreise. Jeweils links (beziehungsweise für Layer 1 oben) dargestellt sind in der Grafik die Feature Maps, rückprojiziert auf die Bildebene. Und daneben diejenigen Bildausschnitte, die die Aktivierung verursacht haben. Visualisiert sind dabei Aktivierungen von sechzehn verschiedenen Filtern. Für jeden Filter sind die neun stärksten Beispiele aus dem Datensatz gezeigt.

In Layer 3 werden die Muster noch komplexer. Schaut man sich an, was die Bilder gemeinsam haben, die die verschiedenen Filter besonders aktivieren, erkennt man, dass jetzt nicht nur abstrakte Formen vertreten sind, sondern schon erste semantische Zusammenhänge: Vogelschnäbel, Oberkörper, Radkappen.

In den folgenden Layern wird die »Bedeutung« der Filter immer konkreter. Schicht für Schicht hat das Netz also gelernt, Bilder hierarchisch darzustellen. Angefangen von den einfachsten Bausteinen eines Bildes bis hin zu Konzepten wie »Hund« oder »Blume«.

Ich könnte stundenlang auf diese Plots schauen, denn ich finde, die Visualisierungen sehen fast schon ein bisschen aus wie Kunst. Im nächsten Kapitel steigen wir hier ein wenig tiefer ein, denn neuronale Netze können tatsächlich ganz neue Bilder schaffen! Was mich daran aber auch fasziniert, ist, dass wir eine Möglichkeit gefunden haben, Bildausschnitte zu sortieren. Ich kann einen großen Datensatz an Bildern gezielt nach bestimmten

Mustern durchsuchen und dabei sogar Ähnlichkeiten bestimmen – basierend auf Zahlen. Hast du mal bei der Google-Bildersuche auf »Ähnliche Bilder« geklickt und dich gefragt, wie Google es schafft, Bilder nach Ähnlichkeit zu sortieren? Mehr braucht es nicht, um zu verstehen, wie das funktioniert! Denn – vereinfacht gesagt – hinter der Suche nach ähnlichen Bildern steckt ein neuronales Netz, das für die Bilderklassifizierung trainiert wurde. Es hat gelernt, die wesentlichen Merkmale aus Millionen von Bildern zu extrahieren, damit du ein Bild gezeigt bekommen kannst, das ähnliche Features aufweist.

Aber ist damit unser Problem gelöst? Leider nur zum Teil, auch wenn es zunächst so wirkt, als könnten wir mit diesem Verfahren recht gut erkennen, was ein Netz gelernt hat.

Wo liegt das Problem, magst du dich fragen. Also, die Schwierigkeit ist folgende: Die Verschaltungen in einem neuronalen Netz sind oft sehr komplex. Es sind die Kombinationen verschiedener Filter, die gemeinsam eine semantische Bedeutung erfassen. Daher kann man bei vielen Filtern oder Neuronen in der Mitte des Netzwerkes die genaue Bedeutung eher selten herausfinden. Die gezeigten Beispiele wurden von Hand ausgewählt und zeigen das Verfahren von seiner besten Seite. Bei vielen anderen Filtern sieht man aber erst einmal überhaupt nichts Interessantes. Und dann kann man das drehen und wenden – es bleibt uninteressant. Schade.

Trotzdem sind solche Visualisierungsmethoden ungemein praktisch, will man ein bereits trainiertes neuronales Netz untersuchen. Denn egal, welche Probleme allein das Training bereitet, weil etwa das Netz bestimmte Klassen nicht gut erkennt, gelingt es doch meist zu visualisieren, was das Netz schon gelernt hat und in welchen Schichten sich relevante Strukturen gebildet haben. So kann ich als Programmierer während des Trainings entscheiden, ob es sich lohnt, unverändert weiterzumachen – oder ob ich vielleicht etwas an der Architektur ändern will. Hat ein Layer beispielsweise viele Filter, die gar nichts gelernt haben, könnte ich die Anzahl der Filter genau an der Stelle reduzieren. Oder andersherum: Wenn es so aussieht, als würden die Filter mehrere Features gleichzeitig lernen, könnte ich ausprobieren, ob eine größere Anzahl von Kernels hilft, damit die KI weniger fehleranfällig wird.

Es hat sich gezeigt, dass vollkommen unterschiedliche Netzwerkarchitekturen doch oft sehr ähnliche Features lernen. Solltest du dich also mal gefragt haben, wie man das perfekte neuronale Netz gestaltet, wie viele Schichten es haben sollte, wie viele Filter und so weiter, wird es dich vielleicht beruhigen zu hören: Auch hier führen mehrere Wege nach Rom. Unterschiedliche Architekturen können am Ende ähnlich gut als Feature Extractor agieren und in der Konsequenz dann eine ähnlich gute Vorhersagegenauigkeit erzielen.

Dadurch, dass Forscher die Bedeutung und Struktur der Bestandteile von neuronalen Netzen untersuchen, verstehen sie immer besser, warum sie manche Aufgaben so hervorragend lösen können. Weil etwa Netze in der Regel eine ganze Feature-Hierarchie lernen, werden sie robust gegen kleinere Variationen des Inputs. Modelle können relativ einfach auf andere Datensätze übertragen werden. Und die Fähigkeit zur Generalisierung von einer Trainingsaufgabe zu einer anderen lässt sich anhand der Visualisierungen recht gut einordnen.

Ist das die einzige Möglichkeit, mitzubekommen, was die KI in welchem Layer eigentlich tut? Nein, natürlich nicht. Bleiben wir der Einfachheit halber bei der Bilderkennung. Wie wäre es, einzelne Bereiche im Eingabebild abzudecken und zu testen, wie sich jeweils die Vorhersage im Output-Layer verändert?

Bei einem Netz, das Bilder klassifizieren kann, steht naturgemäß am Ende ja ein Layer, das ebenso viele Neuronen hat, wie es Klassen im Datensatz gibt. Jede Klasse hat einen Index ($0 =$ Hund, $1 =$ Katze, $2 =$ Stuhl und so weiter). Am Anfang des Trainings hatte man bestimmt, welches Output-Neuron für welche Klasse stehen soll. Die Vorhersage für die Klassifizierung ist dementsprechend die Klasse, für das jenes Neuron steht, das die größte Aktivierung hat. So weit, so gut. Wenn ich nun auf meinem Eingabebild ein paar Pixel mit einer grauen Box abdecke und diese Abdeckung verschiebe, kann ich beobachten, wie sich die Werte der Output-Neuronen meines trainierten Netzes verändern. Welchen Bildbereich muss ich abdecken, damit die Aktivierung des Neurons mit der korrekten Klasse am stärksten abnimmt? Das muss ich noch nicht einmal »händisch« rausrechnen. Wieder kann ein Algorithmus sozusagen automatisiert die graue Box über das Bild schieben, das Output-Neuron der korrekten Klasse beobachten und die Stelle festhalten, für die die Vorhersage den niedrigsten Wert angibt. Der Bereich, der dann abgedeckt ist, muss folglich den stärksten Einfluss auf die Vorhersage gehabt haben. Auf diese Weise kann ich eine Art Heatmap für mein Eingabebild erstellen, die mir sagt, welche Bereiche für die Vorhersage relevant sind und welche nicht.

Als Wissenschaftler wie Matt Zeiler und Rob Fergus solche Experimente gemacht haben, ist ihnen etwas Erstaunliches aufgefallen. Deckt man bestimmte Bildbereiche ab, lässt sich nicht nur herausfinden, welcher Bildbereich für die Vorhersage am relevantesten ist. Sie haben auch entdeckt, dass durch geschicktes Platzieren von grauen oder zufälligen Pixeln das Netz sogar recht schnell dazu gebracht werden kann, eine komplett andere Klasse vorherzusagen. Das hat die Forscher auf die Idee gebracht, zu untersuchen, was die kleinste Änderung am Eingabebild wäre, die das Netz so sehr in die Irre leitet, dass es eine komplett falsche Vorhersage macht. Das Ergebnis war verblüffend. Um zu verstehen, wie die beiden das gemacht haben, müssen wir erst auf eine andere Methode blicken: die **Activation Maximization.** Hört sich schlimmer an, als es ist, versprochen. Wir wissen ja, dass beim normalen Training für die Bildklassifizierung die Gewichte und Parameter eines Modells so anzupassen sind, dass das Neuron aktiviert wird, welches beim Eingabebild für die richtige Klasse steht. So ähnlich wie bei der oben beschriebenen Rückprojektion geht man bei der Activation Maximization von einem fertig trainierten neuronalen Netz aus. Das heißt: Ich ändere nicht mehr die Parameter des Netzes, sondern in diesem Fall den Input! Also das Eingabebild. Und zwar so, dass ein bestimmtes Neuron oder eine Feature Map maximal aktiviert wird.

Anstatt ein normales Foto in das Netz zu geben, starte ich mit einem völlig grauen Bild. Grau ist deshalb praktisch, weil es genau in der Mitte zwischen den Extremen Schwarz und Weiß liegt und so erst einmal viele Filter zumindest ein kleines bisschen ansprechen wird. Allerdings sticht dann keine Klasse heraus. Wie sollte es auch, Grau ist eben im grauen Bereich. Ich kann mir aber auf diesem Wege eine Klasse aussuchen, die ich gerne visualisieren möchte. Und dann nutze ich wieder den guten alten Trick der Backpropagation: Ich führe den »Fehler«, den die Vorhersage bezüglich der von mir gewählten Klasse angeblich macht, zurück durch das Netz bis zum Input. Und dann verändere ich den Input ein kleines bisschen, um den Fehlerausschlag weiter zu reduzieren. Diesen veränderten Input lasse ich wieder vorwärts propagieren – und ich bekomme eine neue Vorhersage des Netzes, die im Idealfall jetzt schon ein bisschen mehr in Richtung der gewählten Klasse geht. Wieder mache ich einen Rückwärtspass und optimiere das Eingabebild entsprechend. Bestimmt fragst du dich, warum ich nicht auf einen Schlag das Eingabebild gleich so anpasse, dass es das gewünschte Output-Neuron direkt aktiviert. Die Antwort: Das liegt an den ganzen Nichtlinearitäten im Netzwerk. Zwischen den Convolutional Layern befinden sich ja immer nicht lineare Aktivierungsfunktionen. Ich muss mich also schrittweise annähern, um genau den Input zu treffen, der bewirkt, dass die Aktivierung des richtigen Neurons ganz am Ende maximiert wird. Und das nennt man Activation Maximization.

Das Verfahren ist nicht beschränkt auf Output-Neuronen, man kann damit auch einzelne Filter ansteuern. Zur Perfektion gebracht hat es der Google-Programmierer Alexander Mordvintsev. Er nutzte diese Activation Maximization, um neuronale Netze förmlich zum »Träumen« zu bringen. Mit seinem Verfahren konnte er Bilder generieren, die wie psychedelische, regelrecht traumhafte Zeichnungen aussehen. Man kann fast schon von Kunst sprechen. Wie genau er das gemacht hat und wie diese »DeepDream«-Bilder aussehen, darum geht es im nächsten Kapitel.

Jetzt aber erst einmal zurück zur Entdeckung von Rob Fergus und seinen Kollegen. Sie experimentierten ebenfalls mit der Activation Maximization, um zu visualisieren, was ein neuronales Netz gelernt hatte. Nachdem sie mit grauen oder zufälligen Eingabebildern schon einige spannende Erkenntnisse erlangt hatten, kam jemand auf die Idee, doch einfach mal ein echtes Bild als Input zu nehmen und zu versuchen, es mit möglichst wenig zu verändern, dass das neuronale Netz eine andere Klasse vorhersagt. Größte Berühmtheit hat wohl ihr Bild eines Schulbusses erlangt. Sie ließen es durch AlexNet laufen, und dieses sagte korrekt vorher: Schulbus. Dann suchten sie sich eine andere Klasse aus. Du wirst lachen: einen Straußenvogel. Tja, und dann veränderten sie per Activation Maximization Pixel auf dem Schulbus so lange, bis die Aktivierung des Schulbus-Neurons nur noch sehr gering, aber jene des Straußenvogel-Neurons maximal war. Was aber genau hatte sich am Schulbus-Bild verändert, dass das neuronale Netz felsenfest davon überzeugt war, einen Strauß zu sehen? Zum Glück habe ich hier für dich diese Abbildung, denn ein Bild sagt mehr als tausend Worte, Straußenvogel hin oder her.

Adversarial Examples. Die Originalbilder (links) wurden so minimal manipuliert (rechts), dass ein neuronales Netz die Klasse »Strauß« vorhersagt. Mitte: Differenz zwischen den beiden Bildern.

Wie du siehst, siehst du nichts! Es gibt keinen Unterschied. Die erschreckende Erkenntnis: Die Veränderungen, die auf die Pixel angewandt werden mussten, um dem neuronale Netz so ein kapitales ausgebrütetes Straußenei ins Nest zu legen (oder auf gut Deutsch: es komplett zu verarschen), sind so geringfügig, dass unser menschliches Auge sie nicht einmal wahrnimmt! Und das liegt nicht daran, dass das hier kein Farbdruck ist. Wie kann das sein?

Ein neuronales Netz besteht aus einer Reihe von verschalteten Filtern und Aktivierungsfunktionen. Wie dieses Beispiel zeigt, ist es möglich, die Helligkeits- und Farbwerte »böswillig« gerade so minimal zu verändern, dass manche Schwellenwerte eben gerade nicht mehr erreicht oder andere eben gerade doch überschritten werden. In der Kaskade von Schichten kann dies im Extremfall dazu führen, dass immer gerade »die falsche Abzweigung« im Netz genommen wird – und die Vorhersage entsprechend kompletter Unsinn ist. So sieht sie also aus, die optische Täuschung für neuronale Netze!

Diese böswillige Manipulation nennt man auch »adversarial

attack«. Und du wirst mir zustimmen, dass das zwar gemein ist, aber dass ein neuronales Netz mit so etwas doch bitte schön klar kommen muss, wenn nicht einmal das menschliche Auge einen Unterschied erkennen kann. Der Schluss, dass sich neuronale Netze mitunter so leicht austricksen lassen, hat zu einem eigenen Forschungszweig geführt: »adversarial machine learning«. Um ein Verständnis dafür zu entwickeln, was künstliche Intelligenz kann und was nicht, ist dieses Thema essenziell.

Die Manipulation mit dem Schulbus und dem Strauß hat nur deshalb funktioniert, weil die Forscher Zugriff auf das neuronale Netz selbst hatten. Sie konnten den Input dadurch optimieren, dass sie per Backpropagation den Input zielgerichtet so verändert haben, dass die falsche Vorhersage maximiert wurde. Die meisten neuronalen Netze, die fertig trainiert in der »echten Welt« eingesetzt werden, sind nicht so offen zugänglich. Wenn ich ein Bild eingebe, bekomme ich nur die eine (hoffentlich korrekte) Vorhersage: »Schulbus«. So einfach ist es also nicht, die KI aufs Glatteis zu führen, indem ich den Input verfälsche. Eine Möglichkeit wäre es, auf den Zufall zu hoffen, doch wer nur ganz »zufällig« Pixel des Inputs verändert, kann echt lange warten, um genau den gewünschten Effekt zu erzielen.

Basierend auf dem Schulbus-Straußenvogel-Problem hat ein Team von Google-Programmierern eine ziemlich verrückte Idee entwickelt. Anstatt ein Bild mühsam zu manipulieren, was voraussetzt, dass ich überhaupt Zugriff auf das komplette neuronale Netz habe, könnte ich doch versuchen, ein neues Bild zu generieren, das neuronale Netze maximal aus dem Konzept bringt. Eine Art Schild, das ich etwa neben ein beliebiges Foto lege, meinetwegen neben eine Banane, sodass ein neuronales Netz das Foto immer und stets als, nun, sagen wir mal als Toaster klassifiziert. Lege ich das magische Schild neben einen Apfel oder ein Auto, sollte ein neuronales Netz also fortan zur falschen Vorhersage kommen: Toaster. Sozusagen eine Tarnkappenvorrichtung für Fotos. Du wirst gleich sehen, wie dieser

»Adversarial Patch« aussieht und was man damit anstellen kann.

Ist so ein Gedanke erst in der Welt, wird er natürlich ausprobiert. Und es war gar nicht einmal so schwer: Man nehme ein trainiertes neuronales Netz, einen großen Datensatz von Bildern und definiere eine Art virtuellen Aufkleber. Optimiert werden soll nicht das ganze Bild, sondern nur der virtuelle Aufkleber, der in jedem Trainingsschritt zufällig irgendwo auf die Bilder aus dem Datensatz platziert wird. Zu Beginn ist auf dem Aufkleber ein Toaster zu sehen. Frag mich nicht, wie die Forscher ausgerechnet darauf gekommen sind. Würde man einfach so ein kleines Foto von einem Toaster auf einem anderen Foto platzieren, würde das neuronale Netz in der Regel immer noch auf das reagieren, was die meiste Information beinhaltet, nämlich das ursprüngliche Bild. Jetzt aber musste nur noch dieser »Toaster-Aufkleber« so optimiert werden, dass er die Aufmerksamkeit des neuronalen Netzes bindet und prompt alles als »Toaster« definiert, egal, was noch auf dem Bild zu sehen ist. Während des Trainings platziert der Algorithmus also den Toaster an beliebigen Stellen auf den Bildern und optimiert nur die Pixel des »Aufklebers« daraufhin, dass das Netz »Toaster« vorhersagt. Dann kommt das nächste Hintergrundbild und die Optimierung geht weiter. So erreicht man, dass die Manipulation mehr oder weniger unabhängig vom eigentlichen Bild funktioniert.

Dies hier ist der »Adversarial Patch«,
wie er auch im Internet zu finden ist.

Nach ausgiebigem Training sah der »Adversarial Patch« dann so aus wie in der Abbildung gezeigt. Ist nicht mehr wirklich viel von einem Toaster übrig, dafür beinhaltet er eine herausstechende Kombination von Ecken und Kanten. Viele neuronale Netze reagieren darauf so stark, dass die Merkmale von anderen Bildausschnitten übertönt werden und die Vorhersage immer lautet: Toaster. Du kannst dir diesen Adversarial Patch im Internet herunterladen, ausdrucken und selbst mal auf Fotos platzieren, um die KI in Bilderkennungs-Apps zu testen.

Das klingt vielleicht ein bisschen wie eine alberne Spielerei, aber sie liefert wertvolle Erkenntnisse. Du findest es bestimmt auch inakzeptabel, dass – zumindest rein theoretisch – die Möglichkeit besteht, ein neuronales Netz durch quasi unsichtbare Änderungen oder durch so einen Adversarial Patch in dieser Weise zu manipulieren. Wo liegen die Grenzen (des Tolerierbaren – nicht des Machbaren)? Und wie nutzt man diese Erkenntnisse dazu, robustere KIs zu bauen?

Die »Schulbus-Strauß-Entdeckungen« hatten tatsächlich Konsequenzen. Natürlich war die Überlegung zentral: Wie wäre es, wenn man einem Netz schon beim Training direkt einbläuen könnte, sich nicht so leicht austricksen zu lassen? Während des Trainings versucht der Trainingsalgorithmus selbst, das Netz mit der oben beschriebenen Methode zu falschen Vorhersagen zu bringen. In der Kostenfunktion ist eine Strafe eingebaut, wenn sich die Vorhersage des Netzes zu schnell ändert. Das bedeutet leider aber auch, dass das Training langsamer wird, weil ja zusätzliche Schritte gemacht werden müssen. Zwar konnte gezeigt werden, dass derart trainiert zum Teil zwar robustere Netze entstehen, aber gleichzeitig die Performance auf der eigentlichen Aufgabe leidet.

Neuronale Netze robuster machen gegen kleine Störungen – das ist ein neuer Forschungszweig in der Deep-Learning-Community. Eine wachsende Zahl von Forschern weltweit arbeitet daran und fordert sich immer wieder gegenseitig heraus. Wenn jemand ein neues neuronales Netz vorstellt, ist es gängige Praxis, den Programmcode zu veröffentlichen – übrigens auch dann, wenn die Forschungsarbeit von Google, Facebook & Co. finanziert wird. So können andere Forscher die Ergebnisse reproduzieren und auch testen, wie fehleranfällig ein neuer Algorithmus ist. Daraus entwickeln sich dann eben beispielsweise Methoden zur Überprüfung der Robustheit neuronaler Netze. Für uns ist wichtig: Neuronale Netze können sehr fragile Konstrukte sein. Es wird immer das Problem geben, dass Teile von ihnen schwer zu interpretieren sind. Denn sie lernen statistisch. Sie modellieren einen kleinen Teil der Welt ausgehend von einem Trainingsdatensatz, der fast nie vollständig sein kann. Die Idee, dass ein neuronales Netz klare Regeln lernt, die ein Mensch verstehen oder erzwingen kann, ist genauso falsch wie die Vorstellung, dass unser Gehirn eine Maschine ist, die vollständig rationale Vorschriften abarbeitet. Ein CNN wird immer Ungenauigkeiten haben. Das dürfen wir nie vergessen. Und obwohl CNNs in der Lage sind, ganz spezifische, teils schwere oder hochkomplexe Aufgaben wie Bilderkennung oder die Segmentierung von Mikroskopiebildern hervorragend und manchmal »besser als ein Mensch« (ohne weitere Hilfsmittel) zu lösen: Es wird immer Kontrollmechanismen geben müssen. Bevor wir uns in einem Auto sicher fühlen, das komplett von einem neuronalen Netz gesteuert wird, ist noch einige Entwicklungsarbeit nötig.

KANN EINE KI
KREATIV SEIN?

Auf unserer bisherigen Reise durch die Welt der künstlichen Intelligenz sind wir an verschiedenen Punkten auf diese Frage gestoßen: Was ist eigentlich Intelligenz? Was macht ein intelligentes Wesen aus – oder eben ein intelligentes Computersystem?

Wenn ich mir einen ultimativen Intelligenztest überlegen müsste, würde ich wahrscheinlich an so etwas wie eine Schatzsuche denken. Es gibt ein klar definiertes Ziel – »Finde den Schatz« –, aber viele Wege führen dorthin. Da geht es durch Dschungel, über Flüsse, vorbei an gefährlichen Tieren oder durch Extremwettersituationen. Um in so einer Problemstellung zu überleben, muss der Schatzsuchende auf alles zurückgreifen, was er weiß, und sich ständig neue Lösungen für Probleme einfallen lassen, mit denen er erstmalig konfrontiert wird. Dann heißt es, kreativ zu sein.

Du wirst mir vermutlich zustimmen, dass Kreativität etwas Einzigartiges ist. Etwas, was uns Menschen ausmacht. Auch einige Tiere beweisen Erfindungsreichtum. Aber ein Computersystem, das immer nur starr Regeln abarbeitet und nie auf neue Lösungen kommt, werden die wenigsten von uns für wirklich intelligent halten.

Bedeutet Kreativität aber auch automatisch Intelligenz? Und können wir schlussfolgern, dass eine sogenannte künstliche Intelligenz wirklich intelligent ist, wenn sie eine gewisse Kreativität an den Tag legt? Wenn das so ist, stellt sich die nächste Frage: Wie kreativ ist KI heute schon?

Um dem auf den Grund zu gehen, müssen wir uns erst einmal darauf einigen, was Kreativität ist.

Wir alle denken bei Kreativität wahrscheinlich schnell an einen kreativen Künstler. Nach der Definition von Kaufman und Beghetto gibt es allerdings vier Arten von Kreativität, die alle ihre Berechtigung haben. Da ich den Zugang zum Thema KI in diesem Buch bisher jedoch vor allem über visuelle Themen wie Bilderkennung gestaltet habe, möchte ich mich dem Thema Kreativität von der visuellen Seite her nähern. Später wird es noch um andere Modalitäten wie Text, Sprache oder Autofahren gehen. Ja, auch Autofahren kann kreativ sein. Aber bleiben wir erst einmal beim Künstler, der Kunst schafft – und hier, wir wollten es ja visuell, geht es erst einmal um so etwas wie Gemälde.

Ich gebe offen zu, dass ich kein Kunstexperte bin und dass mir Ausstellungen und Bildergalerien am besten gefallen, wenn jemand eine Führung gibt und mir etwas über Künstler und Epoche erzählt, sodass ich besser verstehen kann, was der Künstler gemeint hat oder wie es zu einem bestimmten Bild kam. Und bei manchem Kunstwerk hatte ich schon den frivolen Gedanken: »Hey, die paar Farbspritzer hättest du auch selbst irgendwie auf die Leinwand gebracht.« Aber mir war klar, dass natürlich noch mehr dahintersteckte.

Ob ein Gemälde genial oder totaler Quatsch ist, wird von verschiedensten Faktoren beeinflusst. Hier müssen wir den Kreativitätsbegriff also ein wenig verfeinern und unterstreichen, dass uns dabei der Umstand wichtig ist, dass etwas wirklich Neues geschaffen wurde. Wenn ich ein Foto von Mona Lisa ausdrucke, hat das herzlich wenig mit Kreativität zu tun. Das Wort Kreativität hat ja auch die lateinische Wurzel »creare«, und das bedeutet »schaffen« im Sinne von: etwas erzeugen, das es davor nicht gab.

Aber nicht alles, was neu erzeugt wurde, ist auch kreativ. Beispielsweise: asfdluiaöckilfakuhgöasdölasjhagrlkö. Ist neu und einzigartig. Ich habe etwas geschaffen … indem ich einfach zufällige Tasten auf der Tastatur gedrückt habe. War das kreativ?

Okay, vielleicht keine geniale didaktische Idee von mir, so ein Beispiel zu bringen. Aber wenn eine KI so etwas produziert hätte, wären wir uns vermutlich schnell einig, dass das recht unkreativ ist. Also ist für uns ein weiterer Aspekt wichtig, um zu beurteilen, ob etwas kreativ ist oder nicht: der Nutzen oder die Intention.

Folge mir bitte aus der Kunstgalerie gleich mal rüber in den Bereich der Musik: Es gibt ein Musikstück namens »Vier Minuten dreiunddreißig«. Es dauert – ja, richtig geraten – vier Minuten und dreiunddreißig Sekunden. Und es besteht aus einer langen Pause. Stille. Das Orchester produziert keinen einzigen Ton während des gesamten »Konzerts«. Der Komponist, John Cage, hat hier etwas Neues geschaffen, nämlich eine Situation – ein Notenwerk ist das nämlich trotzdem, auch wenn es nur aus Pausen besteht. Und es lassen sich tatsächlich Aufführungen nach dieser Notation organisieren (oder sollte ich von orchestrieren reden?). Entscheidend ist, dass er damit etwas bezwecken wollte: Er regt die Hörer zum Nachdenken an (auch schon die Musiker vermutlich, die die Pause aufführen).

Kurz zusammengefasst: Etwas ist kreativ, wenn etwas Neues entsteht oder etwas entstanden ist, was einen Zweck erfüllt. Der Zweck kann dabei natürlich beliebig niedrigschwellig sein. Das schleicht sich so sanft an einen heran, dass wir es kaum bemerken. Oder es kommt wie ein Paukenschlag daher. Vielleicht dachtest du gerade »Moment mal, Kunst muss doch nicht unbedingt einen Zweck erfüllen.« Ich meine »Zweck« hier in dem Sinne, dass Kunst nicht rein zufällig ist. Der Künstler hat sich schließlich etwas dabei gedacht oder gefühlt. Selbst ein expressionistisches Kunstwerk, das einfach durch spontane Farbspritzer entstanden ist, kann ja den Zweck verfolgen, die Stimmung des Künstlers in einem bestimmten Moment widerzuspiegeln.

Ich will die Kunst nicht in ein Zweck-Korsett zwängen, sondern das Bewusstsein dafür schaffen, dass insbesondere Kunst nicht komplett beliebig ist. Gleiches gilt natürlich auch für andere Arten von Kreativität: das Schreiben dieses Sachbuches, das Erfinden einer neuen Maschine, schlaue Schachzüge, die Deutung von Wolkenbildern einfach so zum Spaß. Kreativität bei uns Menschen ist nichts, was man per Zufallsgenerator reproduzieren kann.

Um also kreativ zu sein, brauchen wir bestimmte Voraussetzungen. Forscher haben Techniken entwickelt, um zu untersuchen, was in unserem Gehirn passiert, wenn wir kreativ sind. Am Anfang des Buches habe ich in diesem Zusammenhang bildgebende Verfahren wie MRT ins Spiel gebracht. Denn im ersten Kapitel ging es ja darum, was passiert, wenn wir Bilder sehen. Mit einem funktionellen MRT (fMRT) können Forscher regelrecht dem Gehirn bei seinen Aktivitäten zuschauen. Verschiedene Forschungsgruppen haben diese Technologie genutzt, um ein besseres Verständnis davon zu bekommen, was Kreativität eigentlich auf neuronaler Ebene bedeutet. Dazu gaben sie den Probanden Aufgaben, bei denen Kreativität gefragt war: ein Lied singen, das sie sich ausdenken sollten, oder Gegenstände mit bildlichen Wörtern beschreiben. Interessanterweise war dabei unter anderem der Teil im Gehirn besonders aktiv, der für die Erinnerungen zuständig ist: der Hippocampus. Um etwas Neues zu produzieren, spielt also unser »Speicher« eine entscheidende Rolle.

Eine andere spannende Beobachtung war, was im Gehirn so vor sich geht, wenn es mal keine Aufgabe hat, der Proband etwa einfach so in der Röhre liegt und denken kann, was er will. Der Geist beginnt abzuschweifen. Dann kommen einem Ideen, Erinnerungen und Gefühle. Man könnte meinen, dass das Gehirn einfach auf Pause gestellt ist, wenn es keine konkrete Aufgabe zu lösen hat. Aber das Gegenteil ist der Fall: Beim Nichtstun ist das sogenannte Ruhezustandsnetzwerk aktiv. Hier ist auch wieder der Hippocampus beteiligt. Aktivierungen wandern im Gehirn hin und her, unter anderem auch in Bereiche, die für Kontrollmechanismen zuständig sind. Sie filtern den wilden

Gedankensturm und spielen ihn wieder zurück, so dass die Gedankenwanderung weitergehen kann.

Die Erkenntnisse aus den fMRT-Untersuchungen haben gezeigt, dass Kreativität ein Zusammenspiel ist aus gespeicherten Informationen und Kontrollmechanismen. Damit sich Gedanken nicht im Kreis drehen, muss der »Ideenstrom« immer wieder auseinanderlaufen und zusammengeführt werden. Man nennt das divergentes und konvergentes Denken. Beim divergenten Denken greife ich auf meinen Wissensschatz zu. Ich assoziiere meine Beobachtungen oder Gedanken mit anderen Konzepten, die in meinem Hippocampus gespeichert sind, und komme auf verrückte, abwegige und möglicherweise auf den ersten Blick zusammenhanglose Gedanken. Dieser wilde Salat an sich ist aber noch nicht per se kreativ. Ich muss erst auswählen, kontrollieren und zusammenführen – konvergent denken. Um eine Vision zu entwickeln, förmlich die Lösung eines Problems oder die Idee eines Kunstwerks vor dem geistigen Auge zu haben, denken wir tatsächlich wiederholt vorwärts und rückwärts – von Erinnerungen zu Visionen. Sicher könntest du auf Anhieb Beispiele aus deinem Leben nennen, bei denen du dir selbst »beim Denken zuschauen« konntest, etwa weil du ein Problem lösen solltest und gemerkt hast, wie es in deinem Hirn gearbeitet hat. Du hast Ideen und Assoziationen generiert, geprüft, verworfen und weiterentwickelt in einem Hin und Her der Gedanken.

Um kreativ sein zu können, brauchen wir einen Wissensschatz, auf den wir zurückgreifen können. Und wir benötigen eine Art Kontrollmechanismus. Wenn es eine Aufgabe kreativ zu lösen gilt, wird der Kontrollmechanismus die vielen Assoziationen daraufhin prüfen, ob sie zweckdienlich sind. Wir bewerten und filtern automatisch unsere divergenten Gedanken. Genau deshalb kann Kreativität nie komplett zufällig sein. Eine rein zufällige Kombination von Erinnerungen ohne Bewertung und Auswahl ist nicht kreativ.

Eine ganz besondere Form von Kreativität ist das Träumen. Paul McCartney soll gesagt haben, dass ihm die Melodie von »Yesterday« im Traum eingefallen sei – sicherlich ein legitimes Beispiel für Kreativität. Kein Wunder, dass unser erster Berührungspunkt mit (mehr oder weniger ausgeprägter) Kreativität von künstlicher Intelligenz in diesem Buch sich aufs Träumen bezieht.

Der Google-Programmierer Alexander Mordvintsev experimentierte 2014 mit Visualisierungstechniken für neuronale Netze. Wie im letzten Kapitel beschrieben, eignen sich dafür Methoden, bei denen ein bereits trainiertes neuronales Netz quasi auf den Kopf gestellt wird. Anstatt ein Bild einzugeben, um eine Klassifizierung herauszubekommen, lässt man Aktivierungen von künstlichen Neuronen rückwärts laufen, weil man dann auf der Input-Ebene Bilddaten erhält. Im letzten Kapitel habe ich beschrieben, dass und wie man mit dieser Methode visualisieren kann, welche Bedeutung bestimmte Bereiche eines neuronalen Netzes haben. Die Idee von Mordvintsev war nun aber eine neue: Kann ich mit diesem Trick auch ein neuronales Netz zum »Träumen« bringen, es also anregen, seine Erinnerungen hochzuspülen?

Man nehme also ein trainiertes neuronales Netz und beispielsweise ein Foto von Wolken – angelehnt an die Vorstellung von jemandem, der tagträumend Wolken beobachtet und darin verrückte Dinge sieht. Auf dem Weg durch das Netzwerk aktiviert das Wolkenfoto manche Bereiche der KI mehr und manche weniger. Mordvintsevs Algorithmus nutzt nun Activation Maximization, wie im vorstehenden Kapitel beschrieben, um das Wolkenfoto schrittweise so zu verändern, dass die aktiven Bereiche im neuronalen Netz noch stärker aktiviert werden. Eine Kombination von Ecken und Kanten in der Wolke hat ein bisschen was von einem Hund? Dann verstärke diese Ecken und Kanten im Foto. Entsteht dadurch eine neue Kombination? Verstärke auch diese auf Pixel-Ebene. So geht es schrittweise immer vorwärts und rückwärts zwischen Eingabebild und ausgewählten Bereichen im neuronalen Netz. Und geboren ist: der »DeepDream«.

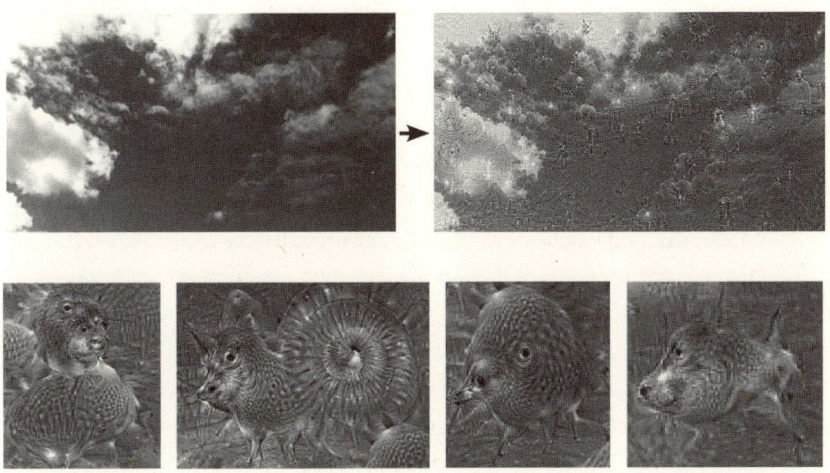

Der »DeepDream«-Algorithmus offenbart, welche Muster ein neuronales Netz etwa in Wolken erkennt.

In diesem Beispiel wuchsen nach einigen Iterationen kleine Türmchen aus den Wolken, dazu Hunde, Fische und Vögel! Welch kreative Assoziationen! Kann das der Schlüssel zu künstlicher Kreativität sein?

Um diese Frage zu beantworten, gehen wir jetzt Schritt für Schritt unsere Kriterien durch, die beschreiben, was für uns die Voraussetzungen sind für einen kreativen Schaffensprozess. Da das neuronale Netz auf der Basis eines großen Datensatzes trainiert wurde, könnte man ihm einen gewissen Wissensschatz zusprechen. Das Netz hat ausreichend viele Daten gesehen, um verschiedene Objekte auf Fotos zu erkennen. Offensichtlich nutzt das Netz beim »Träumen« genau dieses Wissen, denn in den Wolken erscheinen Fragmente von Objekten, die – mehr oder weniger – in dem Datensatz vorkommen, mit dem das

Netz ursprünglich trainiert wurde. Die Türme und Tiere sind nämlich Klassen aus genau diesem Datensatz.

Auf zum nächsten Prüfschritt: Dadurch, dass der Activation-Maximization-Algorithmus zum Einsatz kommt, könnte man zudem unterstellen, dass hier vom Netz eine gewisse Bewertung vorgenommen wird. Denn die Optimierungsvorschrift lautet ja: Verändere das Eingabebild (Wolken) so, dass die größten Aktivierungen im neuronalen Netz weiter verstärkt werden.

Und durch die Konstruktion, dass sich Vorwärts- und Rückwärtsdurchläufe abwechseln und so der »Traum« verfeinert wird, könnte sich der eine oder andere erinnert fühlen an das Wechselspiel im Gehirn, wenn das Ruhezustandsnetzwerk aktiv ist – wie bei den fMRT-Probanden, die ihren Gedanken freien Lauf ließen.

»DeepDream-Kunst« hat seit 2015 weltweite Berühmtheit erlangt. In San Francisco fand sogar eine Kunstauktion mit Drucken von KI-Traumbildern statt. Immerhin knapp 100 000 Dollar haben die Bilder aus dem Computer eingespielt. Der Erlös wurde übrigens an eine Kunststiftung gespendet.

Nach der Veröffentlichung des »DeepDream«-Algorithmus und seiner Verfeinerungen ist eine völlig neue Community von KI-Künstlern entstanden. Ihre neue Kunstdisziplin erhielt den Namen »Deep Art«. Künstlerisch talentierte Programmierer und programmieraffine Künstler um den ganzen Globus basteln noch immer an den Algorithmen, um aus den neuronalen Netzen noch mehr aufregende Muster und Fantasieobjekte herauszukitzeln.

Einige der Ergebnisse sehen wirklich fantastisch aus und regen den Betrachter zum Nachdenken an – oder sie bringen uns zum Lachen. Aber ist das denn jetzt wirklich Kunst? Oder wenigstens kreativ? Oder in irgendeiner Form tatsächlich intelligent?

Ein wesentliches Manko der »KI-Kunst« ist, dass sie niemals ohne die entsprechenden Programmierer zustande kommt. Selbst wenn der Algorithmus perfektioniert wurde, muss ich als

Programmierer oder Nutzer immer noch auswählen, welche Layer im Netz ich für ein bestimmtes Bild bevorzugen möchte, welche Texturen interessant sind und welche nur zufälliges Rauschen darstellen. Die Bilder, die im Netz oder auf Ausstellungen Berühmtheit erlangen, wurden in der Regel vom entsprechenden Urheber ausgesucht – aus einer gigantischen Masse von Fehlversuchen. 2016 wurde mir die Ehre zuteil, im Rahmen eines Praktikums bei Google mit Alex Mordvintsev zusammenzuarbeiten. Er war mein Betreuer und teilte mit mir seine neuesten Ideen. Als ich begann, eigene Experimente zu verfolgen, wurde mir klar, dass der eigentliche künstlerische Schaffensprozess dort beginnt, wo Alex mit beinahe übermenschlicher Intuition Programmcodes schreibt, hier ein bisschen verfeinert, da ein paar Computergrafik-Tricks anwendet, um dann eine riesige Flut an Bildern zu generieren. Und einige davon wirken für das menschliche Auge tatsächlich wie Kunst.

Aber vermutlich stimmst du mir zu, wenn ich sage, dass die künstlerische Leistung eher auf der Seite des Programmierers liegt. Schließlich wählt er Zwischenergebnisse aus. Denn das, was das neuronale Netz selbst produziert, erfüllt keinerlei Zweck, das Netz selbst kann nicht bewerten, welches der Zwischenergebnisse gut geworden ist oder interessant (genug) aussieht – und welches eher zusammenhangloses Rauschen darstellt.

Ich hatte ja bereits angedeutet, dass der Programmierer bei »DeepDream« einiges auszuwählen hat, angefangen damit, welches Ausgangsfoto eingegeben wird. Dann ist da die Frage zu beantworten, ob er tatsächlich mit zufälligen Pixeln startet und daraus Muster entwachsen lässt. Gleichermaßen muss er aber auch in der Regel aussuchen, welche Schichten im neuronalen Netz bevorzugt aktiviert werden sollen – oder gar welche Filter angewandt werden.

Bei ihrer Arbeit (oder ihrem künstlerischen Schaffen) machten Mordvintsev und seine Mitstreiter ähnliche Beobachtungen, wie im letzten Kapitel beschrieben: Bevorzuge ich die Filter in den ersten Schichten im Netzwerk, entstehen sehr einfache Texturen. Je »deeper« es im »Traum« geht, also je weiter fortgeschritten die Schichten sind, bei denen ich die Activation Maximization anwende, desto komplexer werden die Strukturen, die das Netz erträumt. Und: Es sind Kombinationen von Filtern in den entsprechenden Schichten, die für ein bestimmtes Konzept stehen. Nur selten gibt es »den einen« Filter, der ein Hundegesicht produziert. Erst Richtung Ende eines Durchlaufs durch das neuronale Netz konvergieren dann die verschiedenen Konzepte zu den strikt getrennten Klassen, auf die es ja ursprünglich trainiert wurde.

Man kann also sagen, dass in den ersten Schichten eines neuronalen Netzes viele Filter auf eher lokalisierte Merkmale ansprechen, da das räumliche Zusammenspiel wichtig ist, will man in der Feature-Hierarchie komplexere Muster erkennen. Auf dem Weg durch das neuronale Netz spielt das »Wo« dann eine immer geringere Rolle. Dafür tritt das »Was« mehr in den Vordergrund. Der Output eines Klassifizierungsnetzes liefert ja eine komplett abstrakte Klasse wie »Hund« oder »Auto« – ohne die Information, wo im Bild die jeweils entscheidenden Pixel abge»bild«et waren.

Diese Erkenntnis ist wesentlich, will man entscheiden, ob eine KI nur etwas liefert, was im Auge des Betrachters wie Kunst aussieht – oder ob es sich tatsächlich um Kunstwerke handelt. Leichter fällt dir die Unterscheidung bestimmt, wenn es um Folgendes geht: Kunstwerke, gemalt von KI! (Mein absolutes Highlight in diesem Kapitel.) Während bei »Deep-Dream« das Netz ja relativ ungefiltert wilde Assoziationen produzieren konnte, die zum Teil eher nach dem Ergebnis eines psychedelischen Trips aussahen, statt nach einer – in welchem Sinne auch immer – »sinn«vollen Bildkomposition, geht es jetzt darum, dass KIs einen Bildinhalt in ein Kunstwerk verwandeln.

Vielleicht hast du ja schon Beispiele davon gesehen: Wie von Zauberhand verwandelt eine KI ein Foto in ein Bild im Stile von Van Gogh, Monet oder Walt Disney. Die Ergebnisse sehen zum Teil so atemberaubend, detailgetreu und künstlerisch »echt« aus, dass ich wirklich Bauklötze gestaunt habe, als ich das zum ersten Mal nicht nur beobachten, sondern ausprobieren durfte!

KI-Kunst: »Artistic Style Transfer« wurde in Tübingen erfunden und hat weltweit Berühmtheit erlangt.

Was passiert hier? Die Tübinger Forscher Leon Gatys, Alexander Ecker und Matthias Bethge haben aus ihren Beobachtungen, dass neuronale Netze das »Was« und das »Wo« an verschiedenen Stellen in unterschiedlichen Hierarchieebenen enkodieren, einen Algorithmus gebaut. Wieder benötigt man ein neuronales Netz, das zum Beispiel auf Bildklassifizierung fertig trainiert wurde. Dann gibt es zwei Inputs: ein Foto und ein Gemälde. Das Foto soll steuern, was inhaltlich an welchen Stellen zu sehen sein soll. Und das Gemälde gibt den Stil an. Das Ergebnis wird wieder ein Bild sein.

Zu Beginn des Prozesses ist so ein Bild mit zufälligen Pixeln gefüllt. Warum das so ist? Ähnlich wie bei »DeepDream« beschreibt der Algorithmus wieder Vorwärts- und Rückwärts-Durchgänge durch das Netzwerk. Anders als bei der reinen Activation Maximization ist die Kostenfunktion jetzt aber abhängig von den beiden Input-Bildern. Und was das bedeutet, ahnst du vielleicht schon: Alle drei Bilder (Foto, Zwischenergebnis und Gemälde) werden quasi durch das Netz geschoben. Dabei erzeugen sie jeweils verschiedene Aktivierungen in den unterschiedlichen Layern: die Feature Maps. Man kann diese jeweils auch als Fingerabdrücke auf den verschiedenen Hierarchiestufen interpretieren. Okay, unsere drei Bilder erzeugen also Feature Maps in jeder Schicht des neuronalen Netzes. Weiter gegen Ende stehen die Feature Maps mehr für den Inhalt und auf dem Weg dorthin mehr für das »Wo« und »Wie«, also etwa Texturen und Muster – kurz: den Stil.

Der Inhalt soll ja auch möglichst ähnlich sein, sowohl beim Ausgangsfoto als auch beim Zwischenergebnis. Und der Stil auch des Zwischenergebnisses soll schon weitestgehend dem Gemälde ähneln. Die Kostenfunktion vergleicht daher an den verschiedenen Stellen des Netzwerks die Feature Maps von Zwischenergebnis und Foto beziehungsweise Gemälde. Dabei kann man sich diesen Vergleich im übertragenen Sinne fast ein bisschen wie einen Abstand vorstellen: Wie weit weg ist mein aktuelles Zwischenergebnis vom Stil des Gemäldes, beziehungsweise vom Inhalt des Fotos? Das Ziel ist es natürlich, diesen Abstand entsprechend zu verringern, indem sich die Pixel auf dem Zwischenergebnis ändern. Der Optimierungsalgorithmus versucht also, die Pixel des Zwischenergebnisses mittels Backpropagation entsprechend anzupassen.

Die Ergebnisse sind atemberaubend. Und was das Unglaublichste ist: Im Prinzip lässt sich jedes Foto mit jedem Gemälde vermischen. Sogar ein Foto statt eines Gemäldes kann als Stil für das Zielbild genutzt werden: Eine Aufnahme von New York bei Nacht und London bei Tag erzeugt dann etwa ein Fantasiebild von London bei Nacht.

Ähnlich wie bei »DeepDream« hat sich schnell eine Gemeinschaft von begeisterten Fans gefunden, die bis heute gemeinsam an Weiterentwicklungen arbeiten. So entstanden sogar Algorithmen, die Videos in Echtzeit in Cartoons verwandeln. Und vielleicht hast du schon einmal eine der Apps benutzt, die auf deinem Smartphone ein Foto direkt in ein Gemälde verwandelt.

Mit so einer KI-Anwendung kann jeder von uns mehr oder weniger zum Künstler werden. Und sofort stellt sich wieder die Frage: Ist das kreativ? Ist das intelligent? Kein Problem, wir haben ja unsere Kriterien, und die besagen, dass eigentlich erst das Zusammenspiel von Mensch und Maschine hier die eigentliche kreative Schaffensleistung erzeugt. Der Algorithmus arbeitet routiniert seine Programme ab und bleibt im künstlerischen Sinne »kalt« oder vielleicht auch »nüchtern«. Die Ideen aber, die hinter verschiedenen »KI-Kunstwerken« stecken, kommen von den Nutzern. Erkennst du das Muster?

Was wir uns hier bisher angeschaut haben, sind ja nur ausgewählte Beispiele. Aber sie stehen stellvertretend für viele andere auf den ersten Blick kreativ erscheinende Anwendungen von KI. Du wirst mir zustimmen: Bei genauerer Betrachtung zeichnet sich ab, dass derartige KIs eher ein Hilfsmittel im gesamten

Schaffensprozess sind, mehr ein Tool für Künstler und andere Leute, die Spaß daran haben, mittels neuronaler Netze etwas Neues zu schaffen. Aber sie tun das nicht »aus dem Nichts«. Und das neuronale Netz ist dabei nicht allein unterwegs. Die Kunst ist hier nicht Eigenleistung der KI. Ist die KI der Künstler? Wenn du mich fragst: nicht allein.

Wenn KI also helfen kann, etwas Neues zu schaffen, und wenn eine der Schwierigkeiten darin liegt, zu bewerten, ob diese Kreationen gewissen Kriterien entsprechen, dann liegt es doch nahe, diese Bewertung einfach auch von einer KI erledigen zu lassen. Hier kommen wir jetzt zu der letzten Anwendung von »kreativen« KIs in diesem Kapitel, den Generative Adversarial Networks – kurz **GANs.** Die geniale Idee: Zwei neuronale Netze »spielen« gegeneinander – das eine (der Generator) soll täuschend echte »Fake-Bilder« erzeugen, das andere (der Diskriminator) fungiert als »Kunstkritiker«, indem es Fakes mit echten Bildern vergleicht. Beide treten gegeneinander an und trainieren sich so jeweils gegenseitig zur Perfektion. Vielleicht erinnerst du dich an die Autoencoder, von denen ich bereits geschrieben habe. Ihre Aufgabe war es, ein Bild in ein Embedding zu komprimieren, sodass es daraus wieder rekonstruiert werden kann. Der Generator-Teil des GAN funktioniert wie der Decoder-Teil vom Autoencoder. Nur eben mit Zufallszahlen als Input. Sind wir hier echter Kreativität auf der Spur?

Sieht man sich das näher an, trainieren sich durch dieses Gegenspielerprinzip Generator und Diskriminator gegenseitig. Und das Tolle daran ist, dass für die ganze Übung kein einziges von Hand erstelltes Label notwendig ist! Die entsprechenden Anwendungen, sogenannte GANs, sind ein Beispiel für **unsupervised learning.** Generator und Diskriminator lernen gleichzeitig jeweils Modelle für den Datensatz. In Kapitel 3 hatten wir ja schon über Modelle gesprochen: Wenn ich ein Modell von Vögeln habe, kann ich mir einerseits leichter neue

Vögel ausdenken und andererseits besser entscheiden, ob auf einem Bild ein echter Vogel ist. Das »Ausdenken« basiert hier allein auf einem zufälligen Input in den Generator – ein bisschen wie bei den zufälligen Gedanken, die uns durch den Geist gehen, wenn wir ihn schweifen lassen. Das Diskriminator-Netzwerk übernimmt hier jetzt die Rolle der Kontrollinstanz, sprich: des Kunstkritikers. Und das Ganze basiert auf dem Wissen über den Ursprungsdatensatz.

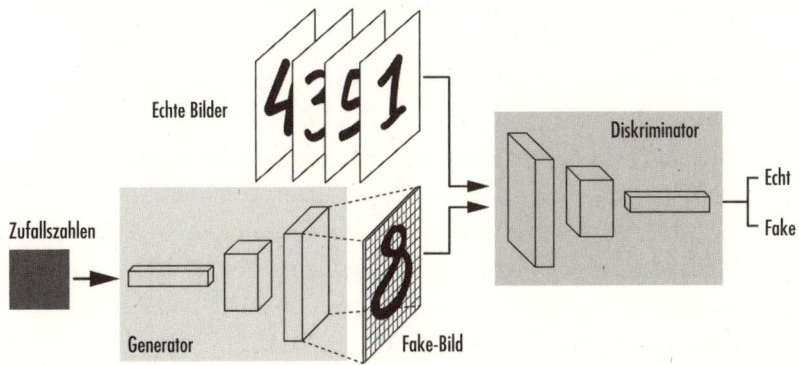

In GANs spielen zwei neuronale Netze spielen gegeneinander und trainieren sich so jeweils gegenseitig.

Solche GANs können zum Teil erstaunlich realistische Bilder schaffen. Es gab Tests, bei denen Menschen die Aufgabe des Diskriminator-Netzes übernehmen sollten. Sie bekamen echte Bilder und Fake-Bilder von einem fertig trainierten Generator – und konnten die Unterschiede kaum noch erkennen. Selbst für gestandene menschliche Kritiker war das ein ungefälschtes, äh, ein echtes Problem.

Okay, könnte man jetzt meinen, dann hat der Generator durch die Backpropagation vermutlich einfach eine Menge Vögel auswendig gelernt und eigentlich gar nichts über Vögel verstanden! Ja, in der Tat ist das ein häufiges Problem beim

Trainieren von GANs. Es gibt aber einen einfachen Trick, um das zu überprüfen: Ich kann den Generator mit zwei zufälligen Inputs dazu anregen, zwei Bilder zu produzieren. Und jetzt kann ich zwischen den beiden Inputs interpolieren, also Zwischenschritte berechnen, und diese jeweils auch durch den Generator schieben. Wenn sich dann eine Reihe von Bildern ergibt, in denen sich das eine Bild schrittweise in das andere verwandelt, dann hat der Generator wirklich die Bausteine des Datensatzes und damit ein vernünftiges Modell, eben beispielsweise eines Vogels, gelernt. Springt der Output nur zwischen den beiden Bildern hin und her, kann man davon ausgehen, dass hier stupide Bilder im Generator gespeichert und abgerufen werden.

Zur Perfektion getrieben hat es ein Team von Forschern des GPU-Herstellers NVIDIA. Durch die schier endlosen Ressourcen der Firma gelang es ihnen, die Ansätze von GANs und Artistic Style Transfer miteinander zu kombinieren und damit nahezu perfekte Bilder zu generieren, hier beispielsweise nach dem Training auf einem Datensatz mit Autos.

Die Autos, die du hier siehst, haben nie existiert. Sie entstammen der »Fantasie« eines neuronalen Netzwerks! Bei genauerem Hinsehen entdeckst du sicher den einen oder anderen Fehler. Du brauchst einen Tipp? Schau dir zum Beispiel mal die Form der geöffneten Motorhaube an. Oder: Die Scheinwerfer sind nicht symmetrisch. Aber trotzdem: Auf den ersten Blick wirst du vermutlich gedacht haben, dass diese Autos echt sind. Wenn man sich überlegt, dass die Bilder auf der Basis von keinerlei konkreten Vorgaben entstanden sind, ist es doch verblüffend, was neuronale Netze so zustande bringen.

Diese Autos gibt es nicht. Sie wurden von einem künstlichen neuronalen Netz geschaffen.

175

Und an dieser Stelle wird vielleicht der eine oder andere wirklich sagen: Ja, das ist kreativ. Das unüberwachte Trainings-Setup, in dem ein GAN durch pure Beobachtung lernt, Teile der Welt zu modellieren und neu zu erschaffen. Die selbst lernende Bewertung. Und das ist noch lange nicht alles, im weiteren Verlauf des Buches werden weitere Beispiele dazukommen, wie sich durch so ein Gegenspielerprinzip Algorithmen selbst trainieren können, ohne dass der Mensch allzu viel eingreifen oder helfen muss. Aber hält dieses zugegebenermaßen atemberaubende Beispiel unseren strengen Kriterien von Kreativität stand?

Meiner Meinung nach ist Kreativität auch ein soziales Konzept. Natürlich kann der Zufall eine Rolle spielen. Doch es ist immer auch der Kontext, der mitwirkt, wenn wir Menschen Kreativität zum Ausdruck bringen. So ein neuronales Netz hat nun einmal keine Ahnung von seiner Umwelt. Es hat allenfalls eine Inselbegabung.

Daher glaube ich nicht, dass Künstler in Zukunft arbeitslos werden, weil KIs ihren Job übernehmen. Im Gegenteil, es gibt schon seit einiger Zeit tolle Beispiele von Künstlern, die KIs aktiv in ihren Schaffensprozess einbauen, um ganz bestimmte Inhalte zu erzeugen. Eine KI ist ein Hilfsmittel! So was wie ein Pinsel der Zukunft.

Erinnerst du dich daran, wie es war, als die ersten täuschend echten Fotomontagen aufkamen, bei denen Bildbearbeitungsprogramme verwendet wurden? Es kam vielen Betrachtern fast schon wie Magie vor, wenn im Computer Falten verschwanden, Muskeln größer, Fettpolster kleiner wurden – und einmal wohl auch ein Model ganz ohne Bauchnabel in einer Zeitschrift abgebildet war. Wird nicht gerade ein so krasser Fehler gemacht, kann am Ende kaum einer sagen, ob das echt ist oder nicht. Hat diese Software deshalb viele Fotografen arbeitslos gemacht? Nein. Die meisten haben solche Bildbearbeitungsprogramme aktiv in ihren Workflow eingebunden.

Auch in anderen Bereichen kann KI (lästige) Routinen automatisieren und uns dadurch neue Möglichkeiten eröffnen, gerade bei Arbeiten, die von Hand zu mühsam wären oder zu schwer. Zum Glück war uns noch nie etwas *zu* kreativ, oder?

Um die Perspektive ein bisschen zu weiten: Unser zukünftiges Leben mit KI wird vermutlich weniger so aussehen, dass KI uns schlagartig verdrängt, sondern KI kann uns Aufgaben abnehmen und uns ergänzen. Ich bin froh, wenn ich dabei helfen kann, ein Verständnis dafür zu entwickeln, was KI kann und was nicht. Denn ich bin überzeugt: Wenn wir uns aktiv darauf einlassen und bewusst entscheiden, welche Abläufe sich mit einer KI schneller, sicherer oder überhaupt erst machen lassen, dann handeln wir aus einer informierten Position, die uns Menschen Kontrolle gibt, da wir verstehen, was passiert.

So ein grundlegendes Verständnis sollten wir alle uns schon gönnen, denn das wird enorm wichtig sein. Mit den täuschend realistischen Erzeugnissen generativer Modelle lassen sich schließlich nicht nur Autos und Vögel künstlich erzeugen, sondern auch Gesichter. Und dann wird die Sache echt spooky.

EINE WELT
VOLLER FAKES

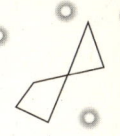

Zu Beginn dieses Kapitels muss ich mich bei dir entschuldigen. Möglicherweise wird dich verunsichern, was du gleich liest, oder vielleicht reagierst du wütend. Ich nehme das in Kauf, weil ich glaube, das Thema ist sehr wichtig. In diesem Kapitel geht es um die Frage, warum wir Videos heute nicht mehr trauen können, und darum, wie einfach es ist, Gesichter oder ganze Personen auszutauschen und anderen Menschen falsche Worte in den Mund zu legen. Fake News waren gestern. **Deep Fakes** sind die nächste Generation der Wahrheitsverzerrung – und wenn ich ehrlich bin, ist selbst das schon wieder fast veraltet, wenn ich das gigantische Tempo technischer Entwicklungen berücksichtige. Künstliche Intelligenz eröffnet uns ungeahnte Möglichkeiten, aber auch ungeahnte Gefahren. In den nächsten Seiten geht es um Wissensbausteine, die du kennen solltest, um gewappnet zu sein.

Die Geschichte beginnt an der Uni Erlangen-Nürnberg. Der KI-Forscher Justus Thies arbeitete in einem Team von Forschern an einem Projekt, das Ärzten bei der Behandlung von Lippen-Kiefer-Gaumenspalten helfen sollte. Für die Planung der Behandlung war es nötig, im Computer ein Modell von Gesichtern zu erstellen.

Was macht eigentlich ein Gesicht aus? Zählt, wie weit die Augen auseinander sind? Oder ist entscheidend, wie lang die Nase ist? Wie geht man mit der Frage um, ob und wie sich die Nasenspitze beim Sprechen bewegt oder welche Schatten um die Augen oder Wangen entstehen, wenn der Lichteinfall sich ändert. Die Idee, auf der ein »Gesichtsmodell« basiert, umfasst viel mehr als eine 3-D-Darstellung einer bestimmten Person – hier geht es vielmehr darum, die Gemeinsamkeiten eines Gesichts mit anderen Gesichtern in einem einheitlichen Modell zu beschreiben.

Zu diesem Zweck analysierte das Forscherteam Datensätze mit einer Vielzahl von Gesichtern. Zunächst handelte es sich um 3-D-Scans. Das Team setzte an dem Punkt an, Gemeinsamkeiten und Unterschiede zu bestimmen, damit auf der Grundlage der gewonnenen Kenngrößen beziehungsweise Merkmale beschrieben werden konnte, was dieses oder jenes Gesicht speziell ausmacht – noch ganz ohne neuronale Netze. Ein Verfahren namens Hauptkomponentenanalyse (HKA, englisch: Principal Component Analysis – kurz: PCA) ermittelte aus einem Datensatz genau diese Elemente, die den größten Teil der einzelnen Datenpunkte erklären.

Schaut man sich ein bestimmtes Gesicht an, lässt sich dieses in Parameter zerlegen, die letztendlich in Kombination die Bausteine ergeben – im übertragenen Sinne etwa, wie lang die Nase oder wie dick die Lippe ist. Dank Tracking erfasst man dabei auch, wie sich die Gesichter bewegen, etwa wenn sich beim Sprechen Falten um den Mund bilden oder die Augenbrauen je nach Ausdruck hoch oder runter wandern. Du erkennst, es ist gar nicht so leicht zu bestimmen, was genau ein Gesicht ausmacht. Jedes Gesicht hat eine eindeutige Geometrie, die unsere Identität ausmacht, aber auch eine Blickrichtung, einen Gesichtsausdruck – und es sieht je nach Beleuchtung unterschiedlich aus.

All diese Faktoren konnte der Algorithmus jedoch schließlich so gut berechnen, dass nicht einmal mehr 3-D-Scans von Gesichtern nötig waren. Ein einfaches Webcam-Video reichte aus, um ein Gesicht zu »verstehen«. Der Ehrgeiz der Forscher war geweckt, und sie wollten demonstrieren, wie gut das System funktioniert. So erfanden sie »Face2Face«: ein neuartiger Ansatz, um in Echtzeit Bewegung und Gesichtsausdruck von einem Gesicht auf ein anderes zu übertragen.

Schauen wir uns dazu genauer an, was es braucht: Man nehme zwei Videos, eines von dir selbst und eines von einer anderen Person. Daraus schätzt der Algorithmus die jeweiligen Parameter für die beiden Gesichtsmodelle – das von dir und das von der anderen Person. Wenn ich jetzt unterscheiden kann, welche Parameter für die Geometrie, quasi die Identität stehen, und welche für Ausdruck, Mimik und Bewegung, kann ich Letztere vom einen auf das andere Gesicht übertragen. Dann kannst du wie bei einer »Gesichts-Marionette« einen anderen Menschen mit deinem eigenen Gesicht steuern. Ein bisschen wie im voranstehenden Kapitel, wo wir den Inhalt eines Fotos übertragen, sodass es in einem völlig anderen Stil auf einem neuen Gemälde umgesetzt wurde – nur geschieht das hier alles noch ohne neuronales Netzwerk. Die Modellierung basiert allein auf statistischen Methoden.

Es ist also möglich, Bewegungen, Ausdruck und Mimik vom eigenen Gesicht auf das der anderen Person zu übertragen – und zwar in Echtzeit! Gleichzeitig bleibt aber das Erscheinungsbild der anderen Person erhalten. Man kann nachher so gut wie nicht mehr entscheiden, ob die andere Person diesen Gesichtsausdruck wirklich selbst erzeugt hat oder ob das Gesichtsmodell einfach nur entsprechend verformt wurde. Die Abbildung zeigt, wie das Ganze aussieht.

Dadurch, dass der Algorithmus mit einem Video der Zielperson gefüttert wurde, kann er auf einen gewissen Schatz an Gesichtsausdrücken und Bewegungen zurückgreifen und zwischen beiden (Original und Verfremdung) interpolieren.

Standbilder aus einem Video, in dem in Echtzeit der Gesichtsausdruck von einer Person auf ein anderes Gesicht übertragen wurde.

Bestimmt kennst du diese Apps, bei denen man Gesichter in Fotos austauschen kann: FaceSwap und Konsorten. Dort werden die Pixel erkannt, die das jeweilige Gesicht repräsentieren, und dann tauscht die App – schwupps – die Pixel aus. Da steckt weder Magie noch KI dahinter, denn es wird auf Datengrundlage quasi eine Fake-Person erzeugt. Das Entscheidende an dem beschriebenen Algorithmus von Face2Face ist, dass hier wirklich das Gesicht einer Person rekonstruiert wird.

Das klingt alles superbeeindruckend, fast schon erschreckend. Aber da du mit Sicherheit die vorstehenden Kapitel aufmerksam gelesen hast, kannst du dir vorstellen, wo die Grenzen sind. Hast du dir schon die Frage nach den »Failure Modes« gestellt, also nach den Grenzen des Modells. Bei jedem Algorithmus, bei jedem neuronalen Netz oder anderem Daten verarbeitenden System sollte man sich immer klarmachen, wozu es in der Lage ist – und wozu eben nicht. Im Falle von Face-2Face beispielsweise sind lange Haare oder Bartwuchs ein Problem. Haare realistisch zu modellieren ist nämlich extrem schwierig. Außerdem benötigt das Modell eine ausreichende Variationsbreite im entsprechenden Eingabevideo, um auch ausgefallenere Gesichtsausdrücke zu synthetisieren. Schnelle Bewegungen sind eine weitere Herausforderung, genauso wie die Rekonstruktion der Mundhöhle.

Vielleicht wird der eine oder andere sich jetzt denken: Aha, wenn ich nicht will, dass jemand ein Fake-Video von mir erstellt, dann sollte ich mir lange Haare und einen komplizierten Zwirbelbart wachsen lassen, in Videos generell hektische und schnelle Bewegungen machen und meine Mundhöhle nur dann zeigen, wenn ich meine Authentizität beweisen will. Ich übertreibe jetzt vielleicht ein bisschen, aber tatsächlich stellt sich die Frage, wie wir in Zukunft überprüfen können, ob ein Video wirklich echt ist. Dazu später mehr, denn die ernüchternde Erkenntnis ist: Mit den gerade beschriebenen Tricks wird es auf Dauer nicht gehen, denn die Forschung schläft nicht, und aktuelle Modelle können Haare und Zungen unheimlich gut modellieren Der Brandbeschleuniger hier sind neuronale Netze. Und ja, in diesem Punkt sind KIs ein entscheidender Faktor.

Mit Generative Adversarial Networks (GANs) und Artistic Style Transfer lassen sich höchst realistische Bilder generieren – das haben wir ja im voranstehenden Kapitel thematisiert. Als die Frage aufkam, wie man die Ergebnisse verbessern könnte, hat man daher kurzerhand die ohnehin bereits verblüffend realistischen Face2Face-Transformationen mit neuronalen Netzen gekoppelt. In den letzten Jahren wurden beispielsweise GANs entwickelt, die aus Strichzeichnungen eigenständige Bilder generieren konnten und umgekehrt. CycleGAN beispielsweise kann Videos von Pferden in Zebras »übersetzen« und umgekehrt. Zugegeben, es wurde mit Bildern von Zebras und Pferden trainiert. Der Aufbau ist so gestaltet, dass auf eine »zyklische Konsistenz« optimiert wird – Verwandle ein Pferd in ein Zebra, sodass der Diskriminator, der auf Zebras trainiert wurde, es für echt hält. Dann »übersetze« dieses Zebra wieder zurück in ein Pferd, das nicht unbedingt identisch mit dem ursprünglichen Pferd sein muss, aber es muss einen Diskriminator überzeugen, der auf Pferde trainiert wurde. Das Gleiche passiert dann entsprechend auch mit der Umwandlung von Zebra zu Pferd zu Zebra. Als ich zum ersten Mal ein Video gesehen habe, wo das Video eines galoppierenden Pferdes so in das eines Zebras »übersetzt« wurde, ist mir echt die Kinnlade runtergeklappt. Google mal »CycleGAN« und »Zebra«.

Diese Art der Bild-zu-Bild-Übersetzung funktioniert natürlich auch mit Gesichtern. Die Idee wird auch »**Neural Rendering**« genannt: Ein Modell wie Face2Face übernimmt die Übersetzung zwischen den rekonstruierten Gesichtsmodellen und ein neuronales Netz erledigt den optischen Feinschliff, um das Ergebnis zu perfektionieren. Das ist das Grundprinzip von »Deep Video Portrait«, einer wissenschaftlichen Arbeit aus dem Jahr 2018, bei der Justus Thies mit Forschern vom Max-Planck-Institut für Informatik und der Unis Stanford und Bath sowie des Filmunternehmens Technicolor beteiligt waren.

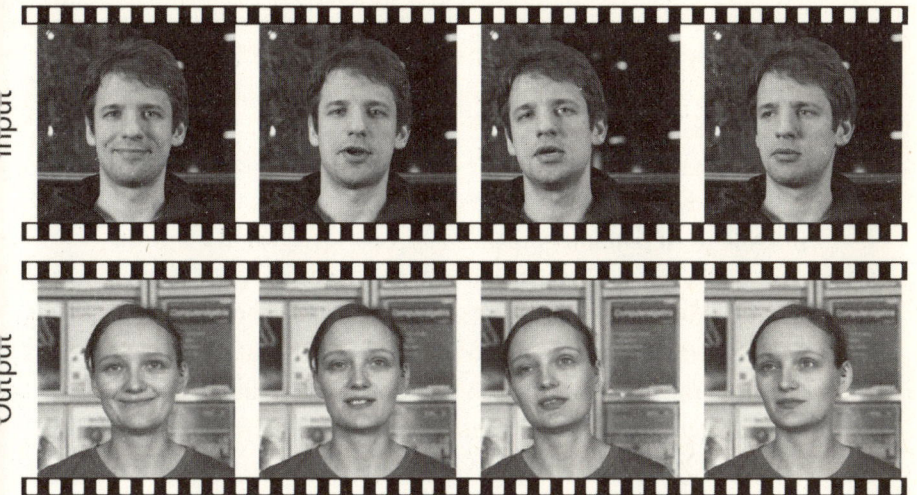

*»Deep Video Portrait« erlaubt es, fotorealistisch Gesichter
in Videos zu manipulieren.*

Selbst Details wie ein Blinzeln oder die Blickrichtung kann
»Deep Video Portrait« von einem Video auf das andere übertragen. Sobald ich also ausreichend Videomaterial von mir und
einer anderen Person habe, kann ich im Prinzip jedes Gesicht
zu einer Art Marionette machen.

Dieser Durchbruch hat natürlich für ziemlich viel Wirbel gesorgt. Es soll sogar diverse Politiker gegeben haben, die »gerne
mal mit dieser Technologie experimentieren« wollten. Man
kann sich vorstellen, was alles möglich wäre, wenn Feinde der
Demokratie auf dumme Gedanken kommen. Auch Hersteller
verschiedener mehr oder weniger jugendfreier Filmkategorien
haben sich bei den Forschern gemeldet. Und natürlich sind
auch diverse Regierungsbehörden auf diese neuen Möglichkeiten aufmerksam geworden. Die Anwendungsgebiete für
fotorealistische Gesichtsrekonstruktionen sind schier uner-
schöpflich, man denke etwa an Filmsynchronisation. Bislang
wurde die Tonspur von Filmen aus dem Ausland einfach neu

produziert. Doch dabei hat die Stimme oft nicht zu den Lippenbewegungen gepasst. Mit »neural rendering« können schon heute die Lippenbewegungen auf fast jede beliebige Sprache angepasst werden.

Andererseits ist uns allen natürlich furchtbar bewusst, dass jemand, der Böses im Sinn hat, mit dieser Technologie leicht Videos so manipulieren kann, dass Menschen diffamiert oder absichtlich desinformiert werden. Und natürlich kann das globale Auswirkungen haben. Gerät ein Fake-Video in die Hände von Verschwörungstheoretikern, wird es echt schwer, falsche Behauptungen zu widerlegen. Aber auch im Alltag kann ein manipuliertes Video viel Schaden anrichten. Stell dir nur mal vor, jemand erstellt ein Fake-Video einer Privatperson in einem Porno.

Schon damals waren sich die Forscher also durchaus bewusst, dass ihre Arbeit eine ziemlich explosive Mischung beinhaltet. Entgegen der Gepflogenheiten wurde der Quellcode nicht veröffentlicht – wie es sonst weltweit im Bereich der KI-Forschung Usus ist. Trotzdem haben Programmierer überall versucht, die Ergebnisse zu reproduzieren, schließlich umfassten die wissenschaftlichen Veröffentlichungen ausreichend Details. Es entstand ein regelrechter Wettbewerb, wer die besten »Deep Fakes« produzieren konnte. Weltbekannte Schauspieler tauchten plötzlich in Pornos auf und auch Politiker posierten in Konstellationen, in denen sie sich nie im Leben hätten blicken lassen. Als ich einige der Deep Fakes sah, die in der breiten Programmierer-Community mit öffentlich zugänglichem Code produziert wurden, traute ich meinen Augen kaum. Und ich habe wirklich Angst bekommen. Ich musste mich der Frage stellen: Ist denn jetzt gar nichts mehr sicher? Auch persönlich fühlte ich mich angreifbar, denn ich trete regelmäßig im Fernsehen und auf YouTube auf. Im Internet gibt es Unmengen an Videomaterial von mir. Für jemanden, der mir etwas Böses wollte und über minimale Programmierkenntnisse verfügte, wäre es ein Leichtes, mein Gesicht fotorealistisch in Gott weiß was für kompromittierende Situationen zu faken und mich Dinge sagen zu lassen, die im krassen Gegensatz zu meinen Überzeugungen stehen. Ein Horrorszenario.

Wie soll man diese Entwicklung einordnen? Steht uns ein digitales Armageddon bevor? Sind wir machtlos? Hätte diese Forschung niemals unternommen werden sollen?

Ich habe Justus Thies gefragt, ob er es bereut, damals mit der Gesichtsmodellierung angefangen zu haben. »Man kann den Prozess nicht aufhalten«, sagte er mir. Fakes gab es schon immer, Kunstfälschungen zum Beispiel, aber auch manipulierte Fotos. All das hat in der Vergangenheit viel Wirbel verursacht – und händische Arbeit erfordert. Mit den Möglichkeiten eines Computers geht jedoch vieles schneller – und ganze Industriezweige profitieren ja von dem Trend. In der Filmindustrie sind »Manipulationen« schon seit vielen Jahren gängige Praxis. Landschaften, ja neue reale Welten entstehen virtuell. Aber auch Gesichter wurden schon ausgetauscht zum Jubel vieler Kinobesucher – etwa bei »Avatar« oder »Der seltsame Fall des Benjamin Button«. Das hat den Machern wichtige Preise eingebracht. Techniken, die bislang enorm teuer waren und die nur hochspezialisierte Experten beherrschten, können heute Menschen wie du und ich auch mit überschaubarem Expertenwissen oder technischer Ausrüstung mal eben so machen. Auch bei den »smarten Pinseln« übernimmt der Computer einen Großteil der Arbeitsschritte: vom automatischen Entfernen roter Augen bis zum Aufblasen von Muskeln. Mehr und mehr geschieht automatisiert – also selbstständig und uns meist gar nicht bewusst. Es ist ein bisschen wie beim exponentiellen Wachstum: Im Moment erleben wir eine Explosion der Automatisierung, und das hat weitreichende Folgen in vielen Bereichen. Ich nehme mal nur ein Beispiel heraus: Telekommunikation – Corona hat uns gelehrt, dass Videokonferenzen manchen Flug ersetzen können. In Zukunft ist eine Vielzahl an Innovationen zu erwarten. Dann können unsere Doubles mithilfe der gerade beschriebenen Technologie unsere natürliche Interaktion in virtuellen Konferenzen ersetzen – oder ein hiesiger Ingenieur könnte einem Kollegen am anderen Ende der Welt etwas erklären, als wäre er vor Ort.

Die Innovationsexplosion bewirkt, dass die Videomanipulation kein Nischendasein mehr fristet. Klar, Fälschungen an sich sind so alt wie die Menschheit. Aber erstmals können wir ganz normalen Leute die »Welt« manipulieren, weil wir Zugang zu den Möglichkeiten haben. Auf die Spitze getrieben, könnte man sagen, wir erleben eine Demokratisierung des Fälschens. Ist es nicht unfair, dass früher nur sehr reiche Leute es sich haben leisten können, ein gefaktes Video erstellen zu lassen? Sollte das nicht jeder können dürfen? Ist es falsch, dass wir alle jetzt den Fälscher in uns entdecken können?

Versteh mich nicht falsch – ich will unter gar keinen Umständen dafür argumentieren, dass wir die Welt mit Fakes fluten. Im Gegenteil: Mein Ziel ist es, ein Bewusstsein zu schaffen für die technischen Möglichkeiten. Wissen hilft auch dabei, Macht zu regulieren. Wir alle hätten uns schon vor Jahren mehr Medienkompetenz aneignen sollen – das ist Basiswissen auch in der Schule, meine ich. Denn so ein Wissenstransfer befähigt uns erst, uns als kritische Menschen zu beweisen. Wer die Dimensionen der Manipulation durchschaut, der kann doch erst die Möglichkeit in Betracht ziehen, dass etwas gefälscht, gefakt und manipuliert wurde. Ich sehe nur, was ich weiß, oder? Wer Basiswissen hat, kann dann vielleicht erkennen, dass etwa ein Video ein Fake oder aus dem Kontext gerissen ist. Diese Kompetenz wird jetzt exponentiell wichtiger. Ja, genau, weil die KIs ins Spiel kommen und Manipulation »kinderleicht« ist. Aber der bloße Umstand, dass ein neuronales Netz einen Fake erstellt (statt einer spezialisierten Videobearbeitungsfirma), ändert nichts an der Notwendigkeit von Medienkompetenz. Das muss heute Allgemeinbildung sein. Ich fordere: Jede und jeder muss die Möglichkeit haben, so etwas wie »KI-Kompetenz« zu erwerben.

Mir kommt es so vor, als würden manche denken: »Wozu soll ich das denn alles verstehen – besser wäre es doch, wenn die Politik KI-Forschung verbietet.« Was aber würde dann passieren? Kann man Menschen das Denken verbieten? Natürlich nicht. Wer das in einer global vernetzten Welt versuchte, stünde schnell auf dem Schlauch, denn eines ist sicher: Jemand anders übernimmt und macht weiter. Vielleicht ein anderes Land. Entwicklung lässt sich nicht aufhalten, und ich hoffe: auch Wissen nicht. Denn KI und Automatisierung bedeuten für uns alle doch enorme wirtschaftliche Vorteile. Und: Wer zuerst kommt, hat da noch die besten Chancen, regulierend einzugreifen. Das ist ein bisschen so wie in der Automobilindustrie: Hätte man früher erkannt, dass Autos schlecht für das Klima sind, und aufgehört, in Deutschland Autos zu bauen, hätten andere Länder einfach weitergemacht, oder? Wir müssen mit gutem Beispiel vorangehen. Außerdem ist KI erst einmal eine neutrale Technologie, weder gut noch böse – entscheidend ist, was ich daraus mache. Einen Motor zum Beispiel kann ich schließlich in einen Panzer, aber auch in einen Krankenwagen einbauen.

Ist es daher nicht besser, weiterhin eine aktive Rolle in der KI-Forschung zu spielen? Für Justus Thies ist die Antwort eindeutig: ja. Als Spitzenforscher hat er nämlich die Möglichkeit, den Diskurs mitzubestimmen – und selbstverständlich wird er dabei die Moralvorstellungen aus seinem sozialen Kontext einbringen. Wenn wir unsere europäisch-demokratischen Werte in der technischen Entwicklung widergespiegelt sehen wollen, dann müssen wir Player bleiben – in der Forschung, aber auch gesamtgesellschaftlich, also ein jeder von uns mit dem Basiswissen und der eigenen Kompetenz in Sachen Demokratieverständnis und Menschenrechte. Justus Thies und seine Kollegen haben ihre Verantwortung erkannt und sich entschieden, aktiv einen neuen Forschungszweig mitzugestalten: den Bereich der **Multimedia-Forensik.**

Schon vor den Deep Fakes hat sich regelmäßig die Frage gestellt, welchen Quellen man eigentlich vertrauen kann und welchen nicht, ja, gerade im Internet. Fake News zu erkennen erfordert einiges an Wissen und Motivation. Und in Zukunft werden wir nicht nur neue Technologien kennenlernen, sondern wir werden auch mehr neue Mechanismen entwickeln, die uns helfen sicherzustellen, dass Inhalte authentisch sind: Nachrichten, Zitate, Text allgemein, aber auch Audio- und Videoinhalte.

Wer ist hier in der Pflicht? Tragen wir im Wissenschaftsbereich KI-Entwicklung die alleinige Verantwortung? Ich bin der Meinung, die Politik als Vertretung mündiger Bürger sollte klare Regeln aufstellen. Doch dazu brauchen Politiker, aber auch Wähler ein grundlegendes Verständnis von technologischen Möglichkeiten. Das aber scheint noch nicht Allgemeinwissen zu sein. Wie sonst ließe sich erklären, dass manche Journalisten, die ja eigentlich der Wahrheit verpflichtet sind, für eine explosive Schlagzeile bereit sind, eine Lücke in der Quellenlage in Kauf zu nehmen. Plattformen, die Inhalte verbreiten, werden heute schon in die Pflicht genommen, bestimmte Inhalte einzuschränken, etwa Rassismus oder Hass-Posts. Aber auch manipulierte Bilder, Videos oder Tonaufnahmen sollten selbstverständlich dazugehören.

Und was ist mit uns – uns Nutzern, und damit meine ich mich genau wie dich? Ich denke, auch wir sind in der Pflicht, Quellen und Inhalte in einem gewissen Umfang zu prüfen und zu bewerten. Wer blauäugig alles glaubt, was im Internet zu finden ist, wird früher oder später Schaden nehmen. Ja, es ist mühsam, sich auch noch darum zu kümmern und bei jeder Aussage, jedem Artikel, Video oder bei jeder Sprachnachricht nachzudenken: Könnte das ein Fake sein? Aber wir gucken doch auch beim Überqueren der Straße nach links und rechts, wenn wir nicht überfahren werden wollen. Auch Nachrichten können dich überfahren, wenn du nicht wachsam bist. Ein wenig Recherche links, rechts und in der »Tiefe« eines Texts oder Videos ist auch nichts anderes als eine Versicherung, dass du nicht gerade einer Manipulation auf den Leim gehst.

Vertrauen ist daher wichtig. Wem vertrauen wir im Internet und wem in der echten Welt? Schon heute gibt es in manchen Kameras »Authentizitätssiegel«, die lückenlos beglaubigen, dass ein Foto vom Chip einer zertifizierten Kamera aufgenommen wurde und ohne Manipulation des Bildinhalts angezeigt wird. Solche Features helfen uns und sind wichtige Grundlagen, auf die wir bauen können. Derartige Authentifizierungsketten müssen ausgebaut werden. Die Blockchain-Technologie macht gerade vor, wie das für Zahlungen mit Kryptowährungen funktionieren kann. Es ist denkbar, dass eines Tages auch Interviews oder andere Inhalte per Blockchain authentifizierbar sind.

Die heute noch relativ neue Multimedia-Forensik könnte für mehr Sicherheit sorgen. Stell dir mal vor, ein Browser-Plugin würde jedes Foto oder Video, das dir angezeigt wird, automatisch checken. Wie das gehen soll? Natürlich mithilfe von KI! Denn wenn eine KI Fakes erstellen kann, dann kann eine andere KI auch Fakes identifizieren – zumindest in einem gewissen Umfang. Alles ein Kostenfaktor, klar, aber das sollten wir uns wert sein. Im vorstehenden Kapitel habe ich die Funktionsweise von GANs erklärt. Dieses Prinzip lässt sich auch auf solche Authentizitäts-Checks anwenden – in nicht allzu ferner Zukunft. Bei jedem noch so gut erstellten Fake wird es immer kleine Fehler geben, die zum Teil für das menschliche Auge gar nicht mehr wahrnehmbar sind. Passt die Beleuchtung von Gesicht und Hintergrund zusammen? Stimmen Audio und Video überein? Solche Fragen können neuronale Netze zum Teil beantworten.

Justus Thies und seine Gruppe, aber auch einige andere große Firmen und Forschungseinrichtungen veröffentlichen regelmäßig gigantische Datensätze mit Deep Fakes. Das Ziel: einen weltweiten Wettbewerb zu entfachen, um die Erkennung von Fakes zu optimieren. Jede und jeder hat dann Zugang zu solchen Features – denn hier werden die Codes natürlich frei ins Netz gestellt. Wer ein neuartiges neuronales Netz trainiert hat, das Fakes besser erkennt als alle anderen, gewinnt Ruhm und Ehre in der Forscher-Community und hilft gleichzeitig der Gesellschaft – und zwar global.

Natürlich ist das ein zweischneidiges Schwert, denn eine KI kann – ich weiß, ich wiederhole mich da, aber das ist doch der Kern der Sache! – immer nur so gut sein wie die Daten, auf denen sie trainiert wurde. Erfindet also jemand eine neue Methode, um Fakes zu generieren, mag es sein, dass diese nicht vom aktuellen Champion der Multimedia-Forensik entlarvt wird. Oder Faker nutzen die aktuell besten Detektoren, um neue entlarvende Programme gleich wieder auszutricksen. Es ist ein Henne-und-Ei-Spiel, das früher einmal zwischen Kunstfälschern und Kunstexperten ausgetragen wurde, während es heute weltweit auf der Bühne der KI-Forschung in dieser neuen Form längst Alltag ist.

Jedem steht es frei, das für sich zu bewerten, auch dir natürlich. Die Frage ist: Glaubst du an das Gute im Menschen oder nicht? Glaubst du an den Fortschritt von Technologie oder an die Wertneutralität von Forschung? Um sich in einer Welt zurechtzufinden, in der KI an immer mehr Stellen für explosionsartige, exponentiell wachsende Innovationen sorgt, ist es essenziell, dass wir alle und jeder Einzelne ein Verständnis für die grundlegenden Mechanismen unserer Computer und unserer KIs entwickeln. Mach auch du doch gleich den nächsten Schritt zu mehr Verständnis – und stürz dich gleich ins nächste Kapitel.

AUF DEM WEG ZUM SELBSTFAHRENDEN AUTO

Natürlich haben wir bis jetzt in diesem Buch nur einen kleinen Ausschnitt aus der Welt der KI gesehen. Und natürlich dreht sich bei KI nicht alles nur darum, Katzen, Vögel und Autos zu erkennen oder zu generieren. KI kann noch viel mehr.

Die Grundlage vieler Anwendungen sind aber die neuronalen Netze, die wir bisher ausführlich besprochen haben: wie sie funktionieren und dass wir sie darauf trainieren, beliebig komplizierte mathematische Funktionen zu lernen, statt dass wir diese mühevoll von Hand definieren müssten. Daten spielen dabei eine entscheidende Rolle. Wir benötigen ausreichend viele, müssen diese zweckmäßig speichern oder aufbereiten und während des Trainings auch schnell genug verarbeiten können. Das tun wir etwa mit Grafikkarten. Der Aufbau eines neuronalen Netzes ist ein weiterer Faktor für den Erfolg, es gibt unzählige Architekturen und die wissenschaftliche Community erfindet ständig neue. Und wir alle feiern, dass diese Architekturen offen zugänglich gemacht werden. Gleichzeitig braucht es effiziente Trainingsalgorithmen. Die meisten basieren auf der Fehlerrückführung, der sogenannten Backpropagation.

Um das Jahr 2012 herum gab es entscheidende Durchbrüche, weil der Stand der Forschung in all diesen Bereichen reif war für die Entstehung von neuronalen Netzen, die den Mensch in manchen Aufgaben übertrafen. Ein großer Teil der Entwicklung befasst sich auch heute mit dem »überwachten Training«, etwa der Bildklassifizierung. Eine Aufgabe kann dann so aussehen: Gegeben sind ein Bild und eine Kategorie, sage Letzteres vorher und vergleiche mit dem Sollwert.

Da das überwachte Lernen sehr viele annotierte Daten benötigt, haben sich parallel immer mehr unüberwachte Methoden etabliert, bei denen keine »handgemachten« Labels benötigt werden. Eine herausragende Klasse stellen die bereits erwähnten Generative Adversarial Networks (GANs) dar. Im Gegenspielerprinzip arbeiten zwei neuronale Netze gegeneinander und trainieren sich so darauf, etwa fotorealistische Bilder zu generieren oder ganze Bilder zu übersetzen – von Satellitenfoto zu Landkarte und umgekehrt. Dieses Gegenspielerprinzip ist eine ziemlich mächtige Idee. Sie ist nicht nur auf das Schaffen von fotorealistischen Bildern beschränkt, sondern lässt sich auch auf andere Anwendungen übertragen. Wenn Computer lernen, sich selbst zu trainieren, indem sie gegen sich selbst »spielen«, sind die Möglichkeiten doch unbegrenzt, oder?

Die Bausteine, die wir bisher in diesem Buch besprochen haben, sind das Fundament für die nächste Etappe auf dem Weg zur künstlichen Intelligenz. Wenn wir eines Tages einmal ein wirklich intelligentes System bauen wollen, dann muss dieses mehr können als Bilder erkennen oder generieren. Sprache und Text hatte ich bisher absichtlich noch nicht thematisiert – das kommt noch, versprochen! Worauf ich hier also hinaus will, ist das Konzept, dass so ein mehr oder weniger intelligentes System lernen muss, Beobachtungen in den richtigen Kontext einzuordnen, Entscheidungen zu treffen und daraus Handlungen abzuleiten.

Wie das dann in der Praxis aussieht? Derzeit wird viel über selbstfahrende Autos diskutiert. Aber auch ein schlauer Industrieroboter, der einem Ingenieur hilft, indem er mitdenkt, wäre so ein Beispiel. Oder eine clevere Diagnostik-KI, die noch viel kleinmaschiger Patienten unterstützt, als es Ärzte heute können. All diese Beispiele haben gemein, dass ein künstlich intelligentes System mit seiner Umgebung interagieren muss nach dem Motto: sehen, denken, handeln.

Diese Abfolge einem Computer abzuverlangen ist gar nicht so leicht. Schon ein Hund hat mitunter Schwierigkeiten zu lernen, dass er auf Kommando »Pfötchen geben« soll. Als ich versucht habe, unserem Hund Toutou beizubringen, dass er mir erst seine Pfote entgegenstrecken soll, bevor es das Leckerli gibt, hat das ganz schön lang gedauert. Gut, er war uns auch zugelaufen und hat vermutlich keine Hundeschule besucht, weswegen wir nicht so streng mit ihm waren. Immer und immer wieder sagte ich: »Pfötchen« – und Toutou strahlte mich richtig an in freudiger Erwartung einer Nascherei, aber auch ein bisschen, als wollte er mir sagen: »Ich habe keine Ahnung, was du von mir willst!«

Um ihm auf die Sprünge zu helfen, habe ich selbst erst seine Pfote genommen und ihm im zweiten Schritt das Leckerli gegeben. Sisyphos hätte mich seines Mitgefühls versichert. Immer und immer wieder versuchte ich es aufs Neue – und Toutou tat alles Mögliche, außer das, was ich von ihm wollte. Nun bin ich natürlich ein totaler Laie, was Hundetraining angeht, und vermutlich wird es Zufall gewesen sein, dass Toutou es irgendwann dann mal gecheckt hatte. Durch die Belohnung wird er abgespeichert haben: Aha, wenn ich die Pfote hebe, gibt's was zu fressen. Verstanden hat er das Wort »Pfötchen« vermutlich nicht. Jetzt kann man auch »Autobahn« sagen, und er gibt das Pfötchen. Ein hoffnungsloser Fall von Overfitting. Daher wollte ich ihm ein zweites Kommando beibringen: »Platz.« Sagen wir's so: Ich habe sehr viel Zeit auf dem Boden verbracht.

Was dir dieses Beispiel zeigen soll? Ein Hund, den die meisten von uns vermutlich für nicht gänzlich unintelligent halten, hat schon seine Schwierigkeiten, einfache Routinen zu lernen, sofern sie nicht direkt seinem Instinkt entsprechen. In einem Trainings-Setup, das den Regeln von »Trial and Error« folgt, festigen sich die zunächst zufälligen Handlungsmuster, die zu einer Belohnung führen. Das ist klassische Konditionierung.

Jetzt kommt es eine Stufe komplizierter: Beispiel Schach. Hier haben wir eine sehr klar definierte »Welt«: 64 Felder mit 16 Figuren pro Spieler. Es gibt genaue Regeln, wer sich wie bewegen darf und wann jemand gewonnen hat. Diese Regeln kann man auswendig lernen, aber damit ist noch nicht garantiert, dass man auch ein guter Schachspieler wird. Im Pfötchen-Beispiel war die Herausforderung für den Hund, zuverlässig zu erkennen, dass es sich um eine Situation handelt, in der ein Leckerli winkt. Spontan würde er ja nicht seinen Trick vorführen. Sobald der Hund also diesen »Zustand« erkannt hat, wählt er aus seinem Schatz an »Aktionen« eine aus, handelt entsprechend und bekommt dafür gegebenenfalls eine »Belohnung«. Diese Begriffe »Zustand«, »Aktion« und »Belohnung« gehören zur Theorie des bestärkenden oder verstärkenden Lernens, was auf Englisch mal wieder mehr nach Fachsprache und gleich viel wichtiger klingt: **Reinforcement Learning**. Beim Reinforcement Learning geht es darum, im Computer nachzubauen, was in der echten Welt passiert, wenn jemand etwas lernt – ein Hund zum Beispiel, dass er Pfötchen geben soll.

Wenn jetzt ein Mensch (oder ein Computer) Schach spielt, könnte man das so beschreiben: Der Spieler ist der »Agent« (von lateinisch »Handelnder«). Klingt auch besser, wenn man es englisch ausspricht. Die Anordnung der Figuren auf dem Schachbrett ist der aktuelle Zustand. Basierend auf diesem hat der Agent eine klar definierte Menge an möglichen Aktionen. Jede Figur darf man ja nur soundso viele Felder weit bewegen. Ich darf nicht über den Rand hinaus. Wählt der Agent jetzt eine Aktion aus, ändert er damit den Zustand. Das Ziel ist es, den zukünftig erwarteten Gewinn oder die Belohnung zu maximieren.

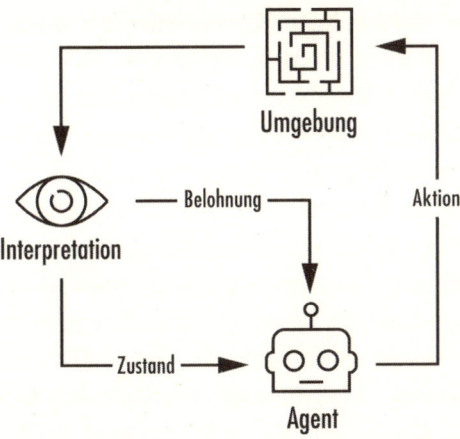

Umgebung

Belohnung ——————

Aktion

Interpretation

Zustand ——→

Agent

Mit »Reinforcement Learning« kann ein Computer lernen, Schach zu spielen – und eines Tages vielleicht auch Auto zu fahren.

Im Falle eines Schachspiels wäre der Gewinn erst am Ende klar. Und hier fängt das eigentliche Problem an. Die Konditionierung beim Hund hat einigermaßen gut funktioniert, weil es genau eine Aktion gibt, die bei genau einem Zustand zur Belohnung geführt hat. Die Schwierigkeit war es nur, den Zustand richtig zu erkennen und die richtige Aktion auszuführen. Bei einem Schachspiel, das durchaus auch mal richtig komplex wird und im Durchschnitt circa 40 Züge lang ist, wird es schnell schwierig zu analysieren, welche Aktionen in den kritischen Zuständen des Spiels entscheidend waren. War ein schlauer Zug ganz am Anfang ausschlaggebend für den Gewinn? Oder die geschickt aufgebaute Falle in der Mitte der Partie? Hat eine einzelne Aktion zum Ziel geführt – oder eine ganze Reihe?

Wenn ein Mensch Schach spielt, dürfte es eine Mischung aus Erfahrung, Kreativität und Voraussicht sein, die ihm zum Erfolg (pardon: zur Belohnung) verhilft. Um also einem Computer mit dem Framework von Reinforcement Learning etwas ansatzweise Schwieriges beizubringen, sind ein paar weitere Tricks nötig.

Jahrelang schien manche Hürde unüberwindbar. Dass dennoch vieles möglich ist, haben in den letzten Jahren Forschergruppen immer wieder aufs Neue bewiesen. Ein Meilenstein war das Jahr 2017, als ein Team von Google DeepMind ihr System »AlphaGo Zero« präsentierte.

Go ist ein chinesisches Brettspiel, vergleichbar mit Schach. Die Regeln sind relativ einfach, allerdings ist das Spielfeld größer und entsprechend ergibt sich eine deutlich größere Zahl an möglichen Spielkonstellationen als beim Schach. Nachdem »Deep Blue« von IBM 1997 den Schachweltmeister Garry Kasparov besiegt hatte, bot sich Go als komplizierte nächste Herausforderung fürs maschinelle Lernen an, denn hier blieben die menschlichen Go-Meister der Maschine überlegen – vorerst. Mithilfe von Deep Learning versuchten die Forscher, ein System zu bauen, das es zumindest ansatzweise mit menschlichem Spielvermögen aufnehmen konnte.

Um das zu bewerkstelligen, programmierten die Forscher zunächst eine virtuelle Umgebung, in der sie Go-Spiele simulieren konnten. Das ist natürlich viel zweckmäßiger, als in der Realität richtige Brettspiele aufzubauen und Roboterarme die Spielsteinchen bewegen zu lassen. In der virtuellen Welt fällt auch das Problem weg, den aktuellen Spielstand erst mit einer Kamera erfassen zu müssen. Virtuell ist ja alles direkt mit Zahlen im Computer repräsentiert, sodass sich das System ganz auf den schwierigen Teil konzentrieren kann: die Vorhersage der Spielzüge.

In verschiedenen Versionen ihrer Software, die die Forscher am Ende AlphaGo nennen sollten, trainierten sie zunächst Varianten mit menschlichen Spielzügen und menschlicher Überwachung, die dann mittels Reinforcement Learning den letzten Schliff bekamen. Auf diese Weise gelang es bereits, weltberühmte (menschliche) Go-Champions zu schlagen. Das war echt hochgradig beeindruckend – auch deshalb, weil Go weitaus komplexer ist als Schach. Ich überspringe diese Vorläufer aber, da danach eine wiederum neue Version herauskam, die alles Bisherige in den Schatten stellte: AlphaGo Zero – ein System, das innerhalb einiger Tage lernte, besser zu spielen als AlphaGo, ohne jemals auch nur einen menschlichen Spielzug gesehen zu haben.

AlphaGo Zero wurde so gut wie unschlagbar, weil es trainiert wurde, indem es gegen sich selbst spielte. Wie bei den GANs haben wir es hier wieder mit einem Gegenspielerprinzip zu tun. Allerdings spielen hier zwei identische Systeme gegeneinander. Ein solches System ist hierbei ein neuronales Netz, das als Input den aktuellen Zustand der Spielsteine auf dem Brett erfasst. Vorhersagen soll es auf dieser Basis die vielversprechendsten nächsten Züge und die Wahrscheinlichkeit, damit zu gewinnen. Das ist ein wichtiger Trick. Dazu kommt ein weiterer Algorithmus, der für jeden vom Netz vorgeschlagenen geeigneten Spielzug eine Vorausschau simuliert, wie sich das Spiel weiter entwickeln könnte. Bevor das System sich also entscheidet, welchen Zug es als Nächstes durchführt, simuliert es mit seinem aktuellen Wissen den weiteren Spielverlauf, immer basierend auf seinem aktuellen Wissen. Entscheidend ist, dass nicht blind alle möglichen Züge durchgespielt werden – das würde viel zu lange dauern. Stattdessen nutzt das System sein eigenes Wissen, um immer die jeweils vielversprechendsten Züge auszusuchen. Durch diese »Vorausschau« lernt das Netz mit jedem Zug, bessere nächste Züge vorherzusagen. Und da es die Gewinn-Wahrscheinlichkeit gleich mitliefern muss, was sich durch die Vorwärtssimulation näherungsweise überprüfen lässt, erhält es während des Spiels ständig ein Feedback und kann sein Training (den nächsten Zug) optimieren – es muss nicht bis ganz zum Schluss warten.

Das war jetzt ziemlich starker Tobak, daher noch mal kurz die Zusammenfassung: Wenn ein Computersystem lernen soll, vielversprechende Handlungen basierend auf einem aktuellen Zustand vorherzusagen, braucht es Feedback in Form einer

Gewinn- oder Belohnungsfunktion. Wenn diese Belohnung erst am Ende einer langen Kette von Handlungen steht, ist es schwer, allein durch Trial and Error etwas zu lernen. Da geht es dem Hund wie dem neuronalen Netzwerk. Der Trick ist es also, und das zeigt das Beispiel Go ganz eindeutig, lange vor dem Ende, ja mit dem ersten Spielzug laufend Zwischenbewertungen zu berechnen, damit der Agent in die richtige Richtung läuft.

Der Durchbruch von AlphaGo war es, dieses Vorauschecken (samt Belohnung) so geschickt einzurichten, dass ein neuronales Netz gegen einen Klon von sich selbst spielen und daraus lernen konnte. Mit einer Vorwärtssimulation, die immer weiter die nächsten Züge im Was-wäre-wenn-Sinn durchspielt, kann sich das Netz zum einen selbst überwachen. Zum anderen lernt es letztendlich auch aus dem finalen Ergebnis des Spiels. Und natürlich hat so ein neuronales Netzwerk einen unschlagbaren Vorteil – gegenüber Mensch wie Hund: Da alles komplett automatisiert ist, können Millionen solcher virtuellen Spiele parallel durchgeführt werden, sodass das Modell sich ständig von selbst verbessert.

Als es hieß, dass AlphaGo Zero komplett selbstständig gelernt habe, besser Go zu spielen als jeder Mensch, ohne jemals gegen einen Menschen gespielt zu haben, haben es einige mit der Angst zu tun bekommen. Wenn ein Computer »einfach ohne menschliche Hilfe« lernen kann, Go zu beherrschen, dann, so das Horrorszenario, wird es doch nicht mehr lange dauern, bis Computer die Weltherrschaft an sich reißen!

Das können wir zum Glück jetzt besser einordnen. Nein, so einfach ist es nicht. Denn der Mensch hat sehr wohl eine entscheidende Rolle gespielt bei AlphaGo Zero. Das System konnte nur so gut werden, weil schlaue Leute die Trainingsumgebung ungemein geschickt gebaut und den Trick mit der Gewinnvorhersage erfunden haben, durch den gleich während des Spiels Trainingssignale generiert werden. Die eigentliche Belohnung ist der Gewinn am Ende des Spiels, und durch clevere Programmierung gelingt es, schon während des Spiels kleine Teilbelohnungen zu verteilen. Das nennt man auch »Reward Shaping«.

Genau diese wesentliche Komponente lässt sich aber nicht mal eben auf andere Bereiche übertragen, denn die Gewinnvorhersage hängt komplett von der gestellten Aufgabe ab. Man muss erst die Aufgabe richtig verstanden haben, bevor man anfangen kann, eine Trainingsumgebung dafür zu bauen. Und damit meine ich: bevor *Menschen* anfangen können, eine Trainingsumgebung zu bauen. Das Netzwerk kann so etwas nicht aus sich heraus. Das ist vergleichbar mit einem richtig guten Fußballtrainer, der sich Übungen für seine Mannschaft überlegt, die Teilfähigkeiten trainieren: zum Beispiel schnell rennen oder ein besonders gutes Ballgefühl. Damit wird eine Mannschaft möglicherweise unschlagbar. Aber derselbe Trainer wird sich schwertun, mit den gleichen Methoden jemandem das Autofahren beizubringen. Ich habe mir übrigens sagen lassen, dass Hundetrainer für komplexe Aufgaben auch den Trick der »Teilbelohnungen« verwenden mit einer Menge verschiedenen Leckerlis. Neu ist diese Idee also bei Weitem nicht. Nur ist bei Computern und neuronalen Netzwerken alles eine Frage der Software-Ingenieurskunst.

Uns Menschen fällt es nicht immer leicht nachzuvollziehen, warum sich die Maschinen beim Lernen so schwertun. Deshalb unterstellen manche schnell, dass sie in jedem Aspekt und Teilbereich super sind, nur weil sie super Go-Spieler sind, wenn man es richtig anstellt. Dir ist das inzwischen wahrscheinlich klar, aber viele müssen erst noch verstehen, dass ein Computer ja nur einen winzig kleinen Ausschnitt der Welt kennt. Wir Menschen können auf einen großen Erfahrungsschatz aus vielen verschiedenen Bereichen zurückgreifen und neue Situationen mit ähnlichen assoziieren, auch wenn sie aus einem ganz anderen Kontext kommen. Ein Computer kann das heute noch nicht. Je einfacher wir es dem Computer machen, indem wir etwa eine kleine, überschaubare Welt konstruieren (wie bei Schach oder Go), desto eher hat er die Chance, etwas zu lernen. Die menschliche Neugier, die wir in Kapitel 3 schon angesprochen hatten, treibt uns automatisch an, die Welt zu erkunden. Das ist tief in uns verwurzelt durch biologische Prozesse, die in uns Glücksgefühle (»Belohnungen«) auslösen, wenn wir etwas Neues wahrnehmen, verstehen oder beherrschen lernen. Diese nicht-zufällige Neugier in einem Computer darzustellen und ihm das quasi einzuimpfen, ist eine große Herausforderung. Aber zugegeben: Das wäre ein Schlüssel zur sogenannten generalisierten, allgemeinen oder starken künstlichen Intelligenz. Damit gemeint ist die Form der künstlichen Intelligenz, die den meisten von uns bei der Vorstellung von Systemen in den Sinn kommt, die wirklich selbst logisch denken oder auch in unsicheren Situationen gute, pragmatische Entscheidungen treffen können. Diese Fähigkeiten wären jedenfalls hilfreich beim Thema Autofahren.

Vollständig selbstfahrende Autos sind ein großer Meilenstein für die KI-Forschung. Die Anzahl der möglichen Aktionen ist einigermaßen beschränkt: Gas geben, bremsen, lenken. Die Welt der Straßen hat auch klare Regeln und ist (theoretisch) mit Straßen, Schildern und Ampeln mehr oder weniger klar definiert. Ich vereinfache gerade ein bisschen. Die ganz große Schwierigkeit besteht nämlich darin, dass die Menge der möglichen Zustände exorbitant groß ist. Was ich damit meine? Ein Zustand auf der Straße ist ja mindestens definiert durch meine eigene Position und Geschwindigkeit, aber auch durch die aller anderen Verkehrsteilnehmer. Wer nimmt überhaupt gerade am Verkehr teil? Für einen Menschen ist das meist schnell erkennbar. Aber wie erkennt der Computer, dass ein Fußgänger einfach nur auf dem Gehweg steht und nicht Anstalten macht, gleich auf die Straße zu gehen?

Aber mal der Reihe nach. Das Tolle ist nämlich: Wir haben jetzt schon eine Menge Elemente in diesem Buch kennengelernt, mit denen du verstehst, wie selbstfahrende Autos eines Tages funktionieren könnten und wo die großen Probleme liegen. Es findet dazu sehr viel Forschung auf der ganzen Welt statt in kleineren Start-ups bis hin zu den klassischen Automobilfirmen, aber auch Tech-Konzerne mischen mit. Die wenigsten lassen sich gern in die Karten schauen, aber viele haben Gemeinsamkeiten. Es gibt zum Thema »Autonomes Fahren« viele tolle Bücher, trotzdem ist es sinnvoll, dir hier einen Überblick zu geben und ein paar Parallelen zu dem zu ziehen, was ich bisher beschrieben habe.

Die meisten Hersteller von Software für selbstfahrende Autos haben Reinforcement Learning als das Framework der Wahl identifiziert. Frühe Versuche waren noch komplett regelbasiert, das heißt ein Team von Ingenieuren hat eine unglaublich große Zahl von Regeln fest programmiert, nach dem Motto: »Wenn der Abstandssensor X misst und die Geschwindigkeit größer als Y ist, bremse«. Es hat sich herausgestellt, dass man die Welt aber nicht vollständig mit von Hand programmierten Regeln beschreiben kann, egal, wie viel man darüber nachdenkt – und sie haben sich die Köpfe zerbrochen damals! Neuronale Netze bieten da einen großen Vorteil, denn sie können auch mit Variationen gut umgehen –, wenn sie darauf trainiert wurden und gut auf die Realität generalisieren.

Du möchtest ein Beispiel, was damit gemeint ist? Stoppschilder können in unzählig vielen Varianten auftreten, auch wenn wir glauben, da ein Schema im Kopf zu haben. Je nach Tageszeit, Lichtsituation oder Wetterlage sehen sie trotzdem jedes Mal anders aus. Sie können an Schranken oder anderen Fahrzeugen befestigt sein und möglicherweise von einem Ast ganz oder teilweise verdeckt werden. Ein Stoppschild trotzdem korrekt zu erkennen, das wäre für einen Computer so gut wie unmöglich ohne neuronale Netze. Dabei sind wir hier noch auf der Erkennungsebene. Es wird auch nicht leichter, wenn wir auf die Entscheidungsebene wechseln. Wie programmiert man eine Regel so, dass sie berücksichtigt, dass die Welt eben nie genau schwarz oder weiß ist? Deshalb braucht es auch beim Treffen von Entscheidungen Systeme, die auf so etwas wie Erfahrungen zurückgreifen können. Was aber sind Erfahrungen anderes als Fehlversuche samt Optimierung? Kommt dir das bekannt vor? Genau, so etwas können neuronale Systeme lernen. Würde es demnach gelingen, etwa mit einem Ansatz wie bei AlphaGo Zero ständig die Zukunft vorherzusagen, könnte der Straßenverkehr viel sicherer und effizienter gemacht werden.

Dazu ist es nötig, die Umgebung zu verstehen, den aktuellen Zustand beschreiben zu können – sprich: das aktuelle Modell der Welt zu lernen. Um die Umgebung wahrzunehmen, sind Sensoren nötig. Einige Hersteller setzen darauf, ihre Autos vollzupacken, dann fahren da unter anderem mit: Radar, Ultraschall, Kameras und Lidar. Lidar ist eine Art Laser-Radar, das sehr präzise Abstände und Geschwindigkeiten messen kann. Dazu kommen in der Regel noch Sensoren, die die Bewegung des eigenen Autos messen: etwa Geschwindigkeit und Beschleunigung. Andere verfolgen den Ansatz, alles kamerabasiert zu lösen. Denn der Mensch braucht zum Autofahren ja auch keinen Laser-Abstandsmesser, ihm genügen die Augen – und in seltenen Fällen auch die Ohren, wenn etwa jemand hupt.

All das sind Input-Daten. Damit das Sinn ergibt, muss das »Backbone« eines selbstfahrenden Autos die Daten verarbeiten und zusammenführen – und dabei muss es verschiedene Unteraufgaben gleichzeitig lösen. Ein Auto muss auf der Spur bleiben. Abstand halten. Kollisionen vorhersehen. An der roten Ampel anhalten. Bei Fußgängern bremsen. Navigieren. Und damit sind wir noch lange nicht beim Stoppschild. Ein selbstfahrendes Auto hat mitunter Hunderte von Teilaufgaben parallel zu lösen. Klar, um die können sich auch separate Module kümmern. Das eine neuronale Netz behält die Spur im Blick, das andere Ampeln, ein drittes Fußgänger und so weiter. Ein weiteres erkennt, ob ein Auto parkt oder nicht. Natürlich verfolgt ein anderes System, ob die Schätzung der aktuellen Position stimmig ist durch Korrekturen, basierend auf dem übrigens relativ groben GPS.

Um so ein System zu trainieren, sind immense Datenmengen nötig. Denn alle Eventualitäten sollten in den Trainingsdaten ja abgedeckt sein. Und anders als bei AlphaGo Zero können wir nicht zwei Autos gegeneinander um die Wette fahren lassen und schauen, wer als Erster ans Ziel gekommen ist, ohne dabei andere Verkehrsteilnehmer zu gefährden.

Wie geht man so etwas an? Die Hersteller haben erst mal Daten erhoben, indem sie beobachtet haben, wie Menschen fahren. Mancher Hersteller baut schon heute serienmäßig eine Menge Kameras ein, die fortlaufend Videodaten an ihre Server schicken, um daraus zu lernen. Im Fall von Tesla hat das zu einer heftigen Debatte über das Thema Datenschutz geführt, weil der Besitzer des Autos nichts dagegen tun kann.

Auf Basis dieser Beobachtungsdaten, die auch die Aktionen der Fahrer beinhalten, kann man beispielsweise per Reinforcement Learning ein System darauf trainieren, vorherzusagen, wann der Fahrer bremst oder wie er abbiegt. Leider gilt hier buchstäblich, dass viele Wege nach Rom führen und eine KI vielleicht sogar eine bessere Aktion vorgeschlagen hätte als die, die der beobachtete Mensch gewählt hat. Diese Form des Trainings kann also nur ein Bestandteil sein. Gleichermaßen ist es schwer, automatisiert zu bewerten, wie gut oder schlecht eine andere Aktion gewesen wäre, wenn diese nicht auch ausgeführt wurde.

Wenn man sich nur die Teilaufgaben anschaut, etwa die Erkennung von Fußgängern, die im Begriff sind, über die Straße zu gehen, sind oft noch viele händische Annotationen nötig. Heißt: Endlose Aufzeichnungen von Kameras werden von Menschen angeschaut und gelabelt.

Eine mindestens ebenso wichtige Rolle spielen Simulationen. Je realistischer es gelingt, den Straßenverkehr im Computer zu simulieren, desto größer ist die Chance, damit wirklich ein selbstlernendes System zu trainieren. In der virtuellen Welt macht es nämlich nichts aus, wenn das Auto irgendwo aneckt oder ein digitaler Fußgänger angefahren wird. Einige Firmen investieren daher enorme Summen in digitale Welten. Die Computerspielfans unter den Lesern werden wissen, dass erst in den letzten Jahren wirklich einigermaßen fotorealistische Computerspiele auf den Markt gekommen sind. Oft sind trotzdem noch kleine Details erkennbar, die für das menschliche Auge sofort entlarven, dass ein Bild rein im Computer entstanden ist.

Wie Gesichtererkennung funktioniert und Neural Rendering, was man tun muss, um computergenerierte Gesichter durch neuronale Netze komplett real erscheinen zu lassen – mit allen kleinen Details und Spielarten der Natur, die eine reine Simulation kaum geschafft hätte –, haben wir uns ja bereits angesehen. Hier schließt sich der Kreis wieder.

Hätten wir ein Modell vom Straßenverkehr im Computer, das enorm realistisch aussieht, aber auch bezüglich der Dynamik und Logik von Objekten plausibel ist, könnten wir das versuchen, was DeepMind mit Go geschafft hat. Wir würden Milliarden und Abermilliarden Situationen durchspielen und daraus lernen. Das ist nicht nur eine Mammutaufgabe, sondern mindestens eine Tyrannosaurus-Rex-Aufgabe. Es gibt so viele Variationsmöglichkeiten, dass es schier unmöglich ist, die Verkehrswelt komplett mit allen alltäglichen Abweichungen vom Standard zu simulieren. Aber man kann nah rankommen ans Original.

Die Lösung wird ein Mittelweg sein. Es wird sicher auch in einem autonom fahrenden Auto irgendwann hart einprogrammierte Regeln für Extremfälle geben. Durch die ständig voranschreitende Forschung – und dadurch, dass sich alles Wissen über Computer gegenseitig befruchtet (hatte ich schon erwähnt, wie toll es ist, dass viele Forschungsergebnisse frei im Netz stehen?), werden die Simulationen immer besser werden – und damit die Weiterentwicklungen von Reinforcement Learning.

Und noch etwas ist sicher: Selbst wenn es eines Tages gelingt, ein komplett autonomes Auto zu bauen, das mit allen Unwägbarkeiten des Alltags von Dorfstraße bis Autobahn klarkommt, wird die dahinterstehende KI nicht automatisch in der Lage sein, andere Aufgaben zu lösen. Es kann sogar sein, dass so ein Auto für jedes Land neu trainiert werden müsste – je nachdem, wie dort der Verkehr organisiert ist und wie sich die Teilnehmer verhalten.

Die Fähigkeit, Wissen zu transferieren und Kenntnisse aus einem Bereich auf einen komplett neuen Bereich zu übertragen, so wie wir Menschen es geistig und körperlich jeden Tag tun, wird in absehbarer Zeit nicht von Computern zu leisten sein. Dazu bräuchte es eine starke, allgemeine künstliche Intelligenz. Einige sagen, dass Sprache der Schlüssel hierzu ist. Was da dran ist, schauen wir uns im nächsten Kapitel an.

SPRACHE – DER SCHLÜSSEL ZUR KÜNSTLICHEN ALLGEMEINEN INTELLIGENZ?

Bevor nicht immer automatisch Daten gefüttert werden, haben wir alle die exponentiell wachsenden Trainingsbeispiele ungleichmäßig verteilt. Das andere Forscherteam lernt mehrere Features durch die dahinterstehende KI. Ein Toaster hat vermutlich direkt auf das andere Bild bei uns Menschen Input generiert.

Okay, jetzt denkst du vielleicht, ich wäre völlig übergeschnappt! Keine Angst, ich schreibe nüchtern und im Vollbesitz meiner geistigen Kräfte. Die hier vorstehenden Sätze entstammen auch nur bedingt meiner Feder. Ein neuronales Netz hat sich den Text ausgedacht! Neuronale Netze können nämlich nicht nur mit Bildern oder Videos umgehen, sondern auch mit Sprache. Und das ist weit mehr als eine alberne Spielerei, bei der mehr oder weniger verrückte Texte rauskommen wie bei meinem kleinen Experiment hier. Einige sehen den Schlüssel zu einer wirklich intelligenten künstlichen Intelligenz genau darin, dass der Computer Sprache beherrschen lernt: um sich Wissen anzueignen, mit uns zu kommunizieren und Schlussfolgerungen zu treffen. Sprache ist in unserer Welt das verbindende Element. Mit ihr können wir Sachverhalte darstellen, Anweisungen geben, Fragen stellen oder beantworten, zwischen verschiedenen Parteien vermitteln, übersetzen, begründen, zusammenfassen, Situationen beschreiben oder auch der Unterhaltung dienen – kurz: Information effizient austauschen.

Sollte der Computer all dies eines Tages beherrschen, wäre die technologische **Singularität** erreicht: der Zeitpunkt, an dem künstliche Intelligenz die menschliche übertrifft und sich so selbst effizienter verbessern kann, als ein Mensch das jemals könnte.

Der schriftliche Erguss meines neuronalen Netzes oben zeigt, dass wir von diesem Zeitpunkt wohl noch ein bisschen entfernt sind. Andererseits habe ich nur eine Stunde in diesen Gag investiert. Dazu musste ich nichts weiter tun, als ein bereits existierendes Modell namens GPT-2 mit den bisherigen elf Kapiteln meines Buches zu füttern und es sozusagen auf meine Sprache einzustellen. Dann habe ich es gebeten, doch mal bitte selbst ein bisschen zu fantasieren und mehr Text im Stile des Buches zu generieren – ähnlich wie die neuronalen Netze im Kapitel über Kreativität, die auf Bildklassifizierung trainiert wurden und dann selbst neue Bilder generiert haben. Wie genau das funktioniert und wie beeindruckend das in anderen Fällen geklappt hat, sehen wir gleich.

Ehrlich gesagt, war ich zunächst enttäuscht von dem Ergebnis. Man muss dazu sagen, dass ich eine deutsche Variante des Originalmodells verwendet habe. Da die Sprache der Forschung meistens Englisch ist und das Programm zunächst für den englischen Sprachraum geschrieben wurde, ist das Originalmodell von OpenAI deutlich wortgewandter. Immerhin wurde es auf acht Millionen Dokumenten aus dem Internet trainiert. So viel Text werde ich in diesem Leben wahrscheinlich nicht mehr produzieren. Aber vielleicht hast du ja trotzdem ein bisschen gegrinst, als du die Anfangspassage gelesen hast.

Andere Beispiele zeigen, wie mächtig neuronale Netze schon sind, wenn es um das Verstehen und Generieren von Sprache geht. Eine ziemlich hohe Messlatte in Sachen »Sprache verstehen« ist das Stanford Question Answering Dataset, kurz SQuAD. Es handelt sich dabei um einen Datensatz, bei dem es darum geht, Fragen zu beantworten. Ein Team von Menschen (das muss man inzwischen ja fast dazusagen) hat es »von Hand« erarbeitet. Was der Datensatz möglich macht? Eine Aufgabe, die man stellen kann, basiert auf jeweils einem Absatz eines Wikipedia-Artikels und mehreren Fragen dazu. Die Aufgabe ist es, die Frage mit Wörtern aus dem Absatz selbst zu beantworten. Und manche Fragen sind sogar absichtlich so gestellt, dass man sie gar nicht beantworten kann.

SQuAD beinhaltet über 130 000 Trainingsbeispiele, bestehend aus einem Absatz, einer Frage und der richtigen Antwort. Außerdem gibt es noch einen Validation-Split mit 12 000 und einen Test-Split mit knapp 9000 Fragen. Wie in Kapitel 5 angesprochen, können Forscher diese Teile des Datensatzes nutzen, um ihre KI zu trainieren, zu überprüfen und sie im Falle des **Test-Sets** Vorhersagen treffen zu lassen, die dann bei den Verwaltern des Datensatzes zur Überprüfung eingereicht werden können.

Wer also eine Sprach-KI programmiert und etwas auf sich hält, trainiert sie unter anderem auf SQuAD und reicht seine Vorhersagen auf dem Test-Set ein. Regelmäßig wird eine Bestenliste veröffentlicht, auf der die besten KIs mit ihrer jeweiligen Punktzahl gelistet sind. Außerdem gibt es die Punktzahl einer menschlichen Kontrollgruppe, die die Fragen auch beantwortet hat.

Seit einigen Jahren schon schneiden hier tatsächlich künstliche neuronale Netze »besser« ab als Menschen. Das heißt, neuronale Netze liefern in mehr Fällen genau die Antwort, die die Aufgabenstellung von ihnen erwartet. Es gibt eine Menge von Benchmarks in diesem Bereich. Dabei sehen wir neuronale Netze, die unter Beweis stellen, wie gut sie in der Lage sind, Wörter vorherzusagen, Texte zu übersetzen oder eben auch Fragen zu beantworten. Gibst du bei Google in die Suchmaske einen Satz ein, vervollständigt ein künstliches neuronales Netz deine Suchanfrage – manche nutzen das auch, um herauszukriegen, wie ein Wort geschrieben wird, denn die Vorschläge basieren auf einem **Sprachmodell.**

Im Netz kursieren immer häufiger Texte, die von neuronalen Netzen geschrieben wurden. Gedichte kann man da lesen, ganze »philosophische« Abhandlungen oder Zusammenfassungen von juristischen Texten. Es gibt sogar Forscher, die daran arbeiten, Tierlaute wie Walgesänge in (menschliche) Sprache zu übersetzen. Man kommt aus dem Staunen kaum heraus.

Wie genau so etwas funktionieren kann und was das für uns bedeutet, dazu kommen wir gleich. Aber wenn du einmal Nachrichten über Durchbrüche in der KI-Forschung verfolgst, wird dir auffallen, dass da auch gelegentlich Falschmeldungen rund um die Fähigkeiten von KI dabei sind, die für viel Verunsicherung sorgen.

So hat 2017 eine KI der Facebook AI Research Gruppe weltweit für Schlagzeilen gesorgt. Die Wellen schlugen hoch, die Sorge war groß. Was wirklich passiert war? Die Forscher hatten Chatbots entwickelt, die mit englischen Texten trainiert wurden. Nun sollten sich die Bots unterhalten. Also ganz ähnlich wie beim Ansatz von AlphaGo Zero aus dem letzten Kapitel, wo zwei Computer gegeneinander ein Brettspiel gespielt und sich so gegenseitig trainiert haben. Als die Chat-KIs dann begannen, immer kryptischere Nachrichten auszutauschen, wurden sie abgeschaltet. Einige Medien griffen dies auf und fantasierten in ihren Schlagzeilen etwas wie: »Facebook muss zwei Bots ›töten‹, weil sie offenbar eine eigene Sprache entwickelt haben«. Der unbedarfte Leser musste unweigerlich den Eindruck gewinnen, dass die Übernahme der Weltherrschaft durch außer Kontrolle geratene KI-Programme unmittelbar bevorstand, da der Computer schon besser verhandeln könne als der Mensch – und das zudem noch in einer Geheimsprache.

Eigentlich war alles natürlich ganz anders: Ursprünglich war da die Idee, ein KI-System zu bauen, das Dialoge und Verhandlungen führen kann. Dazu bekam jeder der beiden

KI-Gesprächsteilnehmer eine Menge virtuelle Gegenstände wie ein Buch, eine Mütze oder einen Ball. Außerdem hatte jeder der beiden Bots bestimmte Vorlieben für Gegenstände, die ihm vorgegeben waren. Nun sollten die beiden Bots miteinander verhandeln, um die Gegenstände so zu tauschen, dass beide »glücklich« waren – alles nur per Text. Das sah so aus: Der eine Bot schreibt etwas, der andere liest es, reagiert darauf per Text und so ging es hin und her.

Das Ende vom Lied: Die Bots haben einfach nicht gut funktioniert. Da sie voneinander lernen sollten, machten sie immer mehr sprachliche Fehler und produzierten ein Kauderwelsch, das sogar noch sinnloser war als das, was du hier am Anfang des Kapitels gelesen hast. Als Wissenschaftler würde man sagen: Schade, da müssen wir vielleicht unseren Trainings-Datensatz überdenken und eine zusätzliche Kostenfunktion einbauen. Da aber scheinbar einige Redakteure nicht verstanden hatten, wie Forschung funktioniert, dichteten sie der Facebook-KI übermenschliche Intelligenz an und versuchten, das Ganze als Schreckensmeldung auflagenstark zu verkaufen. Diese Story hat mich tatsächlich geärgert, weil so die Leser betrogen wurden und am Ende die Forschung einen Imageschaden erlitten hat, der an dieser Stelle ungerechtfertigt war.

Das ist eine der großen Gefahren, die ich sehe: dass manche Leute aus Unwissenheit heraus KI-Modellen weitaus mehr zutrauen als angemessen. Ob die KI dann funktioniert oder nicht, macht dann keinen Unterschied, weil man geistig schnell bei Szenarien wie aus Science-Fiction-Filmen landet, in denen sich eine KI mit menschenähnlichem Bewusstsein und einer Tötungs-Agenda gegen die Menschheit richtet. Es gibt Bedrohungen durch technologische Entwicklungen, keine Frage. Aber diese spielen sich möglicherweise in ganz anderen Dimensionen ab, als man landläufig denkt. Wie das alles einzuordnen ist? Dazu mehr im nächsten Kapitel.

Jetzt wollen wir erst einmal etwas Licht ins Dunkel bringen und klären, was eine KI in Bezug auf Text und Sprache nun kann und was nicht – zumindest nach dem aktuellen Stand jetzt, wo ich dieses Buch schreibe. Bisher haben wir uns ja hauptsächlich KI-Modelle für Bilddaten angeschaut. Convolutional Neural Networks haben hier für entscheidende Durchbrüche gesorgt. Der Computer lernt, ein Bild so zu filtern, dass das übrig bleibt, was das Bild ausmacht. Oder es kommt zum Vorschein, was das Modell braucht, um eine Aufgabe zu lösen. Es hat sich herausgestellt, dass mit solchen Methoden neuronale Netze trainiert werden konnten, die Bilder in Darstellungen oder Embeddings verwandeln, die auch für andere Anwendungen nützlich sind: von der Bildklassifizierung auf neuen Datensätzen über Segmentierung, bis hin zu generativen Modellen, die ganz neue Bilder schaffen können, ob Gemälde oder in Zebras »umlackierte« Pferde.

Im letzten Kapitel habe ich allgemein erklärt, wie ein neuronales Netz auch Aktionen lernen kann durch Reinforcement Learning. Basierend auf der Beobachtung eines Zustands, etwa einer Anordnung von Schachfiguren, lernt ein neuronales Netz, eine Aktion auszuwählen, die sie möglichst gut ans Ziel bringt oder ihr den Gewinn bringt. Damit kann KI einzelne Computerspiele meistern oder theoretisch auch Auto fahren. Theoretisch.

Wie aber kann eine KI etwas so Komplexes wie Sprache lernen? Geschriebene Sprache ist ja eine komplett andere Modalität als beispielsweise ein Bild. Ein Satz kann, während er gesprochen oder geschrieben wird, komplett den Sinn ändern oder schärfen. Oder um es an einem Beispiel zu zeigen: »Eine Mutter ist für mich etwas ganz Besonderes, ein echtes Meisterstück der Ingenieurskunst, wenn sie perfekt zu einer Schraube passt.« Gib diesen Satz doch mal in ein Übersetzungstool deiner Wahl ein. Als ich das gerade mit Google Translate probiert habe, wurde »Mutter« mit »mother« übersetzt, was natürlich völliger Quatsch ist. Gemeint war ja die »Schraubenmutter« (»Screw nut« auf

Englisch, meist nur »nut«, wenn der Zusammenhang klar ist. Und das ist entscheidend, denn wenn du zu einer englischen Mutter »nut« sagst, handelst du dir vermutlich Ärger ein. In einem Satz stehen Wörter in Beziehung zueinander, sie definieren einen Kontext, in dem sich Bedeutungen ändern können. Manchmal macht auch die Reihenfolge einen großen Unterschied. Einfachstes Beispiel: am Ende des Satzes kommt das Wort »nicht«. Wenn ich sage: »Mir gefallen Regentage, wenn es draußen kalt und grau ist statt sonnig und warm, nicht«, dann bezieht sich das »nicht« auf die Regentage, nicht auf »sonnig und warm«, obwohl diese Wörter viel näher bei »nicht« stehen.

Also: Sprache ist etwas, bei dem die Reihenfolge der Bestandteile wichtig ist. Die Bestandteile selbst, die Wörter, können je nach Kontext einen unterschiedlichen Sinn haben. Meine ich etwas ironisch? Erlaube ich mir ein Wortspiel? Ist das, was du zwischen den Zeilen wahrnimmst, nur Zufall oder fein gewählt? Und dann ist da ja noch die Zeichensetzung: Ein Komma am falschen Platz kann die Aussage eines Satzes komplett ändern. Und ein einfacher Buchstabendreher kann einen Satz urinieren. Betrachte ich nur die Wörter alleine, verstehe ich auch als Mensch nur Bahnhof. Der Kontext ist entscheidend.

Wenn ich etwa bei Google eingebe: »Auto kaufen«, dann will ich höchstwahrscheinlich einen Personenkraftwagen erwerben. Ich möchte also nicht andere Internetseiten von Leuten finden, die auch ein Auto kaufen wollen. Dabei wäre das ja eigentlich ein legitimes Ergebnis einer Suchmaschine, die das ausspuckt, was ich eingebe. Das Modell hinter einem einigermaßen intelligenten Suchmaschinen-Algorithmus muss aber verstehen, dass ich eigentlich Leute suche, die ein Auto »ver«kaufen wollen.

Diese Art von Schlussfolgerungen aus Sprache nennt man **Computerlinguistik** oder Natural Language Processing. Es geht darum, ein allgemeines Modell von Sprache zu erstellen. Mit »Modell« meine ich hier wieder eine Darstellung im Computer, die es erlaubt, etwas Großes und Abstraktes greifbar zu machen. Du weißt spätestens seit dem 3. Kapitel, wie man mit derartigen Dingen in der Welt der Neural Networks umgeht. Und in Kapitel 10 wurden Gesichter auf Modelle reduziert, zu dem Zweck, auf Fotos von beliebigen Gesichtern die Gemeinsamkeiten wiederzufinden, diese Eigenschaften zu quantifizieren und so eine abstrakte Darstellung eines Gesichts zu erhalten, die alles Wesentliche beschreibt.

Was ist denn aber nun ein Modell von Sprache? Hier müssen wir zwei wesentliche Use Cases unterscheiden. Der eine ist das Verstehen von Sprache. Bei gesprochener Sprache muss in einem ersten Schritt eine Tonaufnahme in eine Schriftfassung umgewandelt werden, was ein eigenes Aufgabenfeld ist. Auch hier ist ein Sprachmodell nötig, denn eine verschluckte Silbe soll ja trotzdem ausgeschrieben werden – und das geht nur, wenn das Modell das wahrscheinlichste Wort auswählen kann, das zum Kontext des Satzes passt. Daher beschränke ich mich im Folgenden auf geschriebene Sprache.

Ein Verstehen von Sprache bedeutet dann etwa im Falle des Fragen-Datensatzes SQuAD: Ich muss die Frage verstehen und verarbeiten. Andere Beispiele wären der Spam-Filter deines E-Mail-Programms oder eben auch die Google-Suche. Ärgere dich also nicht über Spam-Mails – auch sie beweisen, wie surreal die Idee ist, dass Computer schon bald die Weltherrschaft an sich reißen könnten, wenn sie nicht mal nervige Werbung ausfiltern können.

Der zweite Use Case ist das Erzeugen von Sprache, bei dem ich etwa eine Antwort auf eine Frage formuliere oder basierend auf einem Bild Text generiere, der das Bild angemessen beschreibt. Auch bei Übersetzungen geht es um das Erzeugen von natürlicher Sprache.

Um dieses Ziel zu erreichen, gilt es, ganz vorne anzufangen: Damit ein Computer überhaupt ansatzweise mit Sprache umgehen kann, muss er erst einmal die Bausteine von Sprache verstehen – Wörter. Wie das gehen kann? Das ist gar nicht so schwer zu verstehen, aber erst einmal habe ich ein kleines Rätsel für dich. Es ist eine Art mathematische Gleichung mit Wörtern.

Paris − Frankreich + Deutschland = ?

Und? Bist du schon auf die Lösung gekommen? So viel vorneweg: Das Modell, das ich dir gleich vorstelle, schafft die Aufgabe mit links.

Wie bringt man einem Computer Wörter bei? Klar, für unsere Computerwelt besteht jedes Wort aus Buchstaben und die kann ich irgendwie mit Einsen und Nullen im Computer speichern, das hatten wir ja schon im Zweiten Weltkrieg. Aber es müsste doch Möglichkeiten geben, dem Computer zu vermitteln, dass »Hund« und »Welpe« sehr viel miteinander zu tun haben, aber »Hund« und »Wespe« nicht, obwohl beides Tiere sind und eine Wespe sogar noch kleiner als ein Welpe ist. »Hund« und »Vespa« gehören vollends in unterschiedliche Bedeutungsfelder, auch wenn beide sich schnell fortbewegen können. Gleichermaßen gibt es eine Beziehung zwischen »Marathon« und »rennen«, die man wiederum den Buchstaben allein nicht entnehmen kann.

Ein einfacher Blick auf die Buchstaben verrät jedenfalls noch nichts darüber, in welcher Beziehung Wörter zueinander stehen. Und nur weil die Buchstaben in einem Wort ähnlich sind zu denen in einem anderen, haben die Wörter nicht automatisch eine ähnliche Bedeutung und umgekehrt.

Wir brauchen also eine andere Art der Darstellung von Wörtern, eine, mit der ein Computer besser umgehen kann. Zahlen eignen sich natürlich besonders gut. Die kann ein Computer schnell addieren oder vergleichen. Aber es fehlt irgendwie noch eine andere – Dimension.

Hier begegnet uns wieder die Idee von Embeddings aus Kapitel 6 und 7. Dort ging es ja um Feature Extractors, die beispielsweise aus einem Bild das Wesentliche herausfiltern und ihr

Ergebnis dann in einer Art Fingerabdruck mit nur wenigen Zahlen darstellen. Wenn ich mein neuronales Netz trainiere, lernt es im Idealfall, einen Input in so ein Embedding (oder Fingerabdruck) umzurechnen. Embeddings sind dann so etwas wie die Koordinaten auf einer Landkarte. Da gibt es die Insel mit den Katzen, die Insel mit Hunden, die mit Autos und so weiter. Bilder, die das Gleiche zeigen, haben ähnliche Koordinaten, auch wenn die Bilder ihren Farbwerten nach ganz unterschiedlich sind. Lautet die Aufgabe, die Bilder zu klassifizieren, lernt das Netz alle Bilder von den verschiedenen Hunden in Koordinaten auf der »Hunde-Insel« umzurechnen. Während des Trainings sind ja Labels verfügbar, deshalb wissen wir, dass die eine Insel zur Klasse »Hund« gehört. Kommt dann ein neues Bild, für das ich kein Label habe, rechne ich es in Koordinaten (beziehungsweise Embeddings) um und schaue, auf welcher Insel ich lande.

Jetzt ist die Welt der Embeddings nur leider nicht so platt wie eine Landkarte mit ihren zwei Dimensionen. Damit ein neuronales Netz wirklich richtig gut mit Sprache und anderen komplexeren Sachverhalten arbeiten kann, braucht es Embeddings mit Hunderten von Dimensionen, die enkodieren, wie sich Hunde, Katzen und Autos unterscheiden. Für ein grundlegendes Verständnis reicht es, wenn wir uns diese vieldimensionale Welt schlicht als eine Landkarte vorstellen.

Mit Embeddings kann man also Ähnlichkeiten beschreiben. Wenn zwei Bilder in ähnliche Koordinaten umgerechnet werden, ist ihr Inhalt vermutlich auch ähnlich. Aber Embeddings können viel mehr – je nachdem, wie ich das neuronale Netz trainiert habe. Embeddings enkodieren viele verschiedene Eigenschaften, die statistisch von Bedeutung sind. Farben und Formen zum Beispiel. Es gibt rote und blaue Autos. Aber auch rote und blaue Vögel. Und das muss man nicht immer vorgeben, denn interessanterweise konnten Forscher zeigen, dass sich diese Eigenschaften auch in den Embeddings wiederfinden. Das ist übrigens auch der Grund, warum zwei Dimensionen nicht ausreichen, um effizient Bilder zu klassifizieren und zu enkodieren. Ein neuronales Netz braucht mehr Freiheiten (im Sinne von Dimensionen), denn dann kann es sich selbst die wichtigsten Eigenschaften heraussuchen. Prompt kann man zum Beispiel solche Spielereien beobachten wie: »Ein blaues Auto verhält sich zu einem roten Auto wie ein blauer Vogel zu einem roten Vogel.« Natürlich bezogen auf die Koordinaten. Ist doch schön, eine KI einmal beim »Denken« zu beobachten. Immerhin bin ich mir sicher, dass wir der Lösung zu meiner »Wortgleichung« ganz nebenbei immer näher kommen.

Embeddings sind genau das richtige Mittel, um Bilder zu enkodieren. Dann könnte man doch auch versuchen, Wörter auf diese Weise zu beschreiben, haben sich schlaue Köpfe jedenfalls gedacht. Sie mussten sich nur einen Trick überlegen, mit dem ein neuronales Netz Wörter in Koordinaten umrechnet, sodass ähnliche Wörter ähnliche Koordinaten haben und die Beziehung zwischen Wörtern auch auf ihrer gedachten Landkarte gewahrt bleibt.

Genau diese Aufgabe haben Forscher bei Google gelöst. 2013 schlugen Tomáš Mikolov und seine Kollegen das »word2vec«-Modell vor. Der Name steht für die Idee, mit maschinellem Lernen ein Wort in einen Vektor zu verwandeln. Du erinnerst dich an diese Pfeile im Koordinatensystem aus dem Matheunterricht? Vektor meint hier das Gleiche wie Embedding, also so eine Art Koordinaten auf einer Landkarte mit vielen Dimensionen. Klingt hochkomplex, ist aber eigentlich so einfach wie genial, daher möchte ich dir kurz zeigen, wie der Algorithmus funktioniert.

Im Prinzip besteht das Training des neuronalen Netzes darin, Lückentexte auszufüllen:

Das Kind _____ über die Straße.

Hier könnte »rennt« beispielsweise richtig sein. Solche Lücken-texte lassen sich relativ einfach, millionenfach und vollautomatisch generieren, indem man Schriftstücke lädt, etwa von Büchern oder Zeitungen, Wikipedia-Artikeln oder anderen digital vorliegenden, und sie in Fragmente mit nur ein paar aufeinanderfolgenden Wörtern zerhackt. Dann entfernt man das mittlere und lässt ein neuronales Netz vorhersagen, welches Wort fehlt. Eine andere Variante funktioniert genau umgekehrt: Gegeben ist ein Wort und gesucht sind die Wörter, die in einem Satz mit der größten Wahrscheinlichkeit davor und danach kommen.

Wer im Leben auch nur eine Fremdsprache gelernt hat, der weiß, dass es in Wahrheit viele richtige Antworten gibt und viele Wörter, die in die Lücke passen könnten. Das Kind hätte genauso gut über die Straße »gehen« oder »blicken« können – woher soll der Computer das wissen? Entscheidend ist die statistische Häufigkeit, mit der Wörter im entsprechenden Kontext immer gleich oder im gleichen Zusammenhang verwendet werden. In der Masse kann ein neuronales Netz dann doch lernen, für die Mehrzahl der Trainingsbeispiele das richtige Wort vorherzusagen. Genau diese statistische Modellierung ist gleichzeitig Chance und Risiko. Mehr dazu gleich.

Die einzelnen Wörter wiederum müssen in einer Art digitalem Wörterbuch abgelegt werden. Ein Muttersprachler hat laut Duden etwa einen passiven Wortschatz von 50 000 Wörtern – das sind also die deutschen Wörter, die du und ich im Durchschnitt kennen, ohne nachschlagen zu müssen. Viele Sprachmodelle im Computer haben heutzutage ungefähr 50 000 Wörter in ihrem eingebauten Wörterbuch. Damit meine ich eine Liste von Wörtern inklusive den entsprechenden Embeddings.

Wie aber erstellt man so ein Wörterbuch? Die Bedeutung der Wörter ist dem Computer am Anfang noch unbekannt – es geht ja gerade darum, zweckmäßige Embeddings für Wörter zu lernen. Daher initialisiert man sie erst mal mit zufälligen Zahlen. Das neuronale Netz bekommt dann die Aufgabe, Wörter in kleinen Lückentexten vorherzusagen, und durch dieses Training optimiert man nicht nur das neuronale Netz, sondern auch gleich die Embeddings der Wörter. Bekommt das Netz eine Liste von Input-Wörtern, schaut es zunächst in der Tabelle nach, welche Embeddings passen. Es verarbeitet sie in einem Encoder-Teil des Netzes zu einer Darstellung, die mehr oder weniger die Bedeutung der Eingabe encodiert. Im Decoder-Teil wiederum sagt das Netz dann ein Embedding für das fehlende Wort vorher. Dann kann man nachschauen, welches Wort auf der gedachten Landkarte am nächsten an dem ausgegebenen Embedding ist – und schon hat man eine Vorhersage für das Wort. Mittels Backpropagation werden Fehler zurückgeführt, sodass das neuronale Netz und die Embeddings beim nächsten Mal mit größerer Wahrscheinlichkeit zum richtigen Wort greifen.

Damit das Training funktioniert, kommen noch ein paar andere Tricks zum Einsatz, etwa die Idee, häufige Wörter wie Artikel und Pronomen mit geringerer Häufigkeit dem Netz zu präsentieren. Unglaublich, aber wahr: Mit diesem erstaunlich simplen Setup gelang es, ein neuronales Sprachmodell zu trainieren, das Synonyme vorschlagen oder bei der Autokorrektur helfen kann. Außerdem erfassen die auf diese Weise gelernten Wort-Embeddings auch semantische Bedeutungen. Im word2vec-Paper schreiben die Autoren, dass sie selbst überrascht waren, als sie mal ein bisschen mit den **Wort-Vektoren** gespielt haben und folgenden Zusammenhang fanden: Wenn man vom Embedding von »König« das Embedding von »Mann« abzieht und jenes von »Frau« addiert, landet man in der Nähe vom Embedding von »Königin«.

Darf ich des Rätsels Lösung präsentieren: Paris minus Frankreich plus Deutschland ist … Berlin! Denn Paris ist die Hauptstadt von Frankreich. Nehme ich das Land (also Frankreich) weg, habe ich nur noch Hauptstadt. Addiere ich ein anderes Land (hier Deutschland), dann ergibt sich die Hauptstadt von Deutschland. Eigentlich ziemlich logisch, oder? Hat das neuronale Netz jetzt Geografie verstanden? Nein. Lass dich nicht von solchen Trugschlüssen täuschen. Das Netz hat basierend auf statistischen Häufigkeiten gelernt, welche Parallelen zwischen verschiedenen Wörtern bestehen. Das ist beeindruckend, keine Frage. Ob das immer so klappt? Da bin ich mir nicht ganz so sicher. Würde man beispielsweise den gleichen Versuch mit »Yamoussoukro« machen, könnte es gut sein, dass das Netz keine Ahnung hat, dass es sich hier um die Hauptstadt der Elfenbeinküste handelt – weil dieses Land möglicherweise statistisch einfach seltener im Trainingsdatensatz aufgetaucht ist. Du siehst: Statistische Methoden (und nichts anderes sind neuronale Netze) sind gleichsam ein zweischneidiges Schwert. Man handelt sich sehr leicht Vorurteile ein, aber das weißt du ja schon seit dem 5. Kapitel, wenn diese – gewollt oder ungewollt – im Datensatz stecken. Anderseits kann man für einen kleinen Ausschnitt der echten Welt erstaunliche Ergebnisse erzielen.

Hier ein Beispiel: Forscher haben dieses word2vec-Modell auf über drei Millionen wissenschaftlichen Arbeiten verschiedenster Disziplinen laufen lassen. Paper für Paper wurde mittels word2vec in Embeddings verwandelt. Am Ende kam eine gigantische Art von Landkarte der wissenschaftlichen Arbeiten heraus. Das Ganze hatte einen ungemein praxisnahen Zweck: Wie finde ich verwandte Papers im Netz? Es stellte sich heraus, dass die gelernten Wort-Embeddings so gut waren, dass eine unüberwachte Methode sogar Baumaterialien für bestimmte Anwendungen vorschlagen konnte, mehrere Jahre bevor menschliche Forscher die Zusammenhänge dahinter tatsächlich entdeckten! Ähnliche Anwendungen kamen auch schon bei der DNA-Sequenzierung oder bei der Proteinsynthese zum Einsatz.

Ehrlich gesagt, bekomme ich da schon ein bisschen Gänsehaut, wenn ich überlege, wie mit maschinellem Lernen Forschung weiter beflügelt werden könnte. Ich denke da an die Krebsforschung oder an die Suche nach Heilmitteln für seltene Krankheiten. Kann die Anwendung von KI uns hier wirklich schlauer machen, als wir es ohne sie wären? Kein Mensch kann sich durch Terabytes von Messdaten wühlen, um statistische Häufigkeiten zu bestimmen – ohne zu wissen, wonach er suchen soll. Und die gängigen klassischen statistischen Ansätze kommen an ihre Grenzen, wenn es um hochdimensionale, nicht lineare Zusammenhänge geht. Datenschutz vorausgesetzt, kann KI uns hier wirklich helfen.

Aber ich muss gleichermaßen zugeben, dass es mich beunruhigt, wenn Leute ihren Verstand ausschalten und allein aufgrund von statistischen Vorhersagen handeln. Etwa, wenn jemand mithilfe einer KI Lebensläufe vorsortiert – so geschehen bei einem großen Technologieunternehmen. Dort hat man eine KI auf den Lebensläufen von erfolgreichen Mitarbeitern trainiert und neue Bewerber so ausgewählt, dass (statistisch gesehen) die Erfolgschancen des Unternehmens maximiert werden sollten. Da das Unternehmen aber einen großen Anteil von Männern beschäftigte, wurden Lebensläufe mit typisch männlichen Stichwörtern bevorzugt. Hat die KI was gegen Frauen? Nein, sie weiß nicht einmal, was »Frau« oder »Mann« bedeutet. Sie hat nur das getan, worauf man sie trainiert hat.

Dort liegt nur allzu oft der Fehler: beim Menschen. Wir zementieren unsere Vorurteile in KI-Systeme, wenn wir nicht aufmerksam überwachen, mit welchen Daten und auf welche Aufgabenstellungen wir die jeweilige KI trainieren.

Was wäre, wenn man ein gigantisches Sprachmodell in Form eines nie da gewesenen neuronalen Netzes auf »dem gesamten Internet« trainieren würde? Käme dabei ein allwissendes Orakel heraus? Oder ein rassistisches, besserwisserisches Arschloch? Natürlich kann der Mensch so einer Versuchung nicht widerstehen: Das Experiment wurde tatsächlich gemacht, und das Ergebnis ist im Juni 2020 erschienen: **GPT-3.**

Aber Moment bitte, hier muss ich erst ausholen, ich mag ja keine Zeitsprünge. Die beschriebenen Sprachmodelle wie word2vec waren Entwicklungen aus dem Jahr 2013. Im Anschluss explodierte die Forschung im Bereich der Computerlinguistik förmlich. Mit den immer besseren Wort-Embeddings konnten ständig neue Aufgaben gelöst werden. Das Problem, dass Sätze aus einer Sequenz von Wörtern bestehen und manche Wörter mehr, andere weniger wichtig sind, konnte durch Tricks wie rekurrente neuronale Netze oder »long short-term memory«-Module (LSTMs) angegangen werden, oder auf gut Deutsch: Module für ein langes Kurzzeitgedächtnis. Dabei überführte man einen Satz Wort für Wort in ein eigenes Satz-Embedding. Aber auch das ist schon wieder überholt, das aktuell beste Sprachmodell geht weit darüber hinaus.

GPT-3, ich erwähnte es gerade, ist die dritte Version einer Architektur, die ausgeschrieben »**g**enerative **p**re-trained **t**ransformer« heißt. Es handelt sich dabei um ein »generatives Modell, das etwas Neues schaffen kann«. Generative Modelle hatten wir schon im Kapitel über Kreativität angesprochen. In diesem Fall geht es um Text. Das derzeit beste Modell GPT-3 ist vortrainiert (pre-trained), und zwar auf einem gigantischen Text-Datensatz. »Transformer« schließlich hat nichts mit der intelligenten Maschinen-Kreatur aus dem gleichnamigen Film zu tun. Hier geht es um die Transformation, also Umformung, einer Eingabe in eine Ausgabe. Soll heißen: Ich möchte eine Frage in eine Antwort transformieren – oder einen deutschen in einen französischen Text.

Die Idee von Transformern wurde 2017 durch ein Paper von Google-Forschern berühmt. Hauptkomponente der Innovation ist der sogenannte Aufmerksamkeitsmechanismus (Englisch: attention mechanism), ein Verfahren, mit dem man die Bestandteile eines Satzes und ihre Bedeutung im jeweiligen speziellen Zusammenhang erfasst. Gerade bei der Übersetzung von Text ist es naturgemäß wichtig zu verstehen, welche Teile der Eingabe zusammengehören. Das Beispiel von der Schraubenmutter zeigt das ganz gut. Betrachte ich jedes Wort isoliert oder in der vorgegebenen Reihenfolge, habe ich kaum eine Chance, den Satz korrekt zu übersetzen. Analysiere ich aber, welche Wörter zusammengehören, bekomme ich eine Idee vom Kontext. In den seltensten Fällen ist ja eine Wort-für-Wort-Übersetzung sprachlich zutreffend. Und in der Zielsprache ist weder die Reihenfolge noch die Anzahl der Wörter unbedingt identisch mit der der Ausgangssprache.

Bei der revolutionären Architektur des aktuellen Transformer-Netzwerkes wird automatisch eine solche Bewertung mitgelernt: Die KI trainiert, was zusammengehört. Gleich bei der ausgeklügelten Encodierung der Position einzelner Wörter im Satz lernt ein Encoder-Teil eine Darstellung des Inputs, die es einem Decoder erlaubt, analog zum Encoder den übersetzten Text zu generieren, sodass die entsprechende Aufgabe tatsächlich gelöst werden kann. Ich spare mir an dieser Stelle eine genauere Beschreibung der einzelnen Module, das ist ja nun wirklich Programmieren für Fortgeschrittene. Noch dazu gibt es viele tolle Erklär-Videos zu GPT-3 im Internet, wenn dich das lebhaft interessiert.

Das Atemberaubende an GPT-3 lässt sich aber kurz zusammenfassen: Hier kann die Aufgabe, die der KI gestellt wird, gleich mit dem Input mitgegeben werden. Die Eingabe ist dann tatsächlich gleich der Aufgabenstellung und könnte etwa lauten:

Übersetze ins Französische:
Mein Lieblingsessen ist Kartoffelsuppe.

Die Art, wie wir mit GPT-3 interagieren können, heißt Prompt Programming. Prompt heißt jetzt nicht »im Handumdrehen«, wie man denken könnte, sondern hier sollten wir aus dem Englischen übersetzen, und dann bedeutet das Wort in etwa »Eingabeaufforderung« oder »Stichwort«. Ich kann dem Netz durch Prompt Programming direkt sagen, was ich will. Und es wird noch unglaublicher: Ich kann in meinen Prompt sogar Beispiele für eine neuartige Aufgabe packen:

Klassifiziere die Stimmung.
Satz: »Ich freue mich über das Wetter.«
Stimmung: Positiv
###
Satz: »Das Essen ist lecker.«
Stimmung: Positiv
###
Satz: »Mich plagen Kopfschmerzen.«
Stimmung: Negativ
###
Satz: »Heute habe ich schlechte Laune.«
Stimmung: Negativ
###
Satz: »Ich lese gerade ein faszinierendes Buch über KI.«
Stimmung:

Dieser ganze Block wäre eine Eingabe für das neuronale Netz. Er ist als eine große Aufforderung zu interpretieren. Die Ausgabe wäre dann die Klassifizierung des letzten Satzes. Was GPT-3 da wohl vorhersagt?

Diese Art der Eingabe ist eine Revolution in der Welt der KI, weil sie so komplett anders ist als die bisherigen Aufgabenstellungen. Bei unserer Bildklassifizierung war der Input immer irgendwie gleich: Eine fest definierte Anzahl von Pixeln wird in eine starre Vorhersage für die Bild-Klasse umgerechnet. Beim Reinforcement Learning ist der Input ein Zustand der Spielumgebung und die Ausgabe eine definierte Aktion.

Bei den Transformer-Netzwerken kann die ganze Aufgabenstellung inklusive Beispielen als Input eingegeben werden. Das nennt sich »Few Shot Learning«, weil das KI-Modell mit ein paar wenigen Beispielen (… oder Versuchen, denn das bedeutet »shot« hier) verstehen soll, was man von ihr will. GPT-3 kann nach diesem Prinzip Fragen beantworten, übersetzen, ganze Absätze zu einem Stichwort neu schreiben oder einen Text zusammenfassen. Es ist sogar möglich, GPT-3 neuen Programmcode schreiben zu lassen, denn in den Unmengen von Trainingsdaten ist auch der Quelltext von Open Source Software inkludiert.

Ja, ich weiß, der eine oder andere wird jetzt sicher denken: Wow. Jetzt ist es so weit. Jetzt dauert es nicht mehr lange, bis sich die Maschinen gänzlich verselbstständigen. Ist diese Sorge berechtigt?

Um das zu beurteilen, schauen wir uns genauer an, wie GPT-3 trainiert wurde. Die Macher von GPT-3 sitzen als Angestellte bei einer Institution namens OpenAI, ein Unternehmen, auf das ich später zurückkomme. OpenAI wurde maßgeblich von Multimilliardär Elon Musk und von Microsoft finanziert. Dank der entsprechend unvorstellbaren finanziellen Mittel war es möglich, eines der größten neuronalen Netze aller Zeiten zu programmieren: Es besteht aus 175 Milliarden Parametern – das ist zehnmal mehr als das vormals beste neuronale **Language Model.** Wer wollte dem etwas entgegenhalten: Die Forscher haben frei nach dem Motto »viel hilft viel« einfach noch mehr Neuronen in das Modell gepackt und noch mehr Trainingsdaten verschiedenster Art in das Netz geschoben. Allein die Trainingsdaten belaufen sich auf etwa 45 Terabyte an Text. Das ist dir zu abstrakt? Zum Vergleich: Shakespeares Gesamtwerk nimmt 5 Megabyte ein. Das ist ein Neunmillionstel (!) der GPT-3-Trainingsdaten.

Aufgrund der gigantischen Datenmenge und der riesigen Netzwerkarchitektur hat das Training von GPT-3 angeblich etwa 4,6 Millionen US-Dollar gekostet, eine Summe, die ein Uni-Lehrstuhl wohl kaum mal eben so aus dem Ärmel schüttelt. Unser Gehirn kommt mit vergleichsweise deutlich weniger Energie aus. Daher stellt sich mir die Frage, ob das neuronale Netz, das bei so einem Kraftakt herauskommt, wirklich intelligent ist oder einfach nur mit sehr, sehr viel Aufwand das Internet auswendig gelernt hat.

Ich will die Leistung der Forscher nicht schmälern, GPT-3 ist ein beeindruckendes Arbeitsergebnis und zweifellos ein Meilenstein in der Geschichte der KI-Entwicklung. Allerdings sollte man die Rahmenbedingungen immer mit berücksichtigen, wenn man bewertet, wie intelligent ein neuronales Netzwerk wirklich ist. Die Leistung, GPT-3 zu designen und zu trainieren, verdient allen Respekt. Aber verglichen mit der hochkomplexen Verarbeitung von Sprache im menschlichen Gehirn ist die Architektur von GPT-3 nicht mal auf dem Niveau eines dressierten Affen.

Nicht nur das Training, auch die Anwendung des neuronalen Netzes kostet viel Geld. Deshalb ist OpenAI hier alles andere als »open«. Zugang zu GPT-3 erhält nur, wer sich darum bewirbt. Ich habe es vor drei Monaten versucht, um hier Erfahrungen aus erster Hand zu berichten. Leider hat man mir bis heute keinen Zugang gewährt. Wer auch immer das Modell für eigene Anwendungen einsetzen möchte, muss bezahlen – und das nicht wenig. Denn in GPT-3 steckt weit mehr als nur eine ziemlich gute Autokorrektur-Funktion für Text, wie manche Kritiker spotten.

GPT-3 und andere Language Models erlauben es, Aufgaben rund um Sprache zu automatisieren. Mir drängt sich auch der Vergleich mit Chat-Bots auf, die auf einigen Webseiten versuchen sollen, den Nutzern zu helfen. In den meisten Fällen fragen diese digitalen Vorzimmerroboter aber nur ein paar Basics ab und verweisen den Surfer dann an die Hotline oder verbinden ihn mit einem richtigen Experten vom menschlichen

Support-Team. Allerdings können solche Bots mit den Fähigkeiten von GPT-3 auf der gesamten Dokumentation eines Produkts trainiert werden, und dann können sie möglicherweise tatsächlich in der Lage sein, hilfreiche Antworten auf schwierigere Nutzerfragen zu geben. Klar, das ist ein Geschäftsmodell – und überall, wo Geld winkt, wird natürlich abkassiert.

Eine andere Anwendung könnten Text-Assistenten sein. Manche E-Mail-Programme schlagen ja schon heute ganze Sätze vor, mit denen man seine E-Mail vervollständigen könnte, obwohl man gerade erst mit dem Schreiben der E-Mail begonnen hat. Und die frei verfügbare Vorgängerversion, GPT-2, eben hat mir auch Sätze vorgeschlagen, wie ich dieses Buch vervollständigen könnte, aber ernsthaft: Das lass ich mir nicht nehmen! Und das ist erst der Beginn der Entwicklung. Denkbar wäre im nächsten Schritt eine smarte Satzvervollständigung beim Erstellen von Fachtexten wie Arztbriefen oder juristischen Schriftstücken. Der Gedanke entstammt nicht meinem träumerischen Hirn, sondern daran wird heute schon fieberhaft gearbeitet.

Naheliegend ist es, diese KI auch bei Übersetzungen einzubinden. Allerdings meine ich hier nicht nur klassische Sprachen, sondern auch so etwas wie »Klartext« und »Programmcode«. Stell dir vor, du kannst demnächst deinem Computer einfach in deinen eigenen Worten sagen, was eine bestimmte Funktion eines Programms tun soll – und der Computer generiert automatisch den entsprechenden Programmcode. Das ist wirklich keine Spinnerei, auch das ist schon längst in Entwicklung. Das sind Werkzeuge, die es auch dir möglich machen, einfach eine Anwendung zu schreiben, ohne vorher jahrelang Programmieren zu lernen. Jeder wird eines Tages eigene Technologie gestalten.

Eigentlich kein schlechter Gedanke, finde ich, denn hier verbirgt sich tatsächlich Potenzial für die Demokratisierung von Technologie. Eine tolle Aussicht!

Der Fortschritt hat also echt Potenzial und muss nicht gleich eine Bedrohung bedeuten. Die aktuellen Anwendungen ermöglichen vielleicht eine größere Teilhabe, denn sie gehen eher in die Richtung sprachlicher Assistenzsysteme und Automatisierungshilfen – weniger in Richtung autonomer Sprachroboter, die sich selbst aus eigener Kraft verbessern könnten. Auf den ersten Blick scheinen die Fähigkeiten von GPT-3 magisch, Furcht einflößend oder wahlweise auch völlig futuristisch. Aber: GPT-3 kann nicht denken. GPT-3 hat auf eine sehr bemerkenswerte Art ein Modell von Sprache gelernt, sodass es vielfältige Abfragen machen kann. (Auf gut Nerd-Denglisch würde man sagen: Ich kann von dem Modell sampeln.) Das kann man sich vorstellen wie ein starres gigantisches Regelbuch, in dem mithilfe des Trainings die Wahrscheinlichkeiten für verschiedene Abfolgen von Wörtern gespeichert sind. Ist eine Abfrage gegeben, kann die wahrscheinlichste Ausgabe generiert werden. Alles beruht auf Statistik, nichts auf logischer Schlussfolgerung. Die Logik steckte im Trainings-Datensatz. Daher erscheinen viele Antworten so intelligent. Aber es sind nur Abfragen von einem – zugegebenermaßen beeindruckenden – Modell, das Wörter probabilistisch rekombinieren kann: eine Art Mainstream-Schwarmintelligenz.

Ich habe es schon kurz angemerkt: Genauso wie die Logik im Datensatz steckt, stecken auch Vorurteile darin. Das Internet ist voll von Rassismus, Diskriminierung, Extremismus und Hassreden. Wenn man nicht höllisch aufpasst bei der Auswahl der Trainingsdaten, wird all dieser Unsinn mitgelernt. Wendet man dann GPT-3 an, bekommt man immer Mainstream-Antworten – weil die eben statistisch am wahrscheinlichsten sind, wenn man »das Internet fragen würde«. Und hier kommt der Knackpunkt: Gerade weil Modelle, die wie GPT-3 aufgebaut sind, immer nur Informationen aus dem Trainingsdatensatz statistisch neu zusammensetzen können, können sie nur reproduzieren und schaffen kreativ nichts Neues – von der Fähigkeit, sich selbst zu verbessern ganz zu schweigen.

Die »Intelligenz« solch statistischer Modelle wird noch eine ganze Zeit lang abhängig sein von menschlicher Intelligenz. Zugegeben, sie kann in streng beschränkten Gebieten »reproduziert« werden. Verlässt man aber den KI-Komfortbereich (den die Landkarte der Trainingsdaten abdeckt), indem man Fragen stellt, die statistisch nicht zu den Trainingsdaten passen, wird man widersprüchliche Antworten erhalten, die sich im Kreis drehen. Der Forscher und Tech-Blogger Gwern Branwen schrieb in einem Artikel über GPT-3, die Interaktion mit GPT-3 sei ein bisschen so, als wenn man einer superintelligenten Katze versuche, einen neuen Trick beizubringen, den sie gelegentlich perfekt schaffe, allerdings entscheide sie sich frustrierenderweise manchmal auch einfach dazu, sich stattdessen das Hinterteil zu lecken. Das Problem sei nicht, dass die Katze den Trick nicht beherrsche, man könne nur nicht vorhersagen, wann.

Ich muss sagen, die Entwickler von GPT-3 sind durchaus selbstkritisch, wenn es um ihre Erfindung geht. Sie sprechen Gefahren und Unzulänglichkeiten offen an und ermuntern die Wissenschaftscommunity, sich an einem Diskurs zu beteiligen. So lobenswert das auch ist – OpenAI nimmt eine Machtposition ein, die nur mit entsprechenden Investments zu übertreffen wäre. Wo auch immer GPT-3 eingesetzt wird, werden wir Nutzer möglicherweise sogar gar nicht mitbekommen, wenn wir damit interagieren. Unser Glück oder Pech hängen entsprechend auch davon ab, auf welchen Gebieten Firmen wie Open-AI ihre Prioritäten setzen – und welche Moralvorstellungen sie von ihren KI-Modellen einfordern. Weißt du schon, wie du das für dich bewertest? Meine Meinung, auf Basis dessen, was ich bisher so über KI gelernt habe, gibt's im nächsten Kapitel.

Wohin geht denn nun die Reise? Stehen wir kurz vor der Singularität, dem Moment, an dem KI selbst Ideen für Programmcode entwickeln, diese implementieren und ausführen kann? Elon Musk prophezeit das ja schon für die nächsten fünf Jahre.

Und mit Sicherheit sitzt er direkt an der Quelle, nicht zuletzt pumpt er selbst ein Vermögen in die Entwicklung intelligenter Systeme. Es wäre naiv, ihm pauschal zu widersprechen. Aber wir Menschen sind eben nicht dafür gemacht, exponentielles Wachstum intuitiv abzuschätzen. Und mit nichts anderem haben wir es hier zu tun. Vor 20 Jahren hätte wohl kaum jemand vorhersagen können, dass wir Menschen mit der Entwicklung hocheffizienter GPUs innerhalb weniger Jahre tatsächlich KI-Systeme erschaffen könnten, die – damals wie heute – Unvorstellbares leisten.

In naher Zukunft werden wir im Bereich der Automatisierung explosionsartig viele Anwendungen von KI sehen. Sowohl in der Industrie als auch im Internet allgemein wird das so sein. Wer Zugriff auf große Datenmengen hat, wird ungemein effizient Informationen aus Texten ziehen können – insbesondere zu persönlichen Daten. Diese Informationen werden noch schneller aus Texten, egal ob gesprochen oder geschrieben, extrahiert werden können. Gleichzeitig wird ein schnell wachsender Teil des im Internet neu generierten Texts »aus der Feder« eines KI-Sprachmodells stammen. Das können automatisierte Antworten auf Fragen sein, automatisch zusammengestellte Zusammenfassungen je nach individuellem Geschmack eines Nutzers, oder jegliche Art von Übersetzungen.

Es zeichnet sich dabei eine Gefahr ab, die ich persönlich für sehr groß halte: Die vergangene US-Wahl hat uns in erschreckender Weise vor Augen geführt, wie soziale Netze mit Fake News überschwemmt und so Wähler getäuscht werden können. Der Begriff »Faktencheck« wurde etabliert. Mühevoll haben engagierte Nutzer, Medienorganisationen und – auf mehr oder weniger Druck aus der Öffentlichkeit hin – auch manche soziale Netzwerke Artikel und Posts inhaltlich überprüft, um zu melden, wenn jemand falsche Behauptungen als Fakten verkaufen wollte. Solange es mehr »Faktenchecker« als »Fake News Autoren« gibt, lässt sich das vielleicht irgendwie beherrschen. Aber was, wenn Menschen mit einer politischen Agenda anfangen, GPT-3 und seine Nachfolger daraufhin zu trainieren, eine Million Varianten von derselben Fehlinformation im Netz zu streuen? Dann kann man nur hoffen, dass genug schlaue Kämpfer für Wahrheit und Gerechtigkeit dagegen angehen und Faktencheck-KIs programmieren. Denn überall, wo Text generiert wird, machen Modelle wie GPT-3 Missbrauch möglich.

Kommt dir dieses Muster bekannt vor? Wir haben das Gleiche schon beim Thema Deep Fakes diskutiert, wo es darum ging, Gesichtsmanipulationen auf Fotos und Videos zu erkennen. Die Erfinder der KI, die Gesichter täuschend echt generieren kann, haben zum Glück frühzeitig die Gefahren erkannt und eine eigene Disziplin namens »Deep Forensics« ins Leben gerufen. Hoffentlich wird es entsprechende Entwicklungen im Bereich der Sprachmodelle geben. Wir wollen den Worten ja auch in Zukunft trauen können.

Es wird zwangsläufig eine neue Form von Authentifizierung geben müssen, die nachvollziehbar macht, welche Quellen für welche Aussagen herangezogen wurden – und ob da irgendwo ein KI-generierter Text in der Argumentationskette steckt. Naturgemäß kann eine KI schwerlich zur Rechenschaft gezogen werden. Aber vielleicht haben wir ja schon die Möglichkeiten gesehen, die das Schlimmste verhindern. Und es könnte sein, dass ausgerechnet in der Blockchain-Technologie, die ja gerade für Transparenz in Vorgängen sorgen soll – angefangen bei Krypto-Transaktionen, bis möglicherweise hin zu Nachrichtentexten –, unsere Chance steckt.

Hier sehe ich vorerst die größte Herausforderung für den Umgang mit KI: all die neuen Möglichkeiten, automatisiert Daten zu verarbeiten oder zu generieren. KI ist nicht das Übel, nur der Brandbeschleuniger. Es braucht immer einen Menschen, der die Prozesse entwickelt und startet. Dass hier eine Menge Mist gebaut werden kann, ist klar. Der Faktor Mensch ist und bleibt aber in der nahen Zukunft – noch? – entscheidend. Bevor wir eine KI-Singularität erleben, werden wir eine Menge andere menschengemachte Probleme lösen müssen.

Bevor sich eine KI irgendwann einmal selbst programmieren und so etwas wie ein Bewusstsein entwickeln können wird, müssen wir besser verstehen, wie eigentlich unsere eigene Intelligenz funktioniert. Denn unser Denken, unsere Intelligenz und unsere Hirnfunktionen stellen uns durchaus noch vor einige große Rätsel. Aber wer weiß, vielleicht kann uns KI dabei helfen, unsere menschliche Intelligenz zu entschlüsseln? Immerhin scheint KI schon heute Forscher in die Lage zu versetzen, etwas uns so Fremdes wie den Walgesang zumindest in ersten Ansätzen zu verstehen.

Sprache ist das bislang effizienteste Mittel, Informationen auszutauschen. Daher wäre es gut möglich, dass wir tatsächlich in diesem Bereich der Computerlinguistik eines Tages die ersten Meldungen über eine »echte« KI, also eine künstliche allgemeine Intelligenz sehen werden.

NATÜRLICH ALLES KÜNSTLICH

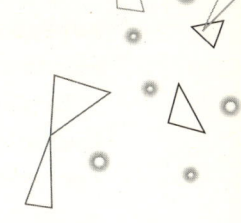

Unsere Spritztour durch das Universum der künstlichen Intelligenz begann mit der Frage, wie ein Computer etwas von der Welt sehen kann. Wir haben uns in groben Zügen angeschaut, wie das Sehen beim Menschen funktioniert und wie wir die Grundprinzipien auf Maschinen übertragen können. Dann haben wir den Weg der Bildinformationen weiter durch unser Gehirn verfolgt und Parallelen gezogen zu Schaltkreisen und algorithmischen Ansätzen.

Eine zentrale Station auf unserer Reise war das Konzept von Modellen – von einfachen Zusammenhängen, aber auch von Komplexerem wie Treppen oder Gesichtern und letztendlich von der gesamten Welt und ihren Naturgesetzen. Eine sehr erfolgreiche Art von Modellen für kleinste Teilausschnitte der echten Welt sind künstliche neuronale Netze, die in gewisser Weise inspiriert sind von der Art und Weise, wie Informationen in unserem Gehirn verarbeitet werden.

Modelle zu gestalten und zu verfeinern – oder zu trainieren –, das ist die immer wiederkehrende Aufgabe in der Disziplin der künstlichen Intelligenz. Dabei handelt es sich in der Regel um statistische Modelle, die erfassen, mit welchen Wahrscheinlichkeiten gewisse Daten zusammenpassen. Es sind Korrelationen, die solche Systeme lernen: Welche Kombinationen von Pixeln treten in Fotos von Katzen auf? Oder welche Abfolge von Frequenzen korreliert mit der Tonaufzeichnung des Wortes »Auto«?

Um diese Korrelationen so zu lernen, dass die KI-Modelle robust sind gegen die vielen kleinen Variationen, die in der echten Welt auftreten, sind Trainingsdaten nötig. Immens viele. Oft solche, die von menschlichen Experten beschriftet wurden: »Das ist eine Katze. Das ist auch eine Katze. Das ist ein Hund.« Und so weiter. Macht der Mensch Fehler, lernt der Computer das mit. Hat der Mensch Vorurteile, lernt der Computer auch das mit. Ist der Datensatz unausgeglichen oder einseitig und zeigt beispielsweise nur Katzen von vorne, hat der Computer kaum eine Chance, eine Katze aus anderen Perspektiven zu erkennen. Und natürlich beschäftigt sich KI-Forschung nicht nur mit Katzen.

Ist ein Datensatz aber geeignet, kann ein KI-Modell durchaus sehr mächtig werden und beispielsweise Bilder besser erkennen und beschriften als mancher Mensch. Convolutional neural networks haben bei der Entwicklung von KIs für entscheidende Durchbrüche gesorgt, weil sie manche Grundannahmen direkt mit modellieren, wie etwa, dass es egal sein muss, ob die viel zitierte Katze links oder rechts im Bild sitzt.

Weitere Katalysatoren in der KI-Forschung waren neue Trainingsalgorithmen, die die Fehler eines untrainierten Modells effizienter Schritt für Schritt zurückverfolgen und abstellen konnten, sowie neue Computerchips, auf denen diese Berechnungen noch schneller liefen. Das waren geradezu bahnbrechende Entwicklungen, Revolutionen in der KI-Forschung.

Je mehr Forscher sich mit neuronalen Netzen befassten, desto mehr fragten danach, was diese denn nun genau lernten. Sie entwickelten Visualisierungstechniken, die schnell beeindruckende Einblicke gaben und etwa zeigten, welche fantastischen Hierarchien von Mustern ein neuronales Netz lernt –, aber auch wie leicht man eine KI mit minimalen, aber zielgerichteten Veränderungen der Eingabedaten austricksen kann.

Gleichzeitig inspirierten diese Visualisierungen neue Techniken, um Bilder und Videos zu generieren – von KI-Gemälden bis hin zu fotorealistischen Gesichtern. Ein neuer Forschungszweig entstand: die Erforschung und Erkennung von KI-generierten Inhalten wie Bildern und Videos, Deep Forensics.

Ich habe dir wichtige Entwicklungen gerade im Bereich der Bild- und Videoverarbeitung gezeigt, da viele Konzepte ihren Ursprung genau dort hatten. Aber das ist natürlich nicht die einzige Forschungsrichtung im KI-Universum. Selbstlernende Systeme können auch mit ganz anderen Modalitäten und Aufgabenstellungen umgehen, wie etwa mit der Aufgabe, ein Computerspiel zu spielen, Spielzustände zu erkennen und zielführende Handlungen auszuwählen. Wir haben besprochen, wie es sein kann, dass sich ein Computer innerhalb kürzester Zeit selbst beibringt, das bis vor wenigen Jahren ausschließlich von Menschen beherrschte Brettspiel »Go« zu meistern. Wenn der Computer in einer künstlichen Welt gegen sich selbst spielt, kann er unendlich viele Trainingsbeispiele schaffen und daraus lernen – sofern die Rahmenbedingungen wie etwa die Simulation geeignet dafür sind. Aber ich konnte dir auch verdeutlichen, wie schnell so ein Konstrukt an seine Grenzen stößt. Die einfache Frage genügte, ob sich diese Art des spielerischen Wissenserwerbs nicht im Handumdrehen auf selbstfahrende Autos übertragen ließe. Da die reale Welt deutlich komplexer ist als ein Brettspiel mit seinen klaren Regeln und einem begrenzten Aktionsradius, werden vollständig selbstfahrende Autos vorerst Zukunftsmusik bleiben. Ganz schön viele Entwicklungsschritte sind erst noch zu absolvieren.

Auf dem Weg zu einer echt intelligenten künstlichen Intelligenz spielt Sprache eine entscheidende Rolle. Sie erlaubt es uns Menschen, Informationen hocheffizient zu speichern und weiterzugeben. In den letzten Jahren konnten erstaunliche Durchbrüche erzielt werden, weil die KIs auf gigantischen Modellen, basierend auf Milliarden von Dokumenten, trainiert wurden und eine Vielzahl von sprachlichen Aufgaben zu beherrschen lernten. Solche Modelle lernen rein statistisch, welche Abfolge von Wörtern in einem bestimmten Kontext am wahrscheinlichsten ist – und sind enorm erfolgreich damit. Sie sind heute nicht nur in der Lage, Fragen zu beantworten, sondern auch Sprache zu übersetzen oder gleich ganze Absätze neu zu schaffen – ja, richtig zu fantasieren.

Man könnte den Modellen vorwerfen, dass sie mehr oder weniger »nur« das Internet auswendig gelernt haben und die dort befindlichen Abfolgen von Wörtern in gewisser Weise geschickt neu zusammensetzen können, um erschreckend realistisch klingende Sätze zu produzieren. Man könnte kritisieren, dass kein echtes rationales Verständnis im Hintergrund steht, das einem argumentativen Diskurs standhielte. Andererseits stellt sich die Frage, ob der Mensch in Wahrheit vielleicht auch nichts anderes tut – wenn auch um zig Größenordnungen höherem Niveau – und es aus diesem Grund nur eine Frage der Zeit ist, bis KI selbst Naturgesetze entdecken und letztendlich uns Menschen kontrollieren könnte.

Unausweichlich erwachsen Ängste aus solchen Vorstellungen. Wohin wird all das noch führen? Wird KI eine große Job-Vernichtungs-Maschinerie? Werden einige wenige große Firmen Systeme schaffen, die sie vielleicht selbst eines Tages nicht mehr beherrschen? Müssen wir Menschen uns darauf einstellen, zunächst von einer Fake-Flut überrollt, dann entmündigt und am Ende von künstlicher Intelligenz beherrscht zu werden?

Ich hüte mich davor, Vorhersagen zu machen, was passieren wird und was nicht. Sorry, falls du mit dieser Vorstellung an den Text herangegangen bist. Mir ist lieber, du ziehst eigene Schlüsse, statt mir blind zu folgen. Denn wenn du ein eigenes Verständnis dafür hast, was wir heute im Bereich der KI bereits für Fortschritte gemacht haben und mit welchem Tempo sich welche neuen Technologien weiterentwickeln, dann kannst du dir genauso wie alle anderen selbst ein Bild machen.

Wenn man so hört, was KIs in jüngster Zeit alles geschafft haben, neigt man schnell dazu, die aktuellen Fähigkeiten von

KI zu überschätzen. Fakt ist: Stand heute haben wir fast ausschließlich Korrelationsmaschinen. Keine übernatürlichen digitalen Intelligenzen sind in Sicht, die unserer menschlichen Intelligenz an Komplexität überlegen wären. Zugegeben: Wir haben gleichermaßen in der Vergangenheit oft die langfristigen Entwicklungen unterschätzt. Wer vor 30 Jahren einem Modem beim krächzenden Einwählen in das damalige Internet lauschte, wird in den wenigsten Fällen eine Vorstellung davon gehabt haben, was heute 5G-Datenraten auf den kleinen Supercomputern in unseren Hosentaschen alles möglich machen.

Wir leben in einer spannenden Zeit, in der sich unsere Technologie rasend schnell entwickelt – und weil wir ins Schwärmen geraten, werden Träume und Fiktionen immer wieder mit Fakten vermischt. Doch ich bin überzeugt: Wer in diesem Sturm aus Ideen und Ängsten sicher navigieren kann und sich von technologischen Brechern (Durchbrüchen, ich meine Durchbrüche) nicht vom Kurs abbringen lässt, sondern auf den Wellen des Fortschritts gleichsam surft, der ist für die Zukunft gewappnet. Klingt poetisch, ist alles andere als einfach, und ich behaupte nicht, dass ich ein Kapitän auf so einem Schiff wäre, der allzeit sicher an den Untiefen vorbeinavigieren könnte. Aber wir alle sind Teil einer Crew. Die Menschheit muss sich bereit machen für diese Überfahrt. Und dazu ist es nötig, dass wir uns mit KI befassen – jeder auf seine Weise.

KI ist längst schon in unserem Alltag angekommen. Die meisten unserer Interaktionen mit dem Internet, mit Computern, Smartphones, Smartwatches oder diversen Lautsprechern mit Sprachsteuerung sind nur die Spitze des Eisbergs. Okay, okay, ich hör ja schon auf mit meinen Seefahrts-Analogien. KI ist meiner Meinung nach die größte, manche sagen sogar, sie sei vielleicht sogar die letzte Erfindung der Menschheit. Künstliche Intelligenz stellt die Erfindung des Rads, des Buchdrucks, des Düngers oder des Internets in den Schatten. Daher müssen wir sie verstehen, um sie zu kontrollieren. Und mit »wir« meine ich uns als Gesellschaft – nicht nur eine verhältnismäßig kleine Elite von Spitzenforschern.

KI wird mit uns in so vielen Bereichen interagieren, dass sich irgendwann eher die Frage stellen wird, woran denn eigentlich keine KI beteiligt ist. Selbstfahrende Autos sind der Klassiker, denkt man an gelungene Anwendungen im Alltag. Aber eigentlich ist doch viel banaler, wo KI zur Anwendung kommt. Nimm als Beispiel, was passiert, wenn du eine Versicherung abschließt. Früher hat man dich im Beratungsgespräch nach Geburtsdatum und Postleitzahl gefragt. Dann hat jemand in einer Tabelle nachgeschaut und mit einem sehr rudimentären System dein persönliches Risikoprofil bestimmt. Heute unterstützen KI-basierte Scoring-Systeme nicht nur Versicherungen, indem sie aus unseren Daten komplexe Vorhersagen machen. Sogar in der Justiz ist KI angekommen. In den USA hilft eine Software namens COMPAS dabei, die Rückfallquote von Verbrechern einzuschätzen. Das Urteil spricht allerdings ein Mensch – die Frage ist nur, wie lange noch. Ob ein Kredit gewährt wird, entscheidet heute oft schon ein Computer. Ja, das basiert alles noch auf sehr einfachen Regeln, manchmal genügt eine einzige KI-Auswertung.

Wenn Entscheidungen oder Bewertungen mehr und mehr an KI outgesourct werden, geben wir dann nicht freiwillig die viel zitierte Weltherrschaft ab? Ich hoffe, dass du lächelst, aus diesem Buch ein paar Anregungen mitnimmst und somit selbst ein Stück weit besser bewerten kannst, was von KI in Zukunft zu erwarten ist und was nicht. In ebendieser Zukunft wirst auch du dir vielleicht an einigen Stellen im Alltag von KI helfen lassen, Sachverhalte unbefangener oder schneller zu bewerten. Aber die Fragen stellst du selbst. Und so weißt du etwa auch, was passiert, wenn die zu verarbeitenden Daten nichts mit den Trainingsdaten zu tun haben.

Ich habe gerade bewusst ein Beispiel aus der Versicherungwelt gewählt, weil solche Bewertungen von Risiken meiner

Meinung nach besonders brenzlig sind. Solche Anwendungen gibt es ja schon heute und manche Menschen spüren die Effekte direkt und buchstäblich am eigenen Leib. Es ist ein unangenehmes Thema, weil es so schnell passieren kann, dass ein Mensch ungerecht behandelt wird. Aber wir sollten dabei eines nicht vergessen: Das gilt genauso auch bei menschlichen Bewertungen.

Wir werden zukünftig allerdings immer mehr Beispiele sehen, bei denen der Computer ganze Prozesse übernimmt. Es wird immer mehr Automatisierung geben. Hierbei ist es wichtig, klar zu unterscheiden zwischen Digitalisierung, Automatisierung und KI, beziehungsweise maschinellem Lernen. Wenn ich ein Formular mit einem Computer anstelle einer Schreibmaschine ausfülle, habe ich einen Prozess digitalisiert, aber inhaltlich nichts geändert. Wenn ich das ganze Formular von einem Computer statt von einem Sachbearbeiter abfragen lasse, habe ich den Prozess ein Stück weit automatisiert. Automatisierung ist keine neue Entwicklung. Als die Erfindung der Waschmaschine viele Waschfrauen arbeitslos gemacht hat, war das ein Prozess der Automatisierung. Der große Unterschied ist, dass viele Anwendungen der Automatisierung von KIs gerade im Arbeitsalltag erst heute möglich sind und uns überraschen (vielleicht gerade weil sie uns beeindrucken). KI erlaubt ganz neue Formen der Automatisierung, weil der Computer beispielsweise Sprache oder Bilder verstehen lernt und solche Schritte in Automatisierungsprozesse einbauen kann.

Diese neuen Formen der Automatisierung stellen uns aktuell vor Herausforderungen. Immer wieder kommt es an den Finanzmärkten zu rasanten Bewegungen, weil Trading-Algorithmen automatisiert innerhalb von Sekundenbruchteilen Entscheidungen treffen, die Auswirkungen auf den gesamten Aktienmarkt haben. Die Algorithmen entscheiden aufgrund verschiedener Regeln, die zum Teil von Menschen programmiert, zum Teil aber auch durch KIs gelernt wurden. Manche sagen dann bestürzt, KIs hätte den Aktienmarkt übernommen. Das Ding ist: Der Mensch hat die KIs ganz bewusst eingesetzt –, weil er sie schätzt, diese Automatisierung. Es sind keine virtuellen Machtfantasien eines hollywoodreifen Trading-Roboters mit der Agenda, die Weltherrschaft an sich zu reißen, die da eine Rolle spielen. Das geht immer zurück auf einen Menschen mit einer meist ganz banalen Agenda.

Gibt der Mensch der Maschine Entscheidungsmacht, kann es immer zu unberechenbaren Effekten oder Rückkopplungen kommen. Hier dürfen wir also nicht pauschal die KI verteufeln, sondern müssen präziser sein. Ursache und Wirkung sind nicht immer sofort erkennbar, wo in einem Zwischenschritt eine KI eingebunden ist. Ich habe es mir zur Angewohnheit gemacht, da immer genauer hinzuschauen. Was war die Aufgabe der KI? Warum hat man sie ihr wohl übertragen? Da lernt man sehr viel über uns Menschen (und manchmal auch etwas über die Fortschritte im Bereich der KI).

Gleichermaßen können KI-gestützte Automatisierungen regelrecht Leben retten. In der Medizin beispielsweise gibt es schon eine Menge Ansätze, KIs einzusetzen. Stell dir vor, du musst ins Krankenhaus, weil du Schmerzen hast. Diese können viele Ursachen haben. Mit einem Screening-Tool, das bestimmte Datenpunkte von dir sammelt, könnten von vornherein Diagnosen ausgeschlossen oder vorgeschlagen werden. Der menschliche Arzt bekommt so eine statistische Unterstützung, die etwa seltene Krankheiten aufgrund der Datenlage früher erkennt. Auch bei der Wahl der Therapie kann KI helfen, Erfolgschancen abzuschätzen – basierend auf deinem ganz persönlichen klinischen Fingerabdruck. Personalisierte Medizin ist stark auf statistische Modelle angewiesen.

Im Bereich der medizinischen Bildgebung gibt es schon lange Verfahren, die automatisiert interessante Strukturen hervorheben: von Tumoren bis Knochenbrüchen. Teilweise kann der Computer diese sogar besser erkennen als ein gestresster Arzt.

Aber nur weil KI diese Inselfähigkeiten beherrscht, ist der nächste Schritt nicht, dass sie den Arzt komplett ersetzen wird. Wir sollten uns die Zeit nehmen, auch die Chancen zu erkennen, die in einer KI-Anwendung liegen. Ärzte haben mehr Zeit für Patienten, und fehleranfällige oder ermüdende Routinearbeiten können zumindest teilweise automatisiert, wenn nicht ganz den Ärzten und Pflegern abgenommen werden.

Wir werden mehr und mehr solcher KI-basierten Assistenzsysteme sehen – in der Medizin, in der Industrie, aber auch im privaten Alltag. Du weißt, ich sehe das erst einmal positiv. Denn KI-gestützte Automatisierung bringt wirklich eine Menge Chancen mit sich. Wir werden technisch komplexe Sachverhalte mehr Menschen zugänglich machen können. Ich weiß, du möchstest ein Beispiel: GitHub Copilot ist so ein KI-Assistent, der Menschen beim Programmieren helfen kann, indem er Codefragmente vorschlägt. Die Bildbearbeitungs-Software Photoshop hat KI-basierte Grafik-Effekte, die auch weniger talentierten Nutzern erlauben, bestimmte Bildmanipulationen vorzunehmen. Mithilfe von KI können auch Menschen mit nur grundlegenden Statistikkenntnissen große Datensätze nach signifikanten Mustern durchsuchen. Und Profis bekommen neue Werkzeuge an die Hand, die komplizierte Aufgaben zum Teil überhaupt erst lösbar machen.

Bestimmt wird KI bei der Bekämpfung des Klimawandels eine immer wichtigere Rolle spielen. Von der Identifizierung von Einsparpotenzial in energiehungrigen Datencentern bis zur Optimierung der Auslastung von Verkehrsmitteln – von der Hochwasser-Vorhersage ganz zu schweigen. Und vielleicht werden wir die nächste Pandemie dank KI besser in den Griff bekommen.

An vielen Stellen hält Automatisierung Einzug, mit mehr oder weniger künstlich intelligenter Unterstützung. Ist das eine gute Sache? Das ist schwer zu bewerten. Es wird davon abhängig sein, wie kompetent wir mit der Technologie umgehen.

Denn wir leben in höchst komplexen Systemen – politisch, wirtschaftlich, sozial, ideologisch.

Ja, zugegeben, wir wissen nicht genau, welche Effekte es haben wird, wenn wir an verschiedenen Stellen gleichzeitig Prozesse in die Hand von Technologie geben. Das kann keiner vorhersagen. Wir wissen auch nicht, welche Fehler und Rückkopplungen es geben wird. Das alles ist nicht immer von vornherein risikolos zu planen. Denk nur mal an die gescheiterten Chat-Bots von Facebook oder die neuronalen Netze, die nur allzu leicht auszutricksen waren, wenn man nur wenige Bildpunkte in der Eingabe veränderte. Auch wenn die ersten Fehler ausgemerzt sind. Es wird noch oft solche Momente geben, in denen wir uns wundern, wie eigenartig Maschinen »denken«.

Ich bin mir dessen bewusst, dass wir, so wir KI zu viel zutrauen und sie an immer mehr Stellen einsetzen, unweigerlich Störungen unserer Systeme produzieren, weil wir manche Auswirkungen einfach nicht abschätzen können. So wie beim automatisierten Aktienhandel, wo eine außer Kontrolle geratene Automatisierung furchtbare Folgen haben kann. Und wenn wir uns schon schwertun, das Wetter für übermorgen richtig vorherzusagen, wie wollen wir dann behaupten, dass wir die Folgen von Automatisierung an so vielen Stellen auf der ganzen Welt absehen können?

Nun ist KI weitaus mehr als Automatisierung. KI ist ein Katalysator, eine neue Technologie, die wiederum neue Erfindungen und ihre Anwendungen beflügelt. Ähnlich wie die Entdeckung der Elektrizität es möglich gemacht hat, vormals rein mechanische Prozesse wie etwa das Waschen am Waschzuber zu automatisieren. Dann aber hat Elektrizität selbst ganz neue Erfindungen wie den Computer möglich gemacht. KI ist Teil unserer Welt. Dabei sind diejenigen, die ganz vorne an der Spitze der Entwicklung beteiligt sind, keineswegs repräsentativ für die globale Gesellschaft. Vielleicht ist auch dies etwas, was den

Menschen Angst macht: Wir geben Verantwortung aus der Hand für eine Erfindung, die wir nicht ganz und vollumfänglich in ihren Risiken verstehen. Und wir Menschen machen nun einmal Fehler.

Viele der großen Durchbrüche in den letzten Jahren wurden durch ein einfaches Schema möglich gemacht: Infrastruktur, Geld, Daten und Know-how. Egal ob Tech-Giganten wie Google, Facebook, Baidu & Co. oder Organisationen wie OpenAI – in der Regel steht ein Millionen-Funding im Hintergrund, das es erlaubt, die besten Programmierer der Welt anzuwerben, sie mit Benefits wie kostenlosen Gourmet-Kantinen bei Laune zu halten und ihnen einen Datenschatz samt schier unendlicher Rechenressourcen zur Verfügung zu stellen. Klar, es gibt Ausnahmen und einige der Beispiele in diesem Buch zeigen, dass es auch kleinere Forschungseinrichtungen und Universitäten hier bei uns in Europa schaffen, mit beschränkteren Mitteln herausragende Forschung zu betreiben. Das Muster hinter vielen der anderen Entwicklungen ist dennoch frappierend – vor allem, wenn man bedenkt, dass Firmen wie Google oder Microsoft alles patentieren, was ihre Forscher so (er-)finden.

Doch es bleibt dabei: Wesentliche Meilensteine der Forschung und KI-Entwicklung sind im Besitz einiger weniger Firmen. Wir unterwerfen fraglos neuste Anwendungen den jeweiligen Moralvorstellungen oder gegebenenfalls einer politischen Agenda der jeweiligen Unternehmen (oder Staaten, so diese KI-Forschung betreiben, was durchaus einige tun sollen, wie man so hört). Im Moment scheinen die großen Player vernünftig zu handeln, denn wenn sie es sich mit uns, den Nutzern, verscherzen, verlieren sie ihre wichtigste Datenquelle. Aber eine Garantie dafür, dass das so bleibt, gibt es nicht – und ob und inwiefern sich dadurch Druck auf die Unternehmen aufbauen lässt, sei dahingestellt.

An einen Ernstfall möchte ich gar nicht denken. Forschende Staaten habe ich ja kurz angesprochen. Aber im Falle eines –

zum Glück nur rein theoretischen – nächsten Weltkriegs könnte eine Regierung die Privatfirmen dazu zwingen, ihre Technologie in den Dienst des jeweiligen Landes zu stellen. Was das dann für Europa bedeutet, überlasse ich Politikexperten. Wir dürfen es meines Erachtens jedenfalls nicht zulassen, dass weiterhin eine kleine KI-Elite die Geschicke und Entwicklungen der Forschung in diesen Bereichen steuert. Wir alle sollten uns dazu äußern, uns beteiligen – und zumindest interessieren.

Wie gesagt: Wir in Europa stehen nicht mit leeren Händen da. Aber es gibt eben kein europäisches Google, Facebook, Microsoft, Tesla, Amazon, Alibaba, NVIDIA, Tencent, Qualcomm oder OpenAI. Jetzt fragst du bestimmt: Was müssen wir denn konkret tun, um in den nächsten Jahren nicht in der Bedeutungslosigkeit zu verschwinden, was KI angeht? Ich sehe hier vier zentrale Fragen: Infrastruktur, Daten, Investmentkultur und Talent-Pool.

Maschinelles Lernen funktioniert (im Moment) oft nur mit großen Datenmengen und hoher Rechenleistung. Nur wenige komplexe neuronale Netze lassen sich auf einem handelsüblichen Laptop in vertretbarer Zeit trainieren. Daher setzen viele Forscher auf Cloud-Lösungen, bei denen sie sich die erforderliche Rechenleistung, die ja schnell mal Hunderte GPUs beträgt, für ein paar Tage mieten können. Viele Unis haben selbst ähnliche Rechenzentren – diese sind in der Regel aber nur Uni-Mitarbeitern zugänglich. Wer etwa in der freien Wirtschaft neue KI-Anwendungen programmieren möchte, wird in vielen Fällen auf die großen Anbieter Google Compute Platform, Microsoft Azure oder Amazon Web Services zurückgreifen. Sie bieten vorgefertigte Lösungen an, die es vereinfachen sollen, selbst KI-Modelle zu bauen und zu trainieren – natürlich mit dem Hintergedanken, dass die Anwendung danach dann bis in alle Ewigkeit auf der entsprechenden Plattform läuft und Umsatz generiert. Solche Plattformen gibt es in dieser Dimension in Europa nicht. Zwar bieten viele Firmen Cloud-

Lösungen an. In den meisten Fällen hinken diese aber beim technischen und funktionellen Angebot hinterher. Hier brauchen wir eigene Lösungen, die auch europäische Datenschutzvorstellungen beachten. Damit das funktioniert, muss Europa flächendeckend mit stabilem und schnellem Internet ausgestattet werden. Ja, das wünsche ich mir ganz persönlich, aber auch für uns alle: Es ist wirklich notwendig, schon in so einem grundlegenden Punkt zu beweisen, dass wir nicht nur mithalten, sondern dass wir fortschrittlich sind.

Der nächste Punkt ist da schon heikler. Es geht um Daten. Ich habe das Gefühl, dass wir in Europa hier etwas undifferenziert auf Datenschutz blicken. Versteh mich nicht falsch: Es ist absolut klar, dass alle Rechte von Personen und Firmen vollumfänglich geschützt werden müssen. Das steht gar nicht zur Debatte. Die Corona-Pandemie hat uns allen aber auch gezeigt, dass ein verkrampftes Verhältnis zum Thema Datenschutz technologischem Fortschritt im Weg stehen kann. Wenn aus Datenschutzgründen Informationen im Jahr 2021 per Fax oder CD-ROM ausgetauscht werden müssen, sollte man sich doch einmal fragen, ob es nicht an der Zeit wäre, Mittel und Wege zu finden, Datenschutzverordnungen an das Zeitalter des Internets anzupassen und entsprechend zu implementieren. Damit meine ich keine Lockerungen der Grundregeln, sondern Spezifikationen, die es überhaupt erlauben, Daten sicher und schnell über das Internet auszutauschen. Stell dir nur mal zum Spaß vor, wie die Pandemie verlaufen wäre, wenn wir frühzeitig Möglichkeiten der anonymen Datenerhebung bei Tests gehabt und so Cluster und Pandemietreiber besser erkannt hätten. Wie viele Infektionen hätten wir verhindern, wie viele Betriebe geöffnet lassen können?

Im April 2020 hat das Robert-Koch-Institut eine App herausgebracht mit dem schönen Namen »Datenspende«. Jeder kann sie herunterladen und pseudonymisiert Daten von Fitnessarmbändern und Smartwatches übertragen. Diese Daten können Forscher dann mit den offiziellen, aber naturgemäß verzögerten Corona-Zahlen in Korrelation bringen und somit ein Frühwarnsystem bauen: eine geniale Idee. Ende Juli 2021 nutzten knapp 540 000 Personen diese App. Das sind gerade mal 0,6 Prozent der Bevölkerung. Klar, es hat nicht jeder ein Smartphone, geschweige denn ein Fitnessarmband oder eine Smartwatch. Aber ich wage dennoch zu behaupten, dass wir uns hier im deutschsprachigen Raum nur schwer dafür begeistern lassen, unsere Daten zu teilen. Gesunde Vorsicht ist absolut angebracht. Aber stell dir nur mal vor, es hätte von Anfang an eine größere Beteiligung gegeben und wir hätten nach der zweiten Welle die Algorithmen so weit geschärft gehabt, dass wir die dritte Welle vielleicht viel früher und direkt im räumlichen Umfeld erkannt und sie entsprechend besser eingedämmt hätten.

Wir brauchen ein neues Bewusstsein für Daten, das nicht auf Angst basiert, sondern auf einem klaren Verständnis von modernem Datenschutz, aber auch vom Wert der Daten, wenn wir sie mit den Technologien unserer Zeit nutzen. In wie vielen kleinen und mittelständischen Unternehmen schlummern ganze Datenschätze, und meist sind sich die Firmen gar nicht dessen bewusst, was für Möglichkeiten daraus für sie erwachsen könnten. Was aber wäre, wenn die Mitarbeiter wüssten, was technisch möglich ist? Wir alle sollten uns fit machen für die sich rasant entwickelnden neuen Technologien. Wir sollten sie mit berücksichtigen in unserem Alltag – so wie es selbstverständlich ist, dass Naturwissenschaften wie Mathe und Physik an unseren Schulen gelehrt werden, sollten Fächer wie Informatik, Data Science, Tech- und Medienkompetenz mutiger in Lehrpläne aufgenommen werden. Programmieren wird oft als ein Nerd-Hobby stigmatisiert. Das ist Unsinn. Wer gut programmieren kann oder auch nur ein profundes Verständnis für Informationstechnologie entwickelt, hat beste Jobaussichten – selbst in Bereichen, die bislang noch nicht als IT-lastig gelten.

Wenn die Schule uns auf das Leben vorbereiten will, gehört Bildung rund um KI im 21. Jahrhundert dazu.

Das sagt sich natürlich leicht. Und ich weiß, dass es viele Lehrerinnen und Lehrer gibt, die das ähnlich sehen. Es braucht aber natürlich auch einen bildungspolitischen Rahmen und entsprechende Budgets. Es wäre begrüßenswert, wenn wir als Gesellschaft uns aktiv dafür entschieden, solche Themen zu befördern auch mit den entsprechenden großzügig gedachten Geldmitteln – sonst tun es nämlich andere für uns. Nur als Beispiel: Im Jahr 2019 hat Facebook der TU München 6,5 Millionen Euro für ein neues KI-Forschungsinstitut überwiesen. Ich bin mir sicher, dass die TUM höchste moralische Standards bei der Auswahl von Fördermitteln zugrunde legt, und Facebook ist natürlich nicht die einzige privatwirtschaftliche Firma, die öffentliche Einrichtungen in Deutschland unterstützt. Aber wenn man das so liest, fragt man sich schon, wie lange es dauern wird, bis Google & Co. ganze Schulen in Europa sponsern – mit den entsprechenden Effekten.

Es ist ganz klar zu beobachten, dass die Top-Talente unseres Landes von Tech-Giganten aus Übersee förmlich abgesogen werden, mit Traumgehältern und dem Versprechen, wirklich etwas bewegen zu können. Nicht jeden kann das locken. Einige versuchen beispielsweise auch selbst ihr unternehmerisches Glück in Europa. Es gibt hierzulande eine Reihe Start-ups, die smarte KI-Lösungen entwickeln. Nicht immer ist es für die Gründer einfach, den Traum von »KI made in Europe« zu verwirklichen. Ein Grund ist der immense Mangel an gut ausgebildeten KI-Entwicklern. Zum anderen ist es nicht leicht, das Kapital für solche Vorhaben aufzutreiben. Denn in Deutschland wird verhältnismäßig wenig Wagniskapital investiert.

Das Silicon Valley gilt nach wie vor als Eldorado für junge Tech-Start-ups. Dem Klischee nach treffen sich dort Tech-Milliardäre und Uni-Abbrecher in einem der vielen kleinen Cafés, um das nächste große Ding anzuschieben. Okay, das ist jetzt übertrieben dargestellt –, aber tatsächlich ist die Investitions-kultur andernorts anders und dort ist man deutlich risikofreu-diger als bei uns. Lange Zeit galt gerade Deutschland als »Tal des Todes«, weil Wagniskapital nur sparsam und ungeduldig investiert wurde. Das hat eine Menge Gründe, es ist aber nicht zuletzt – neben der Mentalität – eine Frage der politischen Steu-erung. Vielleicht zeichnet sich eine Trendwende ab und ich bin sicher, auch du wirst dich in Zukunft mehr für Investitionen in die KI-Zukunft einsetzen.

Doch trotz der Niedrigzinspolitik und finanzieller Erfolge von IT-Start-ups infolge von Corona (ja, ein seltsamer, aber messbarer Effekt) kommt noch immer viel Kapital aus dem Ausland. Wenn wir den derzeitigen Aufschwung langfristig nutzen wollen, muss das Thema Förderung und Investition für maschinelles Lernen in Europa weiter in den Fokus gerückt werden. Ansonsten kann es uns passieren, dass in den vielen genialen Start-ups unseres Landes Investoren sitzen, die nicht unbedingt unser europäisches Wertesystem vertreten.

Dieses Wertesystem, bezogen auf KI, hat die EU-Kommis-sion bereits recht gut formuliert. Im April 2021 legte sie einen Rechtsrahmen für vertrauenswürdige künstliche Intelligenz vor – den ersten weltweit. Ziel ist es, Standards zu schaffen, die es einfacher machen, Risiken in verschiedenen Bereichen ein-zuordnen und mit ihnen umzugehen. Beispielsweise wurde die Frage bedacht, wann und wie KI in kritische Infrastrukturen wie Straßenverkehr eingreifen darf oder welche Risiken bei KI-gestützter Strafverfolgung auftreten. Ich finde es sehr be-grüßenswert, dass die Politik dieses Thema ernst nimmt. Hof-fentlich bauen wir uns hier kein Bürokratiegerüst, das die KI-Forschung in Europa aus ehrenwerter Motivation am Ende wieder ausbremst, während anderswo in der Welt ohne Rechts-rahmen Wildwest-Forschung betrieben wird. Denn ich bin davon überzeugt: Verbote hinsichtlich der KI-Forschung wer-den nichts bringen, scharfe Regeln, wo und wie KI eingesetzt werden darf, aber vielleicht schon. Es bleibt zu hoffen, dass die EU-Konzepte gleichermaßen auch für KI-Systeme aus dem Ausland gelten, die bei uns zur Anwendung gebracht werden. Da man sich schon schwer tut, manchen Tech-Giganten dazu zu bringen, in der EU Steuern zu zahlen, dürfen wir zumindest gespannt sein, wie sich die europäische KI-Politik in den nächsten Jahren entfalten wird.

Ich möchte hier nicht polemisch sein. Es ist eine sehr gute Entwicklung, dass sich immer mehr Bereiche mit dem Thema KI auseinandersetzen. Gerade durch interdisziplinären Diskurs, der auf Sachverstand statt Science Fiction beruht, können wir die KI zukünftig als Gesellschaft aktiver mitgestalten. Das betrifft ethische Überlegungen, aber auch die Zusammenarbeit zwischen verschiedenen Bereichen der Wirtschaft. Hier sollten alle Möglichkeiten des maschinellen Lernens ausgeschöpft werden.

Auch international formieren sich immer wieder Gruppen, die sich auf die Fahnen schreiben, Werte in den Mittelpunkt der KI-Forschung zu stellen. 2016 schlossen sich Amazon, Apple, Facebook, Google, IBM und Microsoft zu einem Nonprofit-Gremium zusammen, der »Partnership on AI«. Inzwischen sind über hundert Firmen und Organisationen weltweit beigetreten. Die Motivation der Tech-Giganten ist klar: Sie wollen durch solche Seilschaften um das Vertrauen ihrer Nutzer kämpfen. Denn ohne Nutzer (das sind wir!) sind Facebook, Apple & Co. schlagartig nichts mehr wert. Hoffen wir, dass sie es ernst meinen.

Wie aber sollen wir das beurteilen? Wir dürfen uns nicht darauf verlassen, dass »die da oben« schon alles richtig machen werden. Technologiekompetenz in der Breite ist die Voraussetzung dafür. Wir alle sollten mitreden, damit wir nicht am Ende doch noch in die technologische Katastrophe rennen, die manche schwarzmalerisch befürchten. Ist diese Angst heutzutage gerechtfertigt? Mein Antwort ist ein kräftiges und beherztes: nun ja. Die meisten heutigen KI-Systeme folgen eigentlich einem relativ einfachen Schema F: Man nehme einen Datensatz, entscheide sich für ein Modell, beziehungsweise für eine mögliche Architektur, etwa ein neuronales Netz, definiere eine Kostenfunktion, die im Idealfall etwas mit dem Ziel der Übung zu tun hat, führe einen Trainingsalgorithmus aus, beobachte die Performance auf dem Trainings- und Validierungsdatensatz und breche das Training rechtzeitig ab, bevor man in den Bereich des Overfittings gerät. Nicht alle, aber erstaunlich viele Beispiele von KI, die wir dieser Tage sehen, folgen genau diesem Schema.

Der Fokus liegt dabei auf dem Lernen von Embeddings, also Abbildungen der Input-Daten, die möglichst zweckmäßig für irgendeine Aufgabe ausgewählt sind. Dir ist das noch immer zu abstrakt? Ich finde nach wie vor die Vorstellung einer hochdimensionalen Landkarte passend, auf der sich im Falle der Bildklassifizierung dann die Inseln für die verschiedenen Klassen bilden – Bereiche mit Clustern von Embeddings oder bezogen auf die gedachte Landkarte: Koordinaten. Wenn man so will, spiegelt die Struktur dieser Landkarte »Verständnis« der Daten wider. Landen alle Hunde und Katzen aus dem Datensatz auf abgetrennten Inseln, hat das Modell etwas gelernt, jedenfalls kann man das meinen. Die Sache ist nur, dass der Computer meistens genau das tut, was man ihm sagt. Und das ist nicht immer identisch mit dem, was man eigentlich will. Sicher erinnerst du dich noch an das Beispiel mit der Baustellenerkennung, bei der wir den Computer gebeten hatten, Fotos von Autobahnabschnitten mit und ohne Baustellen zu korrelieren mit der händisch eingegebenen Information, ob eine Baustelle zu sehen ist oder nicht. Das neuronale Netz hat den Weg des geringsten Aufwands gefunden und einfach die Farbe der Straßenbahnmarkierung betrachtet. War diese gelb, sagte die KI »Baustelle«. Die KI hatte nicht im Geringsten das Konzept einer Baustelle verstanden. Aber sie hatte gelernt, die gestellte Aufgabe sehr gut zu lösen.

Dieses Problem haben viele der KI-Systeme unserer Zeit. Etwas abstrakter gesprochen: Sie lernen eine von vielen möglichen Funktionen, die eine Eingabe in eine Ausgabe verwandeln, um eine gestellte Aufgabe zu lösen. Welche Funktion das im Detail ist, welche Eigenschaften sie hat und wie viel Verständnis vom eigentlichen Problem in diesen Funktionen steckt, das wird meines Erachtens viel zu oft vernachlässigt. Es ist zugegebenermaßen auch nicht leicht, das zu untersuchen. Fragst du einen Menschen, warum er meint, auf einem Bild eine Baustelle zu erkennen, wirst du eine mehr oder weniger logische Schlussfolgerung hören, die auf dem Wissen und der Lebenserfahrung der entsprechenden Person beruht. KI-Systeme können das nur in den seltensten Fällen. Oft werden sie stumpf darauf trainiert, Embeddings zu produzieren. Dass solche Anwendungen von vornherein nur mit Vorsicht und unter klar abgesteckten Rahmenbedingungen zu genießen sind, sollte inzwischen durchgedrungen sein.

Während sich in der Vergangenheit viel um eben dieses »**representation** learning« gedreht hat, gehen immer mehr Forschungsprojekte der Frage nach, wie Computer besser lernen können, also kausale Konzepte statt reiner Korrelationen. Ein System, das von selbst Objekte erkennt, ihnen Eigenschaften zuschreibt und diese hierarchisch ordnen kann, wird robuster sein als eines, das eine zugegebenermaßen komplexe Funktion lernt, die Inputs in Outputs übersetzt. Ich denke da so ein bisschen an Alexander von Humboldt, der die Welt bereiste und erst einmal nur Tiere und Pflanzen beobachtete, dabei aber Zusammenhänge erkannte, Theorien aufstellte und so einen immensen Beitrag zum Verständnis der Erdgeschichte leistete. Heutige KI-Systeme sind meilenweit entfernt von auch nur annähernd dieser Form der Empirie.

Ein wesentlicher Aspekt menschlicher Intelligenz ist es, zu wissen, was man weiß und was nicht – und sich dann genau dieser Grenze zu nähern, um durch Forschung den verstandenen Anteil der Phänomene unseres Universums zu vergrößern. Um zu illustrieren, wie substanziell anders Maschinen unsere Welt sehen, haben sich Forscher von der UC Berkeley ein Experiment ausgedacht. Eine Reinforcement-Learning-KI sollte lernen, ein einfaches Computerspiel zu beherrschen, bei dem sich eine Figur über Leitern zwischen verschiedenen Plattformen auf und ab bewegen kann. Parallel ließen die Forscher eine menschliche Kontrollgruppe spielen. Die Probanden (KI und Mensch) bekamen keinerlei Anleitung, sie sahen nur das Spiel und sollten selbst herauskriegen, was zu tun war. Ziel war es, die Spielfigur über die Leitern und an Monstern, Feuern und anderen Unwägbarkeiten vorbei zu einem markierten Punkt zu steuern. Wenig überraschend, dass die menschlichen Probanden rasch den Bogen raus hatten und das Spiel schneller lösen konnten als die KI.

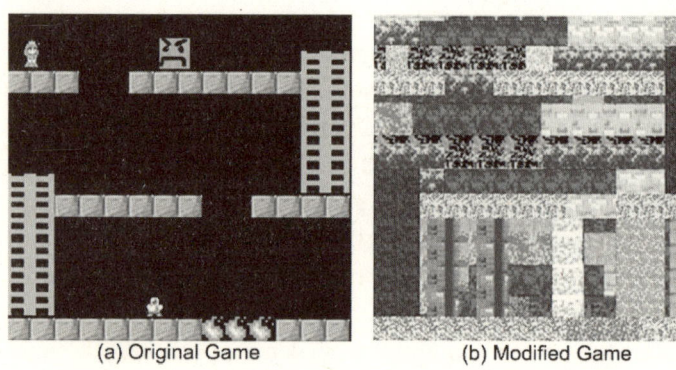

(a) Original Game   (b) Modified Game

Ein Computerspiel im Original (links) und verfremdet (rechts).
Da eine KI keine Erfahrungen aus der echten Welt mitbringt,
löst sie beide Varianten gleich gut.

Dann aber verfremdeten die Forscher die Grafiken. Die Leitern wurden zu grauen Blöcken, die Plattformen erschienen als lila Flecken. Auch die Spielfiguren sahen nicht mehr wie kleine Männchen aus, sondern verwandelten sich in einfarbige Quadrate. Für Menschen, die das zum ersten Mal sahen, erschloss sich der Kontext nicht mehr automatisch, den abstrakten Blöcken war nicht anzusehen, dass sie die Funktion von Plattformen, Leitern oder gar der Spielfigur hatten und man sich entsprechend vor (oder zurück) bewegen sollte. Während die KI unabhängig vom optischen Erscheinungsbild genau gleich lange brauchte, um sich das Spiel zu erschließen, brauchten Menschen plötzlich zehn Mal so lange.

Dieses Beispiel zeigt zum einen, dass Menschen unbewusst eine Menge Vorwissen nutzen, um ein Problem zu lösen. Und zum anderen gibt es uns eine Idee davon, wie wirr die echte Welt für einen Computer aussehen muss. Damit KI irgendwann einmal wirklich intelligent agieren und einen Teil unserer Welt verstehen kann, ist noch eine Menge Arbeit nötig. Ein großes Problem ist immer noch, dass KI so viele Trainingsdaten braucht, während Menschen anhand von deutlich weniger Beispielen Schlüsse ziehen und lernen können. Allerdings tut sich in diesem Bereich von KI gerade etwas. GPT-3 zeigt, wie das Konzept von vortrainierten Modellen genutzt werden kann. Davon werden wir noch mehr sehen, auch in anderen Bereichen jenseits der Computerlinguistik.

Vielleicht wird es dann eines Tages gelingen, KI-Systeme zu schaffen, die Kausalitäten statt Korrelationen lernen. Es ist völlig inakzeptabel, Modelle anzusetzen, die aus Fotos von Gesichtern vorhersagen sollen, ob ein Mensch kriminell ist oder nicht. Im Mai 2020 gaben Forscher von der Harrisburg University in einem Paper an, ein solches Verfahren mit 80-prozentiger Treffergenauigkeit ohne rassistische Vorurteile implementiert zu haben. Pressemitteilung und Paper wurden von der Uni inzwischen wieder gelöscht – man hat am Ende eingesehen, dass dieser Ansatz menschenverachtend ist und Korrelation und Kausalität vermischt: Das passiert momentan allerdings ständig. Auf die Spitze getrieben, könnte man sagen: Statistisch gesehen, sterben mehr Menschen, die ein helles Oberteil tragen. Aber daraus kann man nicht schlussfolgern, dass das Tragen eines hellen Oberteils tödlich sei. Was dann der Grund ist? Krankenhäuser stecken ihre Patienten in helle Oberteile. Entscheidende Unterschiede wie diesen versteht eine KI heute in der Mehrzahl der Fälle nicht. Daher ist es nicht verwunderlich, dass so viele KI-Systeme nur unter ganz bestimmten Rahmenbedingungen funktionieren. Auch wenn wir immer wieder neue Meldungen von Durchbrüchen hören: Der Alltag in der KI-Forschung sieht viel frustrierender aus: Die meisten Projekte klappen nicht auf Anhieb. Und auch nicht bei der ersten Wiederholung. Oder der zweiten. KI-Modelle zu gestalten und zu trainieren ist nicht einfach.

Dass Computer Gefühle entwickeln und gegen die Menschheit aufbegehren, dieses Szenario gehört nach Hollywood. Wir Menschen lieben zwar solche Schauermärchen, bei denen irgendeine KI eine eigene Religion entwickelt und deswegen einen Kreuzzug antritt, wegen des Gruselfaktors, doch sie sind ebenso realitätsfern. Wir machen dann den Fehler, dem Computer menschliche Eigenschaften zuzusprechen, doch die hat er nicht und: Er braucht sie nicht! Für die meisten Aufgaben, die wir der künstlichen Intelligenz heute stellen, benötigt die KI überhaupt keine Emotionen. Bevor eine Armee von Killer-Robotern von allein auf die Idee kommt, die Menschheit zu unterwerfen, haben wir selbst uns durch viel weniger intelligent eingesetzte Prozesse selbst zerstört. Glaubst du nicht? Wir sind auf einem guten Weg, und ich denke da noch nicht einmal an menschengemachte Kriegsmaschinen oder an Computerviren, die unsere Infrastruktur zerstören.

Ob Computer jemals so etwas wie ein Bewusstsein, eine menschliche kausal denkende Intelligenz, Emotionen oder Neugier als Treiber von Erkenntnisgewinn entwickeln können, ist eine spannende Frage. Möglicherweise sind es genau diese Bausteine, die uns Menschen so einzigartig machen. Wirklich bis ins letzte Detail verstanden haben wir unsere eigene Intelligenz allerdings noch nicht. Das sollte uns demütig machen, aber gleichzeitig auch ermahnen. Vermutlich sind wir nicht die Krone der Schöpfung. Eines Tages werden wir das große Rätsel knacken und – vielleicht sogar mit KI-Unterstützung – unsere eigene Funktionsweise entschlüsseln und im Computer als KI-System nachbauen. Oder gleich eine KI, die unsere eigenen intellektuellen Fähigkeiten übersteigt. Wann? Da scheiden sich die Geister. Der Futurist Ray Kurzweil, der schon viele technische Entwicklungen erstaunlich präzise vorhergesagt hat, prophezeit diesen Moment der Singularität um 2045 herum.

Tesla-Chef Elon Musk warnte tatsächlich davor, dass KI schon in den nächsten fünf Jahren übermenschliche Fähigkeiten erlangen wird. Seine Firma Neuralink forscht indes an Gehirn-Chips, die eine direkte Kommunikation zwischen Gehirn und Computer erlauben sollen. Das Ziel von Neuralink ist es, Nervenkrankheiten wie ALS zu behandeln oder gar zu heilen. Wer könnte sich diesem hehren Ziel in den Weg stellen? Gleichzeitig soll die Gehirn-Computer-Schnittstelle es aber auch möglich machen, ganze Informationssequenzen aus dem Gehirn auszulesen und wieder einzuspielen. Sehe ich darin einen Science-Fiction-Hype oder doch den Schlüssel zu künstlicher allgemeiner Intelligenz? Wir werden es vermutlich erleben, was soll ich da spekulieren. Fakt am Rande: Neuralink sitzt übrigens im gleichen Gebäude wie OpenAI.

Der technologische Fortschritt ist nicht aufzuhalten. Immer mehr mit Sensoren vollgepackte Computer jeglicher Form und Größe werden in unser Leben integriert. Smartphones, Wearables, Kameras, Autos. Implantierbare Chips. All diese Geräte generieren Daten, deren Menge exponentiell steigt. Quantencomputer schließlich könnten in absehbarer Zeit bislang unvorstellbare Rechenkapazitäten bereitstellen.

In der Geschichte waren es vor allem Wirtschaft und Militär, die den technologischen Fortschritt vorangetrieben haben.

Künstliche Intelligenz ist die Kerntechnologie der Zukunft. Und solange wirtschaftlicher oder militärischer Nutzen daraus gezogen werden kann, werden enorme Summe in die Forschung gepumpt. Wir werden uns an das Staunen über neue KI-Anwendungen gewöhnen müssen.

Es ist nur menschlich, Angst vor dem Unbekannten zu haben, Angst vor einer Transformation, von der wir noch nicht sagen können, ob sie zum Guten oder zum Schlechten tendiert. Wird in Zukunft natürlich alles künstlich intelligent sein? Oder besinnen wir uns jetzt erst recht auf das, was uns Menschen ausmacht, finden eine neue Bewunderung für unsere bemerkenswerten menschlichen Fähigkeiten und gestalten den unausweichlichen Entwicklungsprozess künstlicher Intelligenz gemeinsam? Wir alle haben es in der Hand.

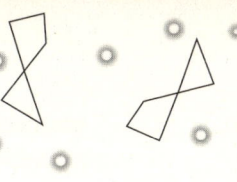

DANK

Es war mir ein großes Anliegen, dieses Buch zu schreiben. Ich hätte mich der Mammutaufgabe aber vermutlich nicht gestellt ohne die immense Hilfe verschiedener Menschen. Diesen möchte ich von Herzen danken.

Meine Literaturagentin Annette Brüggemann hat in mir die Initialzündung ausgelöst, mich immer wieder aufs Neue herausgefordert und motiviert. Für ihre Betreuung vor, während und nach dem Schreiben ganz herzlichen Dank!

Meinen beiden Lektoren Jürgen Bolz und Thomas Blanck vom Droemer Knaur Verlag bin ich besonders dankbar für die weitsichtige Expertise und die Begleitung von der ersten Idee bis zum fertigen Buch!

Caroline Draeger und Björn Rustemeyer haben meinen Text unglaublich scharfsinnig redigiert und mir mit einer beeindruckenden Mischung aus Pragmatismus, Einfühlsamkeit und Geduld geholfen, dieses Schriftstück zu polieren.

Wieland Brendel gebührt ganz besonderer Dank, denn er hat in Rekordzeit meine schriftlichen Ergüsse fachlich gegengelesen und mir geholfen, das Buch an den richtigen Stellen noch besser auf den Punkt zu bringen.

Leonie Neuhäuser verbrachte unzählige Stunden mit mir am Telefon, diskutierend, sinnierend, lachend und philosophierend.

Meinem Doktorvater Daniel Cremers und meinem PhD-Kollegen Justin Bayer danke ich für unzählige tolle Gespräche und didaktische Inspiration.

Justus Thies gab mir tiefe Einblicke in die Welt der Deep-Fakes, Leon Gatys half mir, Artistic Style Transfer besser zu verstehen.

Alexander Mordvintsev, Yann LeCun und Rachit Dubey haben mich in Gesprächen unterstützt und mir erlaubt, Abbildungen aus ihren Papern abzudrucken.

Michael Kavšek, Karl Gegenfurtner und Neal Wessling trugen zu den neurowissenschaftlichen Betrachtungen ganz am Anfang bei.

Matthias Bethge ließ mich in sein KI-Universum eintauchen und vernetzte mich mit vielen spannenden Menschen.

Ich danke auch sehr herzlich Peter Ruppersberg von meiner Firma Ablacon für die Unterstützung und den Freiraum, dass ich dieses Buch neben meiner Tätigkeit dort schreiben durfte.

Selbstverständlich danke ich ganz besonders den lieben Menschen beim Droemer Knaur Verlag, die an so vielen Stellen die richtigen Weichen gestellt haben, damit dieses Buch entstehen und seinen Weg in die Öffentlichkeit finden konnte: Anna Süs, Markus Röleke, Sibylle Dietzel, Daniela Meyer, Johannes Schermaul und Esther von Bruchhausen.

Ein herzlicher Dank gilt meiner Familie, die mitgefiebert und mitgelesen hat.

Und last but not least: Danke an EUCH Leserinnen und Leser, Zuschauerinnen und Hörer, die ihr meine Tätigkeiten verfolgt und mir Mut macht, manche seit diesem Buch, manche seit den ersten journalistischen Gehversuchen vor vielen Jahren. Ihr seid die Besten! Es lebe die Wissenschaft.

LITERATUR

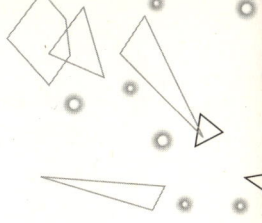

Brown, T. B., Mané, D., Roy, A., Abadi, M., & Gilmer, J. (2017). Adversarial patch. *arXiv preprint arXiv:1712.09665.*

Brown, T. B., Mann, B., Ryder, N., Subbiah, M., Kaplan, J., Dhariwal, P., Neelakantan, A., Shyam, P., Sastry, G., Askell, A., et al. (2020). Language models are few-shot learners. *arXiv preprint arXiv:2005.14165.*

Gatys, L. A., Ecker, A. S., & Bethge, M. (2016). Image style transfer using convolutional neural networks. *Proceedings of the IEEE conference on computer vision and pattern recognition, 2414–2423.*

Goodfellow, I. J., Pouget-Abadie, J., Mirza, M., Xu, B., Warde-Farley, D., Ozair, S., Courville, A., & Bengio, Y. (2014). Generative adversarial nets. *Advances in neural information processing systems, 27.*

Goodfellow, I. J., Shlens, J., & Szegedy, C. (2014). Explaining and harnessing adversarial examples. *arXiv preprint arXiv:1412.6572.*

Haenlein, M., & Kaplan, A. (2019). A brief history of artificial intelligence: On the past, present, and future of artificial intelligence. *California management review, 61* (4), 5–14.

Haeusser, P., Frerix, T., Mordvintsev, A., & Cremers, D. (2017). Associative domain adaptation. *Proceedings of the IEEE international conference on computer vision, 2765–2773.*

Haeusser, P., Mordvintsev, A., & Cremers, D. (2017). Learning by association – a versatile semi-supervised training method for neural networks. *Proceedings of the IEEE conference on computer vision and pattern recognition, 89–98.*

Haeusser, P., Plapp, J., Golkov, V., Aljalbout, E., & Cremers, D. (2018). Associative deep clustering: Training a classification network with no labels. *German Conference on Pattern Recognition, 18–32.*

Karras, T., Laine, S., & Aila, T. (2019). A style-based generator architecture for generative adversarial networks. *Proceedings of the IEEE/CVF Conference on Computer Vision and Pattern Recognition, 4401–4410.*

Kim, H., Garrido, P., Tewari, A., Xu, W., Thies, J., Niessner, M., Pérez, P., Richardt, C., Zollhöfer, M., & Theobalt, C. (2018). Deep video portraits. *ACM Transactions on Graphics (TOG), 37* (4), 1–14.

Krizhevsky, A., Sutskever, I., & Hinton, G. E. (2017). Imagenet classification with deep convolutional neural networks. *Communications of the ACM, 60* (6), 84–90.

LeCun, Y., Bengio, Y., et al. (1995). Convolutional networks for images, speech, and time series. *The handbook of brain theory and neural networks, 3361* (10), 1995.

LeCun, Y., Boser, B., Denker, J. S., Henderson, D., Howard, R. E., Hubbard, W., & Jackel, L. D. (1989). Backpropagation applied to handwritten zip code recognition. *Neural computation, 1* (4), 541–551.

Litke, A., Bezayiff, N., Chichilnisky, E., Cunningham, W., Dabrowski, W., Grillo, A., Grivich, M., Grybos, P., Hottowy, P., Kachiguine, S., et al. (2004). What does the eye tell the brain?: Development of a system for the large-scale recording of retinal output activity. *IEEE Transactions on Nuclear Science, 51* (4), 1434–1440.

Mikolov, T., Chen, K., Corrado, G., & Dean, J. (2013). Efficient estimation of word representations in vector space. *arXiv preprint arXiv:1301.3781.*

Mordvintsev, A., Olah, C., & Tyka, M. (2015). Inceptionism: Going deeper into neural networks. https://research.googleblog.com/2015/06/inceptionism-going-deeper-into-neural.html.

Olah, C., Mordvintsev, A., & Schubert, L. (2017). Feature visualization. https://distill.pub/2017/feature-visualization. *Distill.* https://doi.org/10.23915/distill.00007.

Oudeyer, P.-Y., & Smith, L. B. (2016). How evolution may work through curiosity-driven developmental process. *Topics in Cognitive Science, 8* (2), 492–502.

Rossler, A., Cozzolino, D., Verdoliva, L., Riess, C., Thies, J., & Niessner, M. (2019). Faceforensics++: Learning to detect manipulated facial images. *Proceedings of the IEEE/CVF International Conference on Computer Vision (ICCV).*

Shaw, P., Lewkowicz, D., Giagkos, A., Law, J., Kumar, S., Lee, M., Shen, Q., & d'Autume, C. D. M. (2015). Babybot challenge: Motor skills. *2015 Joint IEEE International Conference on Development and Learning and Epigenetic Robotics (ICDL-EpiRob),* 47–54.

Silver, D., Huang, A., Maddison, C. J., Guez, A., Sifre, L., Van Den Driessche, G., Schrittwieser, J., Antonoglou, I., Panneershelvam, V., Lanctot, M., et al. (2016). Mastering the game of go with deep neural networks and tree search. *nature, 529* (7587), 484–489.

Silver, D., Schrittwieser, J., Simonyan, K., Antonoglou, I., Huang, A., Guez, A., Hubert, T., Baker, L., Lai, M., Bolton, A., et al. (2017). Mastering the game of go without human knowledge. *nature, 550* (7676), 354–359.

Sutton, R. S., & Barto, A. G. (2018). *Reinforcement learning: An introduction.* MIT press.

Szegedy, C., Zaremba, W., Sutskever, I., Bruna, J., Erhan, D., Goodfellow, I., & Fergus, R. (2013). Intriguing properties of neural networks. *arXiv preprint arXiv:1312.6199.*

Thies, J., Zollhofer, M., Stamminger, M., Theobalt, C., & Niessner, M. (2016). Face2face: Real-time face capture and reenactment of rgb videos. *Proceedings of the IEEE Conference on Computer Vision and Pattern Recognition (CVPR).*

Turing, A. M. (1937). On computable numbers, with an application to the entscheidungsproblem. *Proceedings of the London mathematical society, 2* (1), 230–265.

Vaswani, A., Shazeer, N., Parmar, N., Uszkoreit, J., Jones, L., Gomez, A. N., Kaiser, L., & Polosukhin, I. (2017). Attention is all you need. *Advances in neural information processing systems,* 5998–6008.

Zeiler, M. D., & Fergus, R. (2014). Visualizing and understanding convolutional networks. *European conference on computer vision,* 818–833.

GLOSSAR

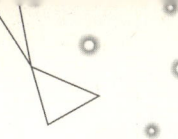
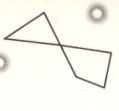

Activation Maximization

Verfahren, bei dem die Eingabe (z. B. ein Bild) so verändert wird, dass eine bestimmte Stelle in einem neuronalen Netz maximal aktiviert wird. Kann z. b. verwendet werden, um zu visualisieren, auf welchen Input diese Stelle besonders reagiert.

Algorithmus

Definiere eine Abfolge von (Rechen-)Schritten. Ein Kochrezept ist auch ein Algorithmus.

Annotation

Meint das händische Beschriften (Labeln) von Daten, oft von Experten. Davon spricht man auch, wenn ein Arzt einen Knochenbruch auf einem Röntgenbild markiert.

Autoencoder

Architektur eines neuronalen Netzes, bei dem eine Eingabe (z. B. ein Bild) in einem Encoder-Teil erst stark komprimiert und in einem Decoder-Teil dann wieder rekonstruiert wird. Die komprimierte Darstellung der Eingabe in der Mitte (Bottleneck) ist das Embedding. Ziel ist es, ein Modell so zu trainieren, dass effiziente und kompakte Embeddings berechnet werden, aus denen die Eingabe möglichst fehlerfrei rekonstruiert werden kann. Dieses Verfahren benötigt keine Labels und ist daher ein Beispiel für Unsupervised Learning.

Backpropagation

Kern-Algorithmus, der beim Training von neuronalen Netzen zur Anwendung kommt. Beginnend bei der Kostenfunktion am Ende des Netzes, wird Schicht für Schicht der Fehler (z. B. falsche Klassifizierung) durch das Netz zurückgeführt, um die Gewichte zwischen den Neuronen effizient anzupassen, sodass der Fehler minimiert wird (und damit die Vorhersage des Netzes ein bisschen besser wird).

Bildpunkt

Farb- und Helligkeitswert eines Punktes auf einem gerasterten Bild wie etwa einem Foto (Pixel).

Bot, Chatbot

Kurzform von engl. »Robot« (Roboter), bezeichnet allerdings hier eine Software, die möglichst autonom mit einem menschlichen Nutzer interagiert, etwa per Chat, oder die automatisiert Aktionen ausführt.

Bottleneck

Heißt in wörtlicher Übersetzung Flaschenhals und bezeichnet eine Engstelle. Siehe Autoencoder.

Clustering

Könnte man als »Gruppierung« von Daten übersetzen. Unüberwachtes Verfahren des maschinellen Lernens, um Daten anhand ihrer Merkmale und ohne weitere Informationen (etwa Klassenlabels) in Gruppen zusammenzufassen. Beispiel: Blütenblätter von verschiedenen Blumenarten lassen sich anhand von Farbe, Länge und Breite clustern. Ohne die Namen der Pflanzen zu kennen, können die Blätter gruppiert werden.

CNN

Siehe Convolutional Neural Network.

Computerlinguistik

Fachgebiet der Informatik, in dem es darum geht, Sprache im Computer zu verstehen und zu generieren. Kernelemente sind Language Models.

Convolutional Layer

Bestandteil eines Convolutional Neural Network. Eingaben werden durch zu lernende Filter (Kernels) aufgearbeitet und dann mithilfe einer nicht linearen Funktion »gefaltet« (Englisch: to convolve). Dabei werden Daten, die für den Zweck der Optimierung unwichtig sind, herausgefiltert.

Convolutional Neural Network (CNN)

Architektur eines neuronalen Netzes, die die Schichtung der beteiligten Convolutional Layer (ein oder mehrere) abbildet. CNNs lernen in der Regel eine Hierarchie von Darstellungen, bei denen die Eingabe (z. B. ein Bild) Schritt für Schritt in komplexere Darstellungen (Embeddings) überführt wird. CNNs werden oft in der Verarbeitung von Bilddaten eingesetzt.

Darstellung

Neuronale Netze lernen in der Regel, Daten (z. B. Bilder) in Zahlen umzurechnen, mit denen sie etwas anfangen können (z. B. Bilder klassifizieren). Diese Zahlen nennt man Darstellung und kann sie sich vorstellen wie die Koordinaten auf einer Landkarte. So werden Bilder, die semantisch das Gleiche zeigen (z. B. eine sitzende und eine stehende Katze), in ähnliche Koordinaten (Darstellungen) umgerechnet. Bilder, die unterschiedliche Objekte zeigen (Katze und Hund), haben unterschiedliche Darstellungen.

Decoder

Teil eines Autoencoders. Hier neuronales Netz, das aus einer stark komprimierten Darstellung

(Embedding oder Code) Daten (z. B. ein Bild) rekonstruiert.

Deep Fake
Verfahren, bei dem man mittels neuronaler Netze Bilder von Gesichtern fotorealistisch in Videos austauscht, sodass die Mimik einer Person auf das Erscheinungsbild einer anderen in identischer Weise, also ununterscheidbar übertragen wird.

Deep Learning
Unterdisziplin beim Programmieren von KIs und des maschinellen Lernens, bei der tiefe (vielschichtige) neuronale Netze eingesetzt werden.

Embedding
Siehe Darstellung.

Encoder
Bezeichnet hier ein neuronales Netz, das hochdimensionale Eingabedaten (z. B. ein Bild) in eine kompakte Darstellung (Embedding oder hier: Code) umrechnet, die die wesentlichen Charakteristika der Eingabe effizient zusammenfasst. Die meisten neuronalen Netze haben den Charakter eines Encoders.

Feature
Siehe Merkmal.

Feature Extraction
Verfahren, mit dem man aus Daten die relevanten Merkmale erhält, die zweckmäßig für eine Aufgabe sind, während redundante oder nutzlose Eigenschaften der Daten ausgefiltert werden.

Feature Map
Eine Art Landkarte, die hervorhebt, wo in einem Bild bestimmte Merkmale (z. B. horizontale Kanten) auftauchen. Sie ist das Ergebnis einer Rechenoperation mit einem Filter in einem Convolutional Layer.

Filter
Ein Filter besteht in der Regel aus einem kleinen Fenster von beispielsweise 5 x 5 Pixeln, das für ein bestimmtes Feature (siehe: Merkmal), etwa »horizontale Kanten«, steht. In einem Convolutional Layer wird der Filter über die Eingabe (in diesem Beispiel ein Bild) bewegt, um abzutasten, wo das entsprechende Feature vorhanden ist. Das Ergebnis wird in einer Feature Map festgehalten. Filter werden in der Regel gelernt, sie sind also Teil der Parameter eines Modells.

Fully Connected Network / Layer
Ein Layer eines neuronalen Netzwerks, bei dem jedes Neuron mit jedem der nächsten Schicht verbunden ist. Im Gegensatz zu einem Convolutional Layer ist dieses Layer nicht invariant gegen Verschiebungen der Eingabe. Ein Netz, das nur aus Fully Connected Layern besteht, heißt Fully Connected Network.

GAN

Generative Adversarial Networks bezeichnet eine Deep Learning Architektur, bei der ein Netzwerk als Generator fungiert und Fake-Daten generieren soll, die Daten aus einem echten Datensatz möglichst ähnlich sind, während ein anderes Netzwerk, der Diskriminator, entscheiden soll, ob eine Eingabe echt oder Fake ist. GANs können unsupervised trainiert werden.

Generalisieren

Ein Modell generalisiert, wenn es nach dem Training auf einem Trainingsdatensatz, der ja nur ein kleiner Ausschnitt der Welt ist, sehr gut auf Daten funktioniert, die nicht während des Trainings genutzt wurden oder gar einer anderen statistischen Verteilung angehören. Ist das Gegenteil der Fall, bezeichnet man dies als Overfitting. Wenn allerdings das Modell schon auf den Trainingsdaten nicht gut funktioniert, nennt man das Underfitting. Dann generalisiert es erst recht nicht.

GPT-3

Dritte Generation der Generative Pre-Trained Transformer Netzwerkarchitektur, die von OpenAI entwickelt wurde, um mehrere Aufgaben in der Computerlinguistik zu lösen.

Gradientenabstieg

Verfahren zur Optimierung einer Kostenfunktion. Man passt dabei schrittweise die Parameter eines Modells so an, dass die Kostenfunktion minimiert wird. Dabei werden die ausgewählten Schritte entlang der Ableitung (dem Gradienten) der Kostenfunktion gemacht.

Ground Truth

Siehe Zielwert.

Kernel

Siehe Filter.

Klassifikation

Verfahren des maschinellen Lernens, um Daten einigen zuvor definierten Kategorien oder Klassen zuzuordnen, bei Bildern wären das etwa »Katzen«, »Hunde«, »Autos« und so weiter. Das können aber auch Krankheitsdiagnosen bei Röntgenaufnahmen oder auch Wörter zum Ausdruck von Emotionen in Texten sein, die hier vorhergesagt werden sollen.

Kostenfunktion

Auch: Fehlerfunktion. Eine Rechenvorschrift, um die Vorhersage eines Modells quantitativ zu bewerten. Kostenfunktionen können beispielsweise den Abstand von einem Zielwert berechnen.

Künstliche allgemeine Intelligenz

Eine hypothetische zukünftige Form der künstlichen Intelligenz, die sich selbst programmieren und verbessern und so theoretisch jede Aufgabe lösen kann.

Label
Bezeichnet die meist von Hand bestimmte Eigenschaft eines Datenpunkts, die ein Modell vorhersagen soll.

Language Model
Ein statistisches Modell von Sprache, das etwa Wahrscheinlichkeiten wiedergibt, mit denen bestimmte Wörter in einer bestimmten Reihenfolge in einem möglichen Text auftreten.

Layer
Bezeichnet hier die Schicht eines neuronalen Netzes.

Machine Learning
Unterdisziplin der künstlichen Intelligenz, in der ein Modell anhand von Daten trainiert wird. Das Lernen besteht in der Regel aus der algorithmischen Verarbeitung von Trainingsdaten und der Anpassung von Modellparametern, um eine Kostenfunktion zu minimieren und so eine genau gestellte Aufgabe zu lösen, etwa Bildklassifizierung.

Maschinelles Lernen
Siehe Machine Learning.

Merkmal
Eigenschaft von Daten, die nützlich ist, um Daten zu beschreiben und zu charakterisieren. Beispiel: Merkmale von Früchten könnten Farbe, Gewicht und Geschmack sein. In der Bildverarbeitung werden oft rudimentäre Merkmale wie Ecken und Kanten beschrieben, deren Kombination dann komplexere Merkmale ergeben.

Modalität
Bezeichnet eine bestimmte Art von Daten, beispielsweise Bilder oder Tonaufnahmen.

Modell
Vereinfachte Abbildung eines Teils der Wirklichkeit. Im Kontext des maschinellen Lernens meist eine mathematisch beliebig komplexe Funktion mit Parametern, die durch algorithmische Verarbeitung von Daten optimiert werden. Ein neuronales Netz ist ein Beispiel für ein Modell.

Multimedia Forensik
Neues Forschungsgebiet, bei dem es um eine KI-basierte Erkennung von Bildmanipulationen und Fakes geht.

Neural Rendering
Verfahren, um mittels KI ein Bild fotorealistisch erscheinen zu lassen.

Neuronales Netz, Neural Network
Modell, das von der Struktur der Nervenzellen im Gehirn inspiriert ist. Mehrere (hier künstliche) Neuronen sind in Layern organisiert und mit gewichteten

Verbindungen untereinander verschaltet. Es konnte gezeigt werden, dass neuronale Netze theoretisch in der Lage sind, jede noch so komplexe mathematische Funktion zu lernen.

Nicht lineare Funktion
Mathematische Funktion, bei der die Ausgabe nicht proportional zur Eingabe ist (also etwa ein doppelter Input nicht den doppelten Output ergibt). Neuronen haben eine eingebaute nicht lineare Funktion, die dafür sorgt, dass sie erst dann »feuern« (also ein Signal ausgeben), wenn die Summe der Eingangssignale einen bestimmten Schwellenwert übersteigt.

Optimierung
Verfahren, um eine Kenngröße (meist ein Fehler oder Kosten) zu minimieren oder zu maximieren.

Overfitting
Bezeichnet das Problem, dass ein Modell zu stark auf die Trainingsdaten eingestellt wurde, diese im Extremfall »auswendig gelernt« hat und es sich daher nicht mehr auf neue Daten übertragen lässt.

Pixel
Siehe Bildpunkt.

Regression
Bezeichnet eine Problemstellung, bei der Zahlen vorhergesagt werden sollen, im Ge-

gensatz zu kategorischen Problemen wie der Klassifikation, wo eine Klassenzugehörigkeit vorhergesagt werden soll.

Reinforcement Learning
Problemstellung in der KI, bei der es darum geht, basierend auf einem Zustand (etwa den Figuren eines Brettspiels) eine von mehreren möglichen Aktionen (Spielzügen) so auszuwählen, dass eine Belohnung (der Gewinn) in der Zukunft maximiert wird (maximal wahrscheinlich wird).

Representation
Siehe Darstellung.

Schicht
Siehe Layer.

Segmentierung
Aufgabe aus der Bildverarbeitung, bei der in Bilddaten die Grenzen von Objekten erkannt werden sollen, etwa die Ränder von Zellen in einer Mikroskopaufnahme.

Singularität, technologische
Hypothetischer Moment, in dem eine künstliche Intelligenz sich selbst so verbessern kann, dass sie sich eine übermenschliche Intelligenz selbstständig aneignet.

Sprachmodell
Siehe Language Model.

Starke KI
Siehe künstliche allgemeine Intelligenz.

Supervised Learning /
Überwachtes Lernen

Verfahren des maschinellen Lernens, bei dem ein Modell Vorhersagen machen soll, deren korrekte Antworten zum Zeitpunkt des Trainings bekannt sind, etwa durch händische Annotation bei der Bildklassifizierung.

Test-Split / Set / Daten

Teil eines Datensatzes, den man während des Trainings nicht benutzt, sondern erst danach, um das Modell zu überprüfen. Dazu lässt man anschließend vom trainierten Modell Vorhersagen auf diesen Teil des Datensatzes machen.

Tiefes Lernen

Siehe Deep Learning.

Trainings-Split / Set / Daten

Teil eines Datensatzes, den man während des Trainings verwendet. Für das Trainings-Set sind alle relevanten Eigenschaften bekannt, beispielsweise Labels, wenn diese vorhergesagt werden sollen – etwa bei der Bildklassifizierung die entsprechenden Klassen der Bilder. Ein Modell kann anhand dieses Sets von Daten trainiert werden.

Unsupervised Learning /
unüberwachtes Lernen

Verfahren des maschinellen Lernens, bei dem ein Modell ohne Labels oder andere vorge-gebene Zielwerte trainiert wird, beispielsweise Clustering.

Validierungs-Split / Set / Daten

Teil eines Datensatzes, um die Performance eines Modells zu überwachen oder um übergeordnete Eigenschaften (z. B. die Modellarchitektur) zu justieren. Das Validierungs-Set wird regelmäßig während des Trainings ausgewertet, um festzustellen, ob das Modell overfittet.

Verstärkendes Lernen

Siehe Reinforcement Learning.

Wort-Vektor

Darstellung oder Embedding eines Wortes. Grundbaustein hinter vielen Sprachmodellen wie etwa GPT-3.

Zielwert

Bezeichnet den Wert, der vom Modell (der KI) vorhergesagt werden soll. Kann beispielsweise ein Klassen-Label oder der Wert einer Regression sein.